Gesetzgebung und Verwaltung im Dalbergstaat 1802-1810

Rechtshistorische Reihe

Band 436

Peter Lang
Frankfurt am Main · Berlin · Bern · Bruxelles · New York · Oxford · Wien

Jasmin Sonntag

Gesetzgebung und Verwaltung im Dalbergstaat 1802-1810

Peter Lang
Internationaler Verlag der Wissenschaften

Bibliografische Information der Deutschen Nationalbibliothek
Die Deutsche Nationalbibliothek verzeichnet diese Publikation in der Deutschen Nationalbibliografie; detaillierte bibliografische Daten sind im Internet über http://dnb.d-nb.de abrufbar.

Zugl.: Regensburg, Univ., Diss., 2012

Die vorliegende Arbeit wurde von
Prof. Dr. Hans-Jürgen Becker
zur Aufnahme in die Reihe empfohlen.

Umschlagabbildung:
Justitia. Allegorie der Gerechtigkeit.
Druck aus dem 17. Jahrhundert.

Gedruckt auf alterungsbeständigem,
säurefreiem Papier.

D 355
ISSN 0344-290X
ISBN 978-3-631-63751-7

Für meine Familie

Vorwort

Die vorliegende Arbeit wurde von der Juristischen Fakultät der Universität Regensburg im Jahre 2011 als Dissertation angenommen.

Mein besonderer Dank gilt Herrn Prof. Dr. Becker, der die Arbeit angeregt und ihre Entstehung stets aufgeschlossen und mit wertvollen Ratschlägen begleitet hat.

Bedanken möchte ich mich ferner bei den Mitarbeiterinnen und Mitarbeitern der von mir aufgesuchten und konsultierten Archive und Bibliotheken in Regensburg, Würzburg, München, Amberg, Wetzlar, Wiesbaden, Darmstadt und Frankfurt am Main für ihre freundliche und entgegenkommende Unterstützung.

Nicht versäumen möchte ich, meinen Freunden zu danken, die mich gerade bei der Drucklegung tatkräftig unterstützt haben.

Regensburg, im Mai 2012 Jasmin Sonntag

Inhaltsverzeichnis

Archivalien und Literatur

1. Ungedruckte Quellen

Bayerisches Staatsarchiv Amberg (StAA)
Regierung des Regenkreises, Kammer des Inneren 882
Regierung der Oberpfalz, Kammer des Inneren 2129

Bayerisches Hauptstaatsarchiv München (BayHStA)
Hofkommission Regensburg (ehemals: StAA, Königliche Hofkommission für Regensburg):
Nr. 24 (ehemals: StAA, Kgl. Hofkommission für Regensburg 54)
Nr. 28 (ehemals: StAA, Kgl. Hofkommission für Regensburg 57)
Kommission für politische Statistik Regensburg (ehemals: StAA, Königliche Spezialkommission für politische Statistik Regensburg):
Nr. 16 (ehemals: StAA, Kgl. Spezialkommission für politische Statistik Regensburg 25)
Fürstentum Regensburg: Hauptrentamt (ehemals im Staatlichen Archiv Amberg):
Nr. 1
Fürstentum Regensburg: Landesdirektorium (ehemals im Staatlichen Archiv Amberg):
Nr. 12, 59 (ehemals: StAA, KdI 6435), *78* und *79, 141, 209, 224, 343, 710, 899*
Ministerium des Äußeren (MA):
Nr. 5888
Ministerium der Finanzen (MF):
Nr. 22245
Reichsstadt Regensburg Literalien (RRLit):
Nr. 381, fol. 10-14
Nr. 381, fol. 15-17
Nr. 381, fol. 48
Nr. 392, fol. 177
Nr. 392, fol. 479-554
Nr. 392, fol. 567-600

Archiv des Historischen Vereins für Oberpfalz und Regensburg (AHVOR)
Archivakten Regensburg (AAR):
46/7, Fünfergerichtsordnung 1563
46/10, Hansgerichtsordnung, wahrscheinlich um 1550
47/4, Halsgerichtsordnung 1646
53/6, Regensburger Peinliche Halsgerichtsordnung nach 1550
54/3, Stadtgerichtsordnung 1646
55/3, Wachtordnung 1582

Stadtarchiv Regensburg
Almosenamt:
A 115
I Af (Ordnungen):
Nr. 4a, 8, 68, 79

Cameralia (Cam):
Nr. 229 (Steueramtshauptrechnung 1803)
Dekrete:
Nr. 21a---513 / 21b---514 / 21c---515, Kurfürstliche Feuer-Verordnung für die Stadt Regensburg, 06.11.1805
Nr. 31---543, 13.04.1804, Vormundamts-Ordnung der Stadt Regensburg
Nr. 48---945, 20.11.1803, Neuordnung der Ämter, Ernennungen und Stellenbesetzungen in Regensburg
Nr. 49---946, 18.07.1803, Neuorganisation von Verwaltung und Ämtern in Kurbayern
HV-Druckschriften:
---1443, 20.11.1803, Neuorganisation der Verwaltung der kurfürstlichen Residenzstadt Regensburg und Ernennung der leitenden Beamten
Magistratsregistratur (MR):
Nr. 145, 1034
Politica III (Einwohnerwesen):
Nr. 9, Bürgerbuch 1715-1832
Politica IV (Wachtsachen):
58/Nr. 11---940, Feuer-Assekuranz-Ordnung für das Fürstentum Regensburg, 22.08.1803
Zentralregistratur:
Nr. 6267, Acten des Stadt-Magistrats Regensburg. Betreff. Aufsicht auf Pflege- und Kost-Kinder (1855/89)

Staatliche Bibliothek Regensburg
Rat.civ.:
Nr. 40a, Wachtgerichtsordnung 1657
Nr. 307, Dekret vom 14.07.1806
Nr. 540, Prozessordnung 1741
Nr. 678, Peinliche Halsgerichtsordnung

Bayerisches Staatsarchiv Würzburg
Aschaffenburger Archivreste (A.Arch.R.):
130 XI, 2
130 XI, 3
Mainzer Regierungsarchiv (MRA):
L 458
L 470
L 474
L 479
L 486
L 825
L 1610
L 1613
Fürstentum Regensburg: Geheime Kanzlei (ehemals im Staatlichen Archiv Amberg):
Nr. 6 (ehemals StAA, KdI 6114)
Nr. 11
Nr. 46 (ehemals StAA, KdI 6154)

Nr. 50
Nr. 60
Nr. 64
Nr. 108 und *109* (ehemals StAA, KdI 6212)
Nr. 111
Nr. 180
Nr. 237
Nr. 261 (ehemals: StAA, KdI 6357)
Nr. 292 (ehemals: StAA, KdI 6383)
Nr. 296
Nr. 349
Nr. 353
Nr. 354

Hessisches Hauptstaatsarchiv Wiesbaden (HHStA Wiesbaden)
Abt. 371, Nr. 34, fol. 15-30: Protokoll und Gutachten der dritten Sitzung des Staatsrats vom 19.01.1811 mit einem Reskript Dalbergs vom 08.02.
Abt. 371, Nr. 34, fol. 275 bzw. 271: Protokoll der 49. Sitzung des Staatsrats vom 04.12.1811 mit einem Reskript Dalbergs vom 11.12.
Abt. 371, Nr. 957: Anonymes Gutachten über Deutschordens- und Maltesergüter im Großherzogtum Frankfurt vom 19.10.1813
Abt. 372, Nr. 100: Organisationsurkunde und Statuten der Rechtsschule zu Wetzlar, von Dalberg am 27.09.1808 erlassen

Hauptstaatsarchiv Darmstadt (HStA Darmstadt)
A6, Nr. 60: Vertrag zwischen dem Primatialstaat und dem Großherzogtum Hessen vom 23.09.1806

Institut für Stadtgeschichte Frankfurt (SA Frankfurt)
Edikte. Band 27: Fürstlich Primatische Reskripte 1806-1808:
Reskript der Frankfurter Generalkommission an den Rat vom 08.12.1808
Frankfurter Ratsverordnungen von 1807:
Erlaß der beiden Frankfurter Bürgermeister-Ämter vom 18.03.1807
Frankfurter Ratsverordnungen von 1809:
Bekanntmachung des Ersten Bürgermeisters von Humbracht vom 08.04.1809
Erlaß Dalbergs vom 21.04., abgedruckt in einer Bekanntmachung der Aschaffenburger Landes-Direktion vom 24.04.1809
Bekanntmachung der Allgemeinen Armen-Kommission vom 29.05.1809
Frankfurter Ratsverordnungen von 1810:
Gesindeordnung

Historisches Archiv Wetzlar (HAWZ)
IV b 1, General-Jurisdictionalprotokoll vom 26.03.1803
IV b 1, General-Jurisdictionalprotokoll vom 10.06.1803
IV b 14, Polizeiprotokoll vom 02.08.1803
IV b 15, Polizeiprotokoll vom 10.01.1804

2. Gedruckte Quellen

Der Rheinische Bund, Band 1-23, 1806 – 1813, herausgegeben von P. A. Winkopp, Frankfurt am Main.

Frankfurter Ober-Post-Amts-Zeitung, 09.09.1806 – 31.12.1810 (zitiert: OPAZ).

Frankfurter Staats-Ristretto, 17.05.1772 – 31.12.1810 und 01.01.1814 – 30.06.1831.

Großherzoglich frankfurtisches Regierungsblatt, 1.1810 – 3.1813 (zitiert: GFRB).

Intelligenzblatt der freien Stadt Frankfurt, 21.10.1806 – 10.10.1910 (zitiert: FIB).

Keyser, I. F., Sammlung derer von einem Wohledlen Hoch- und Wohl-weisen Herrn Stadt Cammerer und Rath der des Hl. Röm. Reichs Freyen Stadt Regensburg an Ihre untergebene Burgerschafft von Zeit zu Zeit im Druck erlassenen Decreten, welche sowohl mit nützlichen Marginalien als auch einem vollständigen Register versehen, Regensburg 1754 (StBR, Rat.civ. 509).

Königlich-Baierisches Regierungsblatt 1806 – 1817.

Kurfürstlich Erzkanzlerisches Regierungs- und Intelligenzblatt (seit August 1806 Regierungs- und Intelligenzblatt) 1803 – 1810 (zitiert: RIB).

Kurfürstlich-Erzkanzlerischer Staats- und Addreßkalender für das Fürstenthum Regensburg 1805 – 1806 (StadtAR, NSR 2040 A 242) (zitiert: Kurfürstlicher Staats- und Adresskalender, Regensburg).

Protocoll der ausserordentlichen Reichsdeputation zu Regensburg, Zweiter Band, welcher die sechs und zwanzigste bis fünfzigste und letzte Sitzung enthält (gedruckt und verlegt bei Konrad Neubauer), Regensburg 1803, S. 833 – 944.

SCOTTI, J. J. (Hrsg.), Sammlung der Gesetze und Verordnungen, welche in den vormaligen … Wetzlar'schen (resp. fürstl. Primatischen, großherzogl. Frankfurt'schen) nunmehr königlich preußischen Landes-Gebieten, über Gegenstände der Landeshoheit, Verfassung, Verwaltung und Rechtspflege ergangen sind vom Eintrittszeitpunkt ihrer Wirkungskraft bis zu jenem der königl. preußischen Gesetzgebung in den Jahren 1815 und 1816. 5. Theil, enthält die Abtheilung für die Reichsstadt, resp. Grafschaft Wetzlar, Düsseldorf 1836.

Staats- und Addreßkalender für das souveraine Fürstenthum Regensburg, 1807-1810 (StadtAR, NSR 2040 A 242) (zitiert: Kurfürstlicher Staats- und Adresskalender, Regensburg).

Strafgesetzbuch für das Königreich Baiern. Zweiter Theil. Von dem Prozeß in Strafsachen. Bei der Expedition des Königlichen Gesez- und allgemeinen Intelligenzblatts, 2. Auflage, München 1820.

Wiesand, F. W., Sammlung derer von einem Wohledlen Hoch- und Wohlweisen Herrn Stadt-Kammerer und Rath der des Heil. Röm. Reichs Freyen Stadt Regensburg vom Jahr 1754 bis 1802 im Drucke erlassenen Decrete, Regensburg 1802 (StadtAR, NSR 2000 W 649).

3. Literaturverzeichnis

Albrecht, Dieter: Der Fürst von Regensburg: Reformer, Mäzen und Bauherr, in: Hausberger, Karl (Hrsg.), Carl von Dalberg, Der letzte geistliche Reichsfürst, Schriftenreihe der Universität Regensburg, Band 22, Regensburg 1995, S. 73 – 82 (zitiert: Albrecht, Fürst von Regensburg, S. ...).

Albrecht, Dieter: Regensburg im Wandel. Studien zur Geschichte der Stadt im 19. und 20. Jahrhundert (= Studien und Quellen zur Geschichte Regensburgs, Band 2), Regensburg 1984 (zitiert: Regensburg im Wandel, S. ...).

v. Aretin, Freiherr Karl Otmar: Carl Theodor von Dalberg, Staatsmann und Bischof in schwierigen Zeiten, in: Spies, Hans-Bernd (Hrsg.), Carl von Dalberg 1744 - 1817, Beiträge zu seiner Biographie, Aschaffenburg 1994, S. 9 – 20 (zitiert: Aretin, Dalberg, S. ...).

v. Aretin, Freiherr Karl Otmar: Die Koadjutorwahl Dalbergs, in: Hausberger, Karl (Hrsg.), Carl von Dalberg, Der letzte geistliche Reichsfürst, Schriftenreihe der Universität Regensburg, Band 22, Regensburg 1995, S. 25 – 34 (zitiert: Aretin, Koadjutorwahl, S. ...).

v. Aretin, Freiherr Karl Otmar: Heiliges Römisches Reich 1776 – 1806. Reichsverfassung und Staatssouveränität, Teil 1, Wiesbaden 1967 (zitiert: Aretin, Hl. Röm. Reich, Teil I, S. ...).

Barbieri, A. A.: Bullarii Romani Continuatio Summorum Pontificum, Bd. XI, Romae 1846.

Baumann, Anette: Advokaten und Prokuratoren. Anwälte am Reichskammergericht (1690-1806), Köln 2006.

Baumgart, Peter: Bildungsreformen im Hochstift Würzburg unter der Mitwirkung Dalbergs, in: Hausberger, Karl (Hrsg.), Carl von Dalberg, Der letzte geistliche Reichsfürst, Schriftenreihe der Universität Regensburg, Band 22, Regensburg 1995, S. 11 – 24.

v. Beaulieu-Marconnay, Karl Olivier: Karl von Dalberg und seine Zeit – Zur Biographie und Charakteristik des Fürsten Primas, Band 1, Weimar 1879 (zitiert: Beaulieu-Marconnay, Bd. 1, S. ...).

v. Beaulieu-Marconnay, Karl Olivier: Karl von Dalberg und seine Zeit – Zur Biographie und Charakteristik des Fürsten Primas, Band 2, Weimar 1879 (zitiert: Beaulieu-Marconnay, Bd. 2, S. ...).

Becker, Hans-Jürgen: Die Übergabe Regensburgs an Bayern. Regensburg wird bayerisch – doch erst einmal französisch, in: Becker, Hans-Jürgen/Färber, Konrad M, Regensburg wird bayerisch. Ein Lesebuch, Regensburg 2009, S. 23 – 32 (zitiert: Becker, Übergabe Regensburgs, S. ...).

Becker, Hans-Jürgen: Kirche und Staat vor 200 Jahren: Die „verspätete" Säkularisation in Regensburg im Jahre 1810, in: Zeitschrift der Savigny-Stiftung für Rechtsgeschichte 128, Kanonistische Abtheilung 97, Wien u.a. 2011, S. 199-218 (zitiert: Becker, Kirche und Staat, S. ...).

Becker, Hans-Jürgen: Umbruch in Mitteleuropa – Der Reichsdeputationshauptschluss von 1803, in: Schmid, Peter/Unger, Klemens (Hrsg.), 1803 – Wende in Europas Mitte – Vom feudalen zum bürgerlichen Zeitalter, Begleitband zur Ausstellung im Historischen Museum Regensburg 29. Mai bis 24. August 2003, Regensburg 2003, S. 17 – 34 (zitiert: Becker, Reichsdeputationshauptschluss, S. ...).

Böhl, Rudolf: Die Einverleibung Aschaffenburgs in Bayern und ihre Auswirkung, vornehmlich auf das Verwaltungswesen, Aschaffenburg 1934.

Burgdorf, Wolfgang: Katalog – Abteilung 1: Ancien Régime/Altes Reich, in: Schmid, Peter/Unger, Klemens (Hrsg.), 1803 – Wende in Europas Mitte – Vom feudalen zum bürgerlichen Zeitalter, Begleitband zur Ausstellung im Historischen Museum Regensburg 29. Mai bis 24. August 2003, Regensburg 2003, S. 363 – 368.

Christ, Günter: Aschaffenburg – Grundzüge der Verwaltung des Mainzer Oberstifts und des Dalbergstaates, in: Historischer Atlas für Bayern 12, München 1963 (zitiert: Christ, Aschaffenburg, S. ...).

Christ, Günter: Dalberg im Jahrzehnt zwischen Säkularisation und Zusammenbruch des napoleonischen Staatensystems. Symbolfigur politischen Umbruchs – Landesherr – Metropolit, in: Hausberger, Karl (Hrsg.), Carl von Dalberg, Der letzte geistliche Reichsfürst, Schriftenreihe der Universität Regensburg, Band 22, Regensburg 1995, S. 137 – 151 (zitiert: Christ, Säkularisation, S. ...).

Christ, Günter: Fürst, Bischof und Gelehrter – Zum Persönlichkeitsbild Dalbergs, in: Hausberger, Karl (Hrsg.), Carl von Dalberg, Der letzte geistliche Reichsfürst, Schriftenreihe der Universität Regensburg, Band 22, Regensburg 1995, S. 199 – 209 (zitiert: Christ, Fürst, Bischof und Gelehrter, S. ...).

Christ, Günter: Lehrjahre eines Erzkanzlers – Dalberg als Statthalter in Erfurt, in: Spies, Hans Bernd (Hrsg.), Carl von Dalberg 1744-1817. Beiträge zu seiner Biographie, Aschaffenburg 1994, S. 29 – 52 (zitiert: Christ, Lehrjahre, S. ...).

Chrobak, Werner: Die Säkularisation der Klöster im Bereich der heutigen Stadt Regensburg, in: Hausberger, Karl (Hrsg.), Beiträge zur Geschichte des Bistums Regensburg 37 (2003), S. 129 – 168 (zitiert: Chrobak, Säkularisation, S. ...).

Chrobak, Werner: Im Königreich Bayern. Politische Geschichte 1810-1914/18, in: Schmid, Peter (Hrsg.), Geschichte der Stadt Regensburg, Band 1, Regensburg 2000, S. 298 – 347 (zitiert: Chrobak, Königreich Bayern, S. ...).

Chrobak, Werner: Politik und Gesellschaft in Regensburg zwischen 1810 und 1848, in: Becker, Hans-Jürgen/Färber, Konrad M., Regensburg wird bayerisch. Ein Lesebuch, Regensburg 2009, S. 57 – 82 (zitiert: Chrobak, Politik und Gesellschaft, S. ...).

Dalberg, Karl v.: Verhältnisse zwischen Moral und Staatskunst, betrachtet von Karl von Dalberg, Erfurt 1786, S. 1 – 19.

Dalberg, Carl v.: Von Erhaltung der Staatsverfassungen. Eine Vorlesung in der Kurfürstl. Maynzl. Akademie nützl. Wissenschaften, zu Erfurt, den 3ten August 1795, Erfurt 1795 (zitiert: Dalberg, Von Erhaltung der Staatsverfassungen, S. ...).

Dalberg, Karl Theodor v.: Vorschläge Karl Theodor von Dalbergs zur Verbesserung der Armenpolizei im Hochstift Würzburg (1779), hg. von Joseph Friedrich Abet, in: Archiv des Historischen Vereins von Unterfranken und Aschaffenburg 54 (1912), S. 183 – 215 (zitiert: Dalberg, Armenpolizei, S. ...).

Darmstädter, Paul: Das Großherzogtum Frankfurt – ein Kulturbild aus der Rheinbundzeit, Frankfurt 1901.

Dirmeier, Artur: Soziale Einrichtungen, Fürsorge- und Medizinalwesen der Reichsstadt, in: Schmid, Peter (Hrsg.), Geschichte der Stadt Regensburg, Band 1, Regensburg 2000, S. 265 – 282.

Düwel, Sven: Die Diskussionen um eine Reform der Reichsverfassung in den Jahren von 1763 bis 1803. Eine Verfassungsstudie auf der Grundlage ausgewählter publizistischer Schriften der damaligen Zeit, Hamburg 2008.

Emmerig, Ernst: Die Entwicklung der staatlichen Verwaltung der Oberpfalz von Montgelas bis heute, in: ders., Kulturlandschaft Oberpfalz, Kallmünz 1989, S. 77 – 103.

Erler, Adalbert/Kaufmann, Ekkehard (Hrsg.): Handwörterbuch zur deutschen Rechtsgeschichte, I. Band: Aachen – Haussuchung, Berlin 1971 (zitiert: ..., in: Erler/Kaufmann, ..., HdR, Bd. I, Sp. ...).

Erler, Adalbert/Kaufmann, Ekkehard (Hrsg.): Handwörterbuch zur deutschen Rechtsgeschichte, II. Band: Haustür – Lippe, Berlin 1978 (zitiert: ..., in: Erler/Kaufmann, ..., HdR, Bd. II, Sp. ...).

Erler, Adalbert/Kaufmann, Ekkehard (Hrsg.): Handwörterbuch zur deutschen Rechtsgeschichte, III. Band: List – Protonotar, Berlin 1984 (zitiert: ..., in: Erler/Kaufmann, ..., HdR, Bd. III, Sp. ...).

Erler, Adalbert/Kaufmann, Ekkehard (Hrsg.): Handwörterbuch zur deutschen Rechtsgeschichte, IV. Band: Protonotarius Apostolicus – Strafprozeßordnung, Berlin 1990 (zitiert: ..., in: Erler/Kaufmann, ..., HdR, Bd. IV, Sp. ...).

Färber, Konrad M.: Carl von Dalberg – Reichsverräter oder Reichspatriot?, in: Hausberger, Karl (Hrsg.), Carl von Dalberg, Der letzte geistliche Reichsfürst, Schriftenreihe der Universität Regensburg, Band 22, Regensburg 1995, S. 153 – 175 (zitiert: Färber, Reichsverräter, S. ...).

Färber, Konrad M.: Dalberg, Bayern und das Fürstentum Regensburg, Neue Quellen aus den Archiven von Wien und Paris, Zeitschrift für bayerische Landesgeschichte 49 (1986), S. 695 – 718 (zitiert: Färber, Neue Quellen, S. ...).

Färber, Konrad M.: Dalbergs Abdankung und Tod, in: Färber, Konrad M./Klose, Albrecht/Reidel, Hermann, Carl von Dalberg, Erzbischof und Staatsmann (1744-1817), Regensburg 1994, S. 164 – 166 (zitiert: Färber, Abdankung und Tod, S. ...).

Färber, Konrad M.: Katalog – Abteilung 4: Dalberg und Deutschland – Dalberg und Regensburg, in: Schmid, Peter/Unger, Klemens (Hrsg.), 1803 – Wende in Europas Mitte – Vom feudalen zum bürgerlichen Zeitalter, Begleitband zur Ausstellung im Historischen Museum Regensburg 29. Mai bis 24. August 2003, Regensburg 2003, S. 441 – 445 (zitiert: Färber, Dalberg und Deutschland, S. ...).

Färber, Konrad M.: Dalberg und Napoleon, in: Färber, Konrad M./Klose, Albrecht/Reidel, Hermann, Carl von Dalberg, Erzbischof und Staatsmann (1744-1817), Regensburg 1994, S. 222 – 225 (zitiert: Färber, Dalberg und Napoleon, S. ...).

Färber, Konrad M.: Das Fürstentum Regensburg zwischen 1802 und 1810, in: Becker, Hans-Jürgen/Färber, Konrad M., Regensburg wird bayerisch. Ein Lesebuch, Regensburg 2009, S. 33 – 56 (zitiert: Färber, Fürstentum, S. ...).

Färber, Konrad M.: Der Rheinbund und Dalbergs Pläne für eine Rheinbundverfassung, in: Färber, Konrad M./Klose, Albrecht/Reidel, Hermann, Carl von Dalberg, Erzbischof und Staatsmann (1744-1817), Regensburg 1994, S. 146 – 150 (zitiert: Färber, Rheinbund, S. ...).

Färber, Konrad M.: Der Übergang des Dalbergischen Fürstentums Regensburg an das Königreich Bayern – zum 175 jährigen Jubiläum, Sonderdruck aus Verhandlungen des Historischen Vereins für Oberpfalz und Regensburg, 125 (1985), S. 429 – 452 (zitiert: Färber, Übergang, S. ...).

Färber, Konrad M.: Die Konkurrenz der Domkapitel von Mainz und Regensburg, in: Hausberger, Karl (Hrsg.), Carl von Dalberg, Der letzte geistliche Reichsfürst, Schriftenreihe der Universität Regensburg, Band 22, Regensburg 1995, S. 105 – 116 (zitiert: Färber, Domkapitel, S. ...).

Färber, Konrad M.: Die Verhandlungen der Regensburger Reichsdeputation, in: Färber, Konrad M./Klose, Albrecht/Reidel, Hermann, Carl von Dalberg, Erzbischof und Staatsmann (1744-1817), Regensburg 1994, S. 94 – 99 (zitiert: Färber, Reichsdeputation, S. ...).

Färber, Konrad M.: Eine Bilanz, in: Becker, Hans-Jürgen/Färber, Konrad M., Regensburg wird bayerisch. Ein Lesebuch, Regensburg 2009, S. 185 – 191 (zitiert: Färber, Bilanz, S. ...).

Färber, Konrad M.: Kaiser und Erzkanzler – Carl von Dalberg und Napoleon am Ende des Alten Reiches – Die Biographie des letzten geistlichen Fürsten in Deutschland, Studien und Quellen zur Geschichte Regensburgs, Band 5, Regensburg 1988 (zitiert: Färber, (zitiert: Färber, Kaiser und Erzkanzler, S. ...).

Färber, Konrad M.: Kurfürst von Regensburg (1802/03-10), in: Färber, Konrad M./Klose, Albrecht/Reidel, Hermann, Carl von Dalberg, Erzbischof und Staatsmann (1744-1817), Regensburg 1994, S. 109 – 112 (zitiert: Färber, Kurfürst, S. ...).

Färber, Konrad M.: Regensburgs langer Weg nach Bayern, in: Becker, Hans-Jürgen/ Färber, Konrad M., Regensburg wird bayerisch. Ein Lesebuch, Regensburg 2009, S. 11 – 22 (zitiert: Färber, Regensburgs langer Weg, S. ...).

Freyh, Antje: Karl Theodor von Dalberg – Ein Beitrag zum Verhältnis von politischer Theorie und Regierungspraxis in der Endphase des Aufgeklärten Absolutismus, Frankfurt am Main 1978.

Fürnrohr, Walter: Das Patriziat der Freien Reichsstadt Regensburg zur Zeit des Immerwährenden Reichstags. Eine sozialgeschichtliche Studie über das Bürgertum in der Barockzeit, in: Verhandlungen des Historischen Vereins für Oberpfalz und Regensburg 93 (1952), S. 153 – 308.

Gömmel, Rainer: Die Wirtschaftsentwicklung vom 13. Jahrhundert bis zum Zweiten Weltkrieg, in: Schmid, Peter (Hrsg.), Geschichte der Stadt Regensburg, Band 1, Regensburg 2000, S. 478 – 506.

Gumpelzhaimer, Christian Gottlieb: Geschichte der Streitigkeiten zwischen Magistrat und Bürgern der Reichsstadt Regenspurg, Regensburg 1795 (zitiert: Gumpelzhaimer, Streitigkeiten, S. ...).

Gumpelzhaimer, Christian Gottlieb: Regensburger Geschichten, Sagen und Merkwürdigkeiten, Band 2, Vom Jahre 1486 bis 1618, Regensburg 1837 (zitiert: Gumpelzhaimer, Bd. 2, S. ...).

Gumpelzhaimer, Christian Gottlieb: Regensburger Geschichten, Sagen und Merkwürdigkeiten, Band 4, Vom Jahre 1790 bis 1805, dann Überblick der Verhältnisse während der Regierung des Fürsten Primas bis zur Vereinigung mit Bayern im Jahre 1810, so wie noch Einiges über die interessantesten Ereignisse bis in die neueste Zeit, namentlich in den Jahren 1817, 1818, 1825, 1830, Regensburg 1838 (zitiert: Gumpelzhaimer, Bd. 4, S. ...).

Hage, Hermann: Diener dreier Herren – Der Regensburger Stadtarchivar und –bibliothekar Carl Theodor Gemeiner, 1756 bis 1823, in: Dallmeier, Martin/Heilmeier, Klaus/Reidel, Hermann (Hrsg.), Das Fürstentum Regensburg – Von der freien Reichsstadt zur bayerischen Kreishauptstadt, Kunst und Geschichte im Spannungsfeld von Klassizismus und Romantik (1789-1848), Regensburg 2003, S. 135 – 138 (bzw. in: Verhandlungen des Historischen Vereins für Oberpfalz und Regensburg 123 (1983), S. 171 – 234) (zitiert: Hage, Diener dreier Herren, S. ...).

Hage, Hermann: Zur Frage der Emanzipation der Regensburger Juden unter der Herrschaft Carl Theodor von Dalbergs (1802-1810), in: „Stadt und Mutter in Israel". Jüdische Geschichte und Kultur in Regensburg, Ausstellungskataloge zur Regensburger Geschichte, Band 2, Regensburg 1989, S. 187-191 (zitiert: Hage, Emanzipation, S. ...).

Hahn, Hans-Werner: Altständisches Bürgertum zwischen Beharrung und Wandel, Wetzlar 1689 – 1870, München 1991 (zitiert: Hahn, Bürgertum, S. ...).

Hahn, Wolfgang R.: Ratisbona Politica. Studien zur politischen Geschichte der Reichsstadt Regensburg im 17. Jahrhundert bis zum Immerwährenden Reichstag, in: Verhandlungen des Historischen Vereins für Oberpfalz und Regensburg 125 (1985), S. 7 – 161, und 126 (1986), S. 7 – 98 (zitiert: Hahn, Ratisbona Politica, S. ...).

Hausberger, Karl: Dalbergs Bemühungen um die Neuordnung der katholischen Kirche in Deutschland, in: ders. (Hrsg.), Carl von Dalberg, Der letzte geistliche Reichsfürst, Schriftenreihe der Universität Regensburg, Band 22, Regensburg 1995, S. 177 – 198 (zitiert: Hausberger, Neuordnung, S. ...).

Hausberger, Karl: Gottfried Langwerth von Simmern (1669-1741). Bistumsadministrator und Weihbischof zu Regensburg, in: Schwaiger, Georg/Staber, Josef (Hrsg.), Beiträge zur Geschichte des Bistums Regensburg, Regensburg 1973, S. 63 – 370 (zitiert: Hausberger, Gottfried Langwerth von Simmern, S. ...).

Hausberger, Karl: Vorwort, in: ders. (Hrsg.), Carl von Dalberg, Der letzte geistliche Reichsfürst, Schriftenreihe der Universität Regensburg, Band 22, Regensburg 1995, S. 7 (zitiert: Hausberger, Vorwort, S. ...).

Hausberger, Karl: „Unterm Krummstab ist gut leben" – Zur Situation der fürstbischöflichen Germania Sacra am Vorabend der Säkularisation, in: Schmid, Peter/Unger, Klemens (Hrsg.), 1803 – Wende in Europas Mitte – Vom feudalen zum bürgerlichen Zeitalter, Begleitband zur Ausstellung im Historischen Museum Regensburg 29. Mai bis 24. August 2003, Regensburg 2003, S. 35 – 52 (zitiert: Hausberger, Germania Sacra, S. ...).

Hausenstein, Wilhelm: Wiedervereinigung Regensburgs mit Bayern im Jahre 1810 (Zur Beurteilung Karls von Dalberg), München 1905.

Heckschen, Heribert/Heidinger, Andreas: Die GmbH in der Gestaltungs- und Beratungspraxis, Köln/München 2009.

Hein, Nils: Der Staat Karl Theodor von Dalberg's: Theoretischer Führungsanspruch und politische Ohnmacht im Alten Reich und im Rheinbund (1802 bis 1813), Frankfurt am Main 1996.

Hertel, Werner: Karl Theodor von Dalberg. Zwischen Reich und Rheinbund. Grundgedanken seiner Politik vom Regierungsantritt bis zur Gründung des Rheinbundes (1802-1806), Mainz 1952.

Hiltl, Franz Xaver: Die Geschichte der Säkularisation des Reichsstiftes Obermünster zu Regensburg, Regensburg 1933.

Hömig, Herbert: Carl Theodor von Dalberg, Staatsmann und Kirchenfürst im Schatten Napoleons, Paderborn 2011.

Hollweck, Johann Nepomuk: Geschichte des Volksschulwesens in der Oberpfalz, Regensburg 1895.

Huber, Ernst Rudolf/Huber, Wolfgang: Staat und Kirche im 19. und 20. Jahrhundert. Dokumente zur Geschichte des deutschen Staatskirchenrechts, Band I – Staat und Kirche vom Ausgang des Alten Reichs bis zum Vorabend der bürgerlichen Revolution, Berlin 1973 (zitiert: Huber/Huber, S. ...).

Huber, Heinrich: Aus den Nachlaßakten des Fürstprimas Karl von Dalberg, Regensburg 1926 (zitiert: Huber, Nachlassakten, S. ...).

Huber, Heinrich: Das Bürgerrecht der Reichsstadt Regensburg, in: Verhandlungen des Historischen Vereins für Oberpfalz und Regensburg 79 (1929), S. 101 – 113 (zitiert: Huber, Bürgerrecht, S. ...).

Huber, Heinrich: Der Übergang der Stadt Regensburg an Bayern 1810, in: Zeitschrift für bayerische Landesgeschichte 4 (1931), S. 95 – 106 (zitiert: Huber, Übergang, S. ...).

Huber, Heinrich: Die Polizeidirektion und die Polizeidirektoren in Regensburg, in: Die Oberpfalz 22 (1928), Kallmünz 1928, S. 186 – 189 (zitiert: Huber, Polizeidirektion, S. ...).

Kayser, Albrecht Christoph: Versuch einer kurzen Beschreibung der Kaiserlich freyen Reichsstadt Regensburg, Regensburg 1797.

Ketterer, Hermann: Das Fürstentum Aschaffenburg und sein Übergang an die Krone Bayern, Aschaffenburg 1914/15.

Kick, Karl G.: Soziale Fürsorge im Dalbergstaat, in: Dallmeier, Martin/Heilmeier, Klaus/Reidel, Hermann (Hrsg.), Das Fürstentum Regensburg – Von der freien Reichsstadt zur bayerischen Kreishauptstadt, Kunst und Geschichte im Spannungsfeld von Klassizismus und Romantik (1789-1848), Regensburg 2003, S. 71 – 75 (zitiert: Kick, Soziale Fürsorge, S. ...).

Kick, Karl G.: Städtische Sozialpolitik, in: Schmid, Peter (Hrsg.), Geschichte der Stadt Regensburg, Band 1, Regensburg 2000, S. 348 – 370 (zitiert: Kick, Sozialpolitik, S. ...).

Kick, Karl G.: Von der Armenpflege zur Sozialpolitik. Die Entwicklung des Fürsorgewesens im 19. Jahrhundert am Beispiel Regensburgs, Regensburger Studien und Quellen zur Kulturgeschichte 3, Regensburg 1995 (zitiert: Kick, Armenpflege, S. ...).

Kleinheyer, Gerd: Zur Rechtsgestalt von Akkusationsprozeß und peinlicher Frage im frühen 17. Jahrhundert. Ein Regensburger Anklageprozeß vor dem Reichshofrat, Opladen 1971.

Klose, Albrecht: Das Erzbistum Regensburg, in: Färber, Konrad M./Klose, Albrecht/Reidel, Hermann, Carl von Dalberg, Erzbischof und Staatsmann (1744-1817), Regensburg 1994, S. 158 – 160 (zitiert: Klose, Erzbistum Regensburg, S. ...).

Klose, Albrecht/Spies, Hans-Bernd: Carl von Dalberg, der Koadjutor der Schule, in: Färber, Konrad M./Klose, Albrecht/Reidel, Hermann, Carl von Dalberg, Erzbischof und Staatsmann (1744-1817), Regensburg 1994, S. 196 – 198 (zitiert: Klose/Spies, Koadjutor, S. ...).

Klueting, Harm: Dalbergs Großherzogtum Frankfurt – ein napoleonischer Modellstaat? Zu den rheinbündischen Reformen im Fürstentum Aschaffenburg und im Großherzogtum Frankfurt, in: Aschaffenburger Jahrbuch für Geschichte, Landeskunde und Kunst des Untermaingebietes, Band 11/12, Aschaffenburg 1988, S. 359 – 380.

Knemayer, Franz Ludwig: Regierungs- und Verwaltungsreformen in Deutschland zu Beginn des 19. Jahrhunderts, Köln 1970.

Koch, Rainer: Grundlagen bürgerlicher Herrschaft. Verfassungs- und sozialgeschichtliche Studien zur bürgerlichen Gesellschaft in Frankfurt am Main (1612-1866), Wiesbaden 1983.

Köbler, Gerhard: Historisches Lexikon der deutschen Länder, Die deutschen Territorien und reichsunmittelbaren Geschlechter vom Mittelalter bis zur Gegenwart, 5. Aufl., München 1995.

Krämer, August: Carl Theodor, Reichsfreiherr von Dalberg, letzter Churfürst von Mainz und Churerzkanzler des deutschen Reichs, Primas von Deutschland, Erzbischof und Fürst zu Regensburg, Fürstbischof von Constanz, später Fürst-Primas der rheinischen Conföderation, und Großherzog von Frankfurt. Grundzüge zu einer Geschichte seines politischen Lebens, Leipzig 1821.

Kraus, Andreas: Die Briefe Roman Zirngibls von St. Emmeram in Regensburg, I. Teil, in: Verhandlungen des Historischen Vereins für Oberpfalz und Regensburg 103 (1963), S. 5 – 163 (zitiert: Kraus, Zirngibl 103 (1963), S. ...).

Kraus, Andreas: Die Briefe Roman Zirngibls von St. Emmeram in Regensburg, II. Teil, in: Verhandlungen des Historischen Vereins für Oberpfalz und Regensburg 104 (1964), S. 5 – 164 (zitiert: Kraus, Zirngibl 104 (1964), S. ...).

Lindner, Ludwig: Das bürgerliche Recht der Reichsstadt Regensburg, Regensburg 1908.

Lößl, Vinzenz: Das Regensburger Hansgrafenamt. Ein kleiner Beitrag zur Kultur- und Rechtsgeschichte, in: Verhandlungen des Historischen Vereins für Oberpfalz und Regensburg 49 (1897), S. I – 171.

Luttenberger, Albrecht P.: Karl Theodor von Dalberg, das Reich und der Rheinbund, in: Schmid, Peter/Unger, Klemens (Hrsg.), 1803 – Wende in Europas Mitte – Vom feudalen zum bürgerlichen Zeitalter, Begleitband zur Ausstellung im Historischen Museum Regensburg 29. Mai bis 24. August 2003, Regensburg 2003, S. 53 – 79.

Mai, Paul: Katalog – Abteilung 5: Säkularisation, in: Schmid, Peter/Unger, Klemens (Hrsg.), 1803 – Wende in Europas Mitte – Vom feudalen zum bürgerlichen Zeitalter, Begleitband zur Ausstellung im Historischen Museum Regensburg 29. Mai bis 24. August 2003, Regensburg 2003, S. 497 – 505.

Menzel, Gerhard: Franz Josef von Albini 1748-1816. Ein Staatsmann des alten Reiches. Zu Wandel und Fortleben der Reichstradition bei der Neugestaltung Deutschlands 1787-1815, in: Mainzer Zeitschrift, Jahrgang 69, Mainz 1974, S. 1 – 26.

Nemitz, Jürgen: Bürgerrecht und Konfession. Zur Interpretation des Westfälischen Friedens in der Reichsstadt Regensburg im 18. Jahrhundert, in: Zeitschrift für bayerische Landesgeschichte 55 (1992), S. 511 – 542 (zitiert: Nemitz, Bürgerrecht und Konfession, S. ...).

Nemitz, Jürgen: Die direkten Steuern der Stadt Regensburg, Abgaben und Stadtverfassung vom 17. bis zum frühen 19. Jahrhundert, München 2000 (zitiert: Nemitz, Die direkten Steuern, S. ...).

Nemitz, Jürgen: Die Grund- und Haussteuer in der Stadt Regensburg zur Zeit des Fürstprimas Dalberg (1803-1810). Rechtsgrundlagen und Verwaltungsvollzug, Magisterarbeit masch. Regensburg 1991 (zitiert: Nemitz, Grund- und Haussteuer, S. ...).

Nemitz, Jürgen: Verfassung und Verwaltung der Reichsstadt (1500-1802), in: Schmid, Peter (Hrsg.), Geschichte der Stadt Regensburg, Band 1, Regensburg 2000, S. 248 – 264 (zitiert: Nemitz, Verfassung und Verwaltung, S. ...).

Nemitz, Jürgen: Vom Alten Reich zum Bayerischen Königreich. Ein Überblick zur Regensburger Stadtgeschichte, in: Dallmeier, Martin/Heilmeier, Klaus/Reidel, Hermann (Hrsg.), Das Fürstentum Regensburg – Von der freien Reichsstadt zur bayerischen Kreishauptstadt, Kunst und Geschichte im Spannungsfeld von Klassizismus und Romantik (1789-1848), Regensburg 2003, S. 9 – 16 (zitiert: Nemitz, Vom Alten Reich, S. ...).

Nemitz, Jürgen: Zwischen Reich und Bayern. Das Fürstentum Dalberg, in: Schmid, Peter (Hrsg.), Geschichte der Stadt Regensburg, Band 1, Regensburg 2000, S. 285 – 298 (zitiert: Nemitz, Zwischen Reich, S. ...).

Piendl, Max: Thurn und Taxis 1517-1867. Zur Geschichte des fürstlichen Hauses und der Thurn und Taxisschen Post, Regensburg 1967.

Pölitz, Karl-Heinrich Ludwig (Hrsg.): Die europäischen Verfassungen seit dem Jahre 1789 bis auf die neueste Zeit. Mit geschichtlichen Erläuterungen und Einleitungen, 2. neugeordnete, berichtigte und ergänzte Auflage, Band 1, Leipzig 1832.

Probst, Erwin: Carl Theodor von Dalberg und das „Fürstentum Regensburg" – Zum Todestag des Kurerzkanzlers und Fürstprimas vor einhundertfünfzig Jahren, in: Schönere Heimat 56. Jahrgang (1967), Heft 1, S. 27 – 31.

Probst, Erwin: Regensburgs Weg von der Reichsstadt zum bayerischen Staat, in: Die Oberpfalz 48, November 1960, S. 269 – 280 und 302 – 307 (zitiert: Probst, Regensburgs Weg, S. ...).

Rehbach, Bernd: Der Entwurf eines Kriminalgesetzbuches von Karl Theodor von Dalberg aus dem Jahre 1792, Berlin 1986.

Reinhardt, Rudolf: Fürstprimas Karl Theodor von Dalberg (1744-1817) im Lichte der neueren Forschung, in: Theologische Quartalschrift 144 (1964), S. 257 – 275.

Reuter, Fritz/Teutsch, Friedrich: Die Kämmerer von Worms genannt von Dalberg, in: Färber, Konrad M./Klose, Albrecht/Reidel, Hermann, Carl von Dalberg, Erzbischof und Staatsmann (1744-1817), Regensburg 1994, S. 12 – 14.

Rob, Klaus: Karl Theodor v. Dalberg (1744-1817). Eine politische Bographie für die Jahre 1744-1806, Frankfurt am Main 1984.

Roth, Ralf: Stadt und Bürgertum in Frankfurt am Main. Ein besonderer Weg von der ständischen zur modernen Bürgergesellschaft 1760-1914, München 1996.

Ruhnau, Rolf: Die Fürstlich Thurn und Taxissche Privatgerichtsbarkeit in Regensburg. Ein Kuriosum der deutschen Rechtsgeschichte (Rechtshistorische Reihe 189), Frankfurt am Main 1999.

Sailer, Rita: Untertanenprozesse vor dem Reichskammergericht – Rechtsschutz gegen die Obrigkeit in der zweiten Hälfte des 18. Jahrhunderts (Quellen und Forschungen zur Gerichtsbarkeit im Alten Reich = QFGAR 33), Köln/Weimar/Wien 1999.

Scherer, Wilhelm: Zum Gedächtnis Karl von Dalbergs an seinem 100. Geburtstage, in: Verhandlungen des Historischen Vereins für Oberpfalz und Regensburg 67 (1917), S. 109 – 129.

Scherg, Theodor Josef: Das Schulwesen unter Karl Theodor von Dalberg, besonders im Fürstentum Aschaffenburg (1803-1813) und im Großherzogtum Frankfurt, 2 Teile, München, Solln 1939.

Scheurl, Christoph Gottlieb Adolf v.: Erläuternde Anmerkungen zu der neuen Strafprozeß- (insbesondere Schwurgerichts-)Ordnung für das diesrheinische Bayern (Gesetz „die Abänderungen des zweiten Theils des Strafgesetzbuchs von 1813 betreffend") auf Grundlage der ständischen Ausschußverhandlungen, München 1848.

Scheurmann, Ingrid: Im Schatten des Reichskammergerichts: Die Wetzlarer Rechtsschule (1808-1816). Eine Bildungseinrichtung der Rheinbundzeit, in: Schmidt-von Rhein, Georg/Cordes, Albrecht (Hrsg.), Altes Reich und neues Recht – Von den Anfängen der bürgerlichen Freiheit, Katalog zur gleichnamigen Ausstellung vom 15.09.2006 bis 10.12.2006 im Reichskammergerichtsmuseum und im Stadt- und Industriemuseum Wetzlar, S. 141 – 156.

Schieber, Sigrid: Normdurchsetzung im frühneuzeitlichen Wetzlar. Herrschaftspraxis zwischen Rat, Bürgerschaft und Reichskammergericht, Frankfurt am Main 2008.

Schlaich, Heinz Wolfgang: Das Ende der Regensburger Reichsstifte St. Emmeram, Ober- und Niedermünster – Ein Beitrag zur Geschichte der Säkularisation und der Neugestaltung des bayerischen Staates, in: Verhandlungen des Historischen Vereins für Oberpfalz und Regensburg 97 (1956), S. 163 – 376 (zitiert: Schlaich, Regensburger Reichsstifte, S. ...).

Schmid, Alois: Regensburg. Reichsstadt – Fürstbischof – Reichsstifte – Herzogshof (= Historischer Atlas von Bayern, Teil Altbayern (Heft 60)), München 1995 (zitiert: Schmid, Regensburg, S. ...).

Schmid, Peter: Civitas regia: Die Königsstadt Regensburg, in: ders. (Hrsg.), Geschichte der Stadt Regensburg, Band 1, Regensburg 2000, S. 102 – 147 (zitiert: Schmid, Civitas regia, S. ...).

Schmid, Peter: Die Reichsstadt Regensburg, in: Spindler, Max, Handbuch der bayerischen Geschichte, Dritter Band, Dritter Teilband, Geschichte der Oberpfalz und des bayerischen Reichskreises bis zum Ausgang des 18. Jahrhunderts, München 1995, S. 320 – 326 (zitiert: Schmid, Reichsstadt, S. ...).

Schmid, Peter: Regensburg im Umbruch – Verfassungsentwicklung von der Reichsstadt zur bayerischen Stadt, in: Schmid, Peter/Unger, Klemens (Hrsg.), 1803 – Wende in Europas Mitte – Vom feudalen zum bürgerlichen Zeitalter, Begleitband zur Ausstellung im Historischen Museum Regensburg 29. Mai bis 24. August 2003, Regensburg 2003, S. 81 – 101 (zitiert: Schmid, Regensburg im Umbruch, S. ...).

Schmidbauer, Irmengard: Die Vermögenssäkularisation der Regensburger Reichsstifte St. Emmeram, Nieder- und Obermünster nach 1803, in: Regensburger Almanach (1990), S. 64 – 73.

Schönfeld, Roland: Studien zur Wirtschaftsgeschichte der Reichsstadt Regensburg im achtzehnten Jahrhundert, in: Verhandlungen des Historischen Vereins für Oberpfalz und Regensburg 100 (1959), S. 5 – 148.

Schwaiger, Georg: Das dalbergische Fürstentum Regensburg (1803-1810), in: Zeitschrift für bayerische Landesgeschichte 23 (1960), S. 42 – 65 (zitiert: Schwaiger, Fürstentum, S. ...).

Schwaiger, Georg: Die altbayerischen Bistümer Freising, Passau und Regensburg zwischen Säkularisation und Konkordat (1803-1817) (= Münchner Theol. Studien, I. Hist. Abteilung 13. Bd.), München 1959.

Schwaiger, Georg: Fürstprimas Carl Theodor von Dalberg, in: Schwaiger, Georg/Staber, Josef (Hrsg.), Beiträge zur Geschichte des Bistums Regensburg, Band 1, Regensburg 1967, S. 11 – 27 (zitiert: Fürstprimas, S. ...).

Schwaiger, Georg: Der Erzbischof Dalberg und das Erzbistum Regensburg, in: Hausberger, Karl (Hrsg.), Carl von Dalberg, Der letzte geistliche Reichsfürst, Schriftenreihe der Universität Regensburg, Band 22, Regensburg 1995, S. 59 – 72 (zitiert: Schwaiger, Erzbischof, S. ...).

Smend, Rudolf: Das Reichskammergericht. Erster Teil: Geschichte und Verfassung (Quellen und Studien zur Verfassungsgeschichte des Deutschen Reichs in Mittelalter und Neuzeit, Band IV, Heft 3), Weimar 1911.

Spies, Hans-Bernd: Erthals Tod und Dalbergs Regierungsantritt in Aschaffenburg und Regensburg, in: Spies, Hans-Bernd, Carl von Dalberg 1744 – 1817, Beiträge zu seiner Biographie, Aschaffenburg 1994, S. 120 – 139.

Sydow, Jürgen: Überblick über die Geschichte des Regensburger Stadtrechts, in: Sammelband zum Regensburger Stadtrecht, Regensburg 1958, S. I – V.

Szymanski, Mike: „Eine Stadt unter Strom“, Süddeutsche Zeitung vom 06.04.2010, S. 46.

Wanderwitz, Heinrich/Burgdorf, Wolfgang: Katalog – Abteilung 7: Regensburg wird bayerisch – und die Welt wird neu geordnet, in: Schmid, Peter/Unger, Klemens (Hrsg.), 1803 – Wende in Europas Mitte – Vom feudalen zum bürgerlichen Zeitalter, Begleitband zur Ausstellung im Historischen Museum Regensburg 29. Mai bis 24. August 2003, Regensburg 2003, S. 551 – 557.

Weitlauff, Manfred: Dalberg als Bischof von Konstanz und sein Generalvikar Ignaz Heinrich von Wessenberg, in: Hausberger, Karl (Hrsg.), Carl von Dalberg, Der letzte geistliche Reichsfürst, Schriftenreihe der Universität Regensburg, Band 22, Universitätsverlag Regensburg GmbH, 1995, S. 35 – 58.

Wittmer, Siegfried: Juden in Regensburg in der Neuzeit, in: Schmid, Peter (Hrsg.), Geschichte der Stadt Regensburg, Band 1, Regensburg 2000, S. 656 – 676.

Wittmer, Siegfried: Regensburger Juden. Jüdisches Leben von 1519 bis 1990 (= Regensburger Studien und Quellen zur Kulturgeschichte 6), Regensburg 1996 (zitiert: Wittmer, Regensburger Juden, S. ...).

Zugschwert, Hans: Die wirtschaftlichen Beziehungen der freien Reichstadt Regensburg zum Herzogtum Bayern seit dem 14. Jahrhundert, Kallmünz 1932.

I. Einleitung

Gesetzgebung und Verwaltung im Dalbergstaat. Der Dalbergstaat? Ein Begriff – seltsam vertraut und doch fremd. Sucht man ihn in herkömmlichen Lexika, wird man, nicht zuletzt aufgrund der nur kurzen Dauer seines Bestands, nur selten fündig werden, ist doch über seinen Namensgeber, den Erzkanzler Karl Theodor von Dalberg, wesentlich mehr verfasst und veröffentlicht worden. Auch nach eingehender Befassung mit der Thematik ginge es fehl, eine solch allgemeingültige Beschreibung abgeben zu wollen, würde man dadurch doch der Vielfalt und den Eigentümlichkeiten der dahinterstehenden Institutionen nicht gerecht werden können. Doch trotz der Unterschiede wird der Dalbergstaat durch ein wesentliches, alles einendes Element gekennzeichnet: Karl Theodor von Dalberg, der es durch seinen Willen, seinen Ehrgeiz, sein Einfühlungsvermögen und sein juristisches Talent schaffte, die im Dalbergstaat zusammengefassten Einzelstaaten gegen alle Widrigkeiten seiner Zeit zu neuem Ansehen und Glanz zu führen und in Gesetzgebung und Verwaltung zum Vorbild für andere Staaten zu machen.

> „Ideale sind wie Sterne. Wir können sie nicht erreichen, bestimmen aber wie Seeleute mit ihrer Hilfe unseren Kurs.“ (Karl Schurz)

Ideale, die unerreichbar sind. Ein Idealist, der das Unerreichbare sucht. Treffender könnte das Streben Karl Theodor von Dalbergs, des letzten Reichserzkanzlers, wohl nicht beschrieben werden[1].

Karl Theodor von Dalberg – Reichsverräter oder Reichspatriot[2]? Verachtet und geschmäht in seiner Zeit, erfährt Dalberg in der neueren Forschung nun allmählich den Respekt, der ihm gebührt. Aktuellstes Beispiel hierfür stellt das Werk von Prof. Dr. phil. Herbert Hömig dar. Geboren in eine Stellung, die mit dem Lauf der Zeit zwangsläufig kollidieren musste, stellt Karl Theodor von Dalberg zweifelsohne eine interessante, aber auch eine sehr umstrittene Gestalt des frühen 19. Jahrhunderts dar[3]. Gleichwohl ist er wohl den Wenigsten wirklich bekannt, kennt die Nachwelt kaum seinen Namen geschweige denn seine Leistungen, die er - trotz zahlreicher Rückschläge und der Widrigkeiten seiner Zeit - für sich verbuchen kann. Diese Leistungen erbrachte er weniger auf politischer Ebene, als vielmehr in Form der Gesetzgebung und Verwaltung seines Staates - dem Dalbergstaat.

---

1 Vgl. zum Beispiel Aretin, Dalberg, S. 9-20 (13/18).

2 Vgl. hierzu ausführlich Färber, Reichsverräter, S. 153-175.

3 Vgl. Aretin, Dalberg, S. 9-20 (9/18); Färber, Kaiser und Erzkanzler, S. 13-15; ders., Dalberg und Napoleon, S. 222-225 (223/224); Hausberger, Vorwort, S. 7; Hömig, S. 13/14/581-585.

Gerade diese Leistungen Dalbergs, die in nahezu allen zur Verfügung stehenden Werken über den letzten Reichserzkanzler zwar zur Sprache kommen, dabei jedoch – soweit ersichtlich – keine einheitlich-zusammenfassende Behandlung erfahren, gaben Anlass und Ansporn zur Fertigung dieser Arbeit. Denn in einer Zeit des Umbruchs, wie sie insbesondere der Anfang des 19. Jahrhunderts darstellte, standen naturgemäß Fragen wie politische Entwicklungen und staatliche Tendenzen im Fokus der Interessen und erhielten gerade in der zeitgenössischen Literatur eine umfangreiche Würdigung und Aufarbeitung. Gesetzgebung und Verwaltung der einzelnen Staaten gerieten dabei mehr oder minder zwangsläufig in den Hintergrund und geben zumeist erst für die Nachwelt Beispiele guter oder schlechter Organisation eines Staatswesens. Demgemäß war es mir ein persönliches Anliegen, gerade diese Aspekte stärker in das allgemeine Bewusstsein zu rücken und die eher verstreuten Ausführungen zu Dalbergs Wirken zu einem möglichst einheitlichen Ganzen zusammenzufügen. Um den Leser dabei nicht schon zu Anfang mit detaillierten Ausführungen zu belasten, wird sich die Arbeit ausgehend von Dalbergs Persönlichkeit, den Rahmenbedingungen und Ursachen, die zur Gründung des Dalbergstaates führten, sowie den insofern relevanten Begriffsdefinitionen dem eigentlichen Staatsgebilde, seinen Bestandteilen und Institutionen annähern, und nach einer ausführlichen Durchleuchtung deren Aufgaben und Entwicklungen den Kreis mit dem Untergang des Dalbergstaates und einem kurzen Ausblick auf die Zukunft seiner Teilstaaten im Königreich Bayern bzw. Großherzogtum Frankfurt schließen.

II. Zur Vita von Dalberg – Dalberg, der Mann hinter dem Staat

1. Familiärer und geschichtlicher Hintergrund

„Ist kein Dalberg da?“ – Diese Frage, abgeleitet aus dem im 15. Jahrhundert kaiserlich verliehenen Recht, beim symbolischen Ritterschlag auf der Tiberbrücke in Rom als erste aufgerufen zu werden, und seither traditioneller Ruf nach jeder Kaiserkrönung[4], verdeutlicht die Bedeutung der Familie Karl Theodor von Dalbergs. Einem bischöflichen Ministerialengeschlecht aus Worms, den Kämmerern von Worms genannt von Dalberg, entstammend, stellte diese insbesondere im geistlichen Bereich zahlreiche Vertreter. So stammten die bedeutendsten Vorfahren Dalbergs aus der Reichskirche, der Germania Sacra[5].

Carolus Theodorus Antonius Maria Kämmerer von Worms Freiherr von und zu Dalberg, am 8. Februar 1744 als ältester Sohn von Franz Heinrich v. Dalberg, Statthalter von Worms, und Maria Sophia geb. Gräfin Eltz-Kempenich geboren, war ebenfalls für die kirchliche Laufbahn vorgesehen, da – in politischer Hinsicht – eine Karriere in der Reichskirche meistens erfolgversprechender war[6]. Wenngleich er nie eine eigentliche theologische Ausbildung erhalten hatte, wurde Dalberg im Jahre 1768 mit nur 24 Jahren Domkapitular von Mainz, 1770 von Worms und 1779 von Würzburg[7]. Nach dem erfolgreichen Abschluss seines Studiums der Rechtswissenschaften an der Universität Heidelberg, welches auch das kanonische Recht einschloss, promovierte Dalberg am 28. November 1761 zum Doktor jur.[8]. Bereits als Referendar in der Mainzer Regierung seit dem Jahre 1763 zogen Dalbergs umfangreiche juristische Kenntnisse die Aufmerksamkeit des leitenden Ministers Karl Friedrich Groschlag, eines berühmten Staatsrechtlers der deutschen Aufklärung, auf sich, der sich fortan persönlich Dalbergs Ausbildung und Förderung widmete und ihm zugleich seine eigenen politischen Vorstellungen – insbesondere zum Thema Reichsreform – nahe brachte[9]. Auch als kurmainzischer Statthalter in Erfurt, einen Posten, den er am 2. Oktober 1772 im Alter von 28 Jahren übernommen hatte, erwies sich Dalberg bei der Betreu-

---

4 Reuter/Teutsch, S. 12-14 (12); Aretin, Dalberg, S. 9-20 (9); Beaulieu-Marconnay, Bd. 1, S. 3; Färber, Reichsverräter, S. 153-175 (157); ders., Fürstentum, S. 33-56 (48); Schwaiger, Bistümer, S. 148; Hömig, S. 25.

5 Färber, Kaiser und Erzkanzler, S. 19; vgl. Aretin, Dalberg, S. 9-20 (9); Reuter/Teutsch, S. 12-14 (12); Hömig, S. 23/24 mit ausführlichen Quellenangaben.

6 Reuter/Teutsch, S. 12-14 (13); Aretin, Dalberg, S. 9-20 (9); ders., Hl. Röm. Reich, Teil I, S. 85; Färber, Kaiser und Erzkanzler, S. 19/20; Hömig, S. 24/25 und ausführlich S. 26.

7 Aretin, Dalberg, S. 9-20 (10); Hömig, S. 27-29.

8 Färber, Kaiser und Erzkanzler, S. 21; Hömig, S. 28/29, der an einer wirklichen Promotion zweifelt.

9 Färber, Kaiser und Erzkanzler, S. 21/22; siehe auch Hömig, S. 97/98.

ung aller innen-, wirtschafts- und kulturpolitischen Belange Erfurts und des umliegenden Eichsfelds als äußerst geschickter und talentierter Verwaltungsjurist, der in einem überschaubaren Rahmen fleißig und fortschrittlich zu handeln vermochte – eine seiner wesentlichen Fähigkeiten, die er auch als späterer Kurfürst in Regensburg und als Großherzog von Frankfurt erfolgreich nutzen sollte. Insgesamt können Dalbergs Jahre in Erfurt als seine „Lehrjahre" bezeichnet werden[10]. Seine dortigen Erfahrungen, Maßnahmen und Erfolge prägten demgemäß auch sein Wirken in Regensburg und Frankfurt maßgeblich. Davon wird später noch detaillierter die Rede sein.

Einen seiner größten Erfolge konnte Dalberg, der zu dieser Zeit bereits als der fähigste und klügste Kopf des Mainzer Domkapitels galt[11], jedoch mit seiner Wahl zum Koadjutor im Juni des Jahres 1787 verzeichnen. Trotz oder gerade wegen politischer Querelen und Intrigen[12] gelang es Dalberg, sich gegen seine Konkurrenten zu behaupten und die Stelle des Koadjutors, also des gewählten Nachfolgers, des Mainzer Kurfürsten und regierenden Wormser Fürstbischofs Friedrich Karl von Erthal einzunehmen – der Anfang seiner politischen Laufbahn[13]. In dieser Position folgte Dalberg denn auch dem am 25. Juli 1802 verstorbenen von Erthal in Mainz und Worms nach[14], bevor sich sein weiteres Wirken seinem eigenen Staatsgebilde zuwenden sollte.

2. Persönlichkeit und Charakter Dalbergs

Dalberg vereinte viele Eigenschaften und Interessen in seiner Person. So agierte er Zeit seines Lebens nicht nur als Staatsmann, sondern auch als Schriftsteller, Philosoph und Mäzen der Künste[15]. Sein liberaler Geist war stark von den Einflüssen der Aufklärung geprägt. So war Karl Theodor von Dalberg, dessen Vater seinen Sohn nach den neuesten Prinzipien erziehen und ausbilden ließ, bereits als 14-Jähriger zu Vorstudien an die zu damaliger Zeit als hochmodern angesehene und von den Reformen der Aufklärung geprägte Universität von Würzburg

10 Färber, Kaiser und Erzkanzler, S. 22/159, Fn. 39; Christ, Fürst, Bischof und Gelehrter, S. 199-209 (200); vgl. dazu ausführlich ders., Lehrjahre, S. 29-52.

11 Färber, Kaiser und Erzkanzler, S. 19.

12 Vgl. z.B. Färber, Kaiser und Erzkanzler, S. 19/30-34; ausführlich Aretin, Koadjutorwahl, S. 25-34; ebenso Hömig, S. 109-130.

13 Färber, Kaiser und Erzkanzler, S. 30/34; ders., Reichsverräter, S. 153-175 (161); vgl. auch Düwel, S. 100; ausführlich Hömig, S. 109-138.

14 Weitlauff, S. 35-58 (43); Hömig, S. 130/262.

15 Siehe zum Beispiel Färber, Kaiser und Erzkanzler, S. 36; Albrecht, Fürst von Regensburg, S. 73-82; Reinhardt, S. 257-275 (265); Hömig, S. 75-77.

gelangt[16]. Noch intensiver mit den Ideen der Aufklärung in Berührung kam Dalberg in der Folge auf seiner großen Reise in den Süden, die ihn 1761 und 1762 über Italien und Frankreich schließlich in die Niederlande führte[17]. Auf die Auswirkung dieser Einflüsse auf Dalbergs Politik- und Herrscherverständnis wird an anderer Stelle näher einzugehen sein[18].

16 Färber, Kaiser und Erzkanzler, S. 21.

17 Schwaiger, Bistümer, S. 149; Hömig, S. 31/32.

18 Siehe unter V.2.a.

III. Hintergrund und Entwicklung der Säkularisation

Der Dalbergstaat verdankt sein Entstehen im Wesentlichen zwei Gründen, die das Leben und die Gesellschaftsordnung Europas grundlegend und tiefgreifend verändern sollten: der Säkularisation und Mediatisierung.

1. Säkularisation

Schon lange geisterte die Idee der Säkularisation, d.h. der Einziehung oder Nutzung kirchlicher Besitztümer in Form von Land oder Vermögen in bzw. durch weltliche, in der Regel staatliche, Hände[19] durch die europäische Geschichte[20]. Grundlage hierfür bildeten dabei – speziell im Heiligen Römischen Reich – nicht nur die Auseinandersetzungen zwischen Staat und Kirche, sondern insbesondere auch diejenigen zwischen dem Reichsadel und den aus dem Reich hin zum modernen Staat drängenden Ständen[21]. Einer Realisierung wurde diese Idee jedoch erst durch den sog. „Reichsdeputationshauptschluss"[22] vom 25. Februar 1803 und den ihm vorangegangenen militärischen Aufstieg von Napoleon Bonaparte und Frankreichs Aufstieg zur europäischen Hegemonialmacht zugeführt[23]. Beraten auf der Grundlage des französisch-russischen Entschädigungsplans vom 3. Juni 1802 diente der formal als Reichsgesetz erlassene Reichsdeputationshauptschluss zur Regelung von Entschädigungen in Form von Säkularisation und Mediatisierung[24]. In diesem Zusammenhang definiert sich die hier angesprochene Säkularisation als eine Einverleibung der geistlichen Fürstentümer und Herrschaften des Heiligen Römischen Reiches durch größere Territorialstaaten – die bis dato umfassendste ihrer Art[25].

19 Vgl. Spies, S. 120-139 (131); Aretin, Säkularisation, in: Erler/Kaufmann, HdR, Bd. IV, Sp. 1263-1267.

20 Becker, Reichsdeputationshauptschluss, S. 17-34 (24/25); vgl. Färber, Kaiser und Erzkanzler, S. 37; vgl. auch Aretin, Hl. Röm. Reich, Teil I, S. 372; Hausberger, Germania Sacra, S. 35-52 (46); ausführlich Mai, S. 497-505.

21 Aretin, Hl. Röm. Reich, Teil I, S. 373/454; vgl. auch Becker, Reichsdeputationshauptschluss, S. 17-34 (29).

22 Abdruck bei Huber/Huber, S. 1-26.

23 Vgl. Nemitz, Vom Alten Reich, S. 9-16 (12/13); vgl. Albrecht, Fürst von Regensburg, S. 73-82 (73); Aretin, Hl. Röm. Reich, Teil I, S. 436; vgl. auch Becker, Reichsdeputationshauptschluss, S. 17-34 (17).

24 Spies, S. 120-139 (131/132); vgl. auch Aretin, Hl. Röm. Reich, Teil I, S. 447; Becker, Reichsdeputationshauptschluss, S. 17-34 (17/29); Hömig, S. 281.

25 Vgl. Aretin, Dalberg, S. 9-20 (16); vgl. auch Becker, Reichsdeputationshauptschluss, S. 17-34 (29).

Hintergrund dieses Prozesses, in dessen Verlauf – mit den nur vorübergehenden Ausnahmen des Erzbischofs von Mainz sowie des Ritterordens der Malteser und Deutschherren[26] – fast alle geistlichen Reichsstände aufgelöst wurden, war u.a. die förmliche Abgabe der bereits okkupierten linksrheinischen Gebiete deutscher Staaten infolge der Verschiebung der französischen Ostgrenze im sog. „Frieden von Lunéville“ vom 9. Februar 1801[27]. Als Entschädigung erhielten die betroffenen Reichsfürsten die kirchlichen Reichsstände und die Reichsstädte zugeschlagen[28]. Diese „Herrschaftssäkularisation“, also die Aufhebung der Hoheitsrechte der ehemals kirchlichen Reichsstände, war mit einer „Vermögenssäkularisation“ deren gesamten unbeweglichen und beweglichen Eigentums im Sinne des § 34 des Reichsdeputationshauptschlusses verbunden. Maßgebend in diesem Zusammenhang zeigte sich ferner § 35 des Reichsdeputationshauptschlusses; dieser auch als „Klostersäkularisation“ bezeichnete Passus räumte allen deutschen Fürsten ein Dispositionsrecht an Klöstern und Stiften ein und führte damit zu einer flächendeckenden Enteignung des Kirchenguts sowohl in den Entschädigungsterritorien selbst als auch innerhalb aller Reichsterritorien[29].

---

26 Schwaiger, Erzbischof, S. 59-72 (60); Klose, Erzbistum Regensburg, S. 158-160 (158); Weitlauff, S. 35-58 (43).

27 Spies, S. 120-139 (131); Schwaiger, Erzbischof, S. 59-72 (59); Weitlauff, S. 35-58 (43); Nemitz, Vom Alten Reich, S. 9-16 (12).

28 Vgl. ausführlicher Aretin, Hl. Röm. Reich, Teil I, S. 446/447; Becker, Reichsdeputationshauptschluss, S. 17-34 (26-31); ders., Kirche und Staat, S. 199-218 (203); Hömig, S. 38.

29 Becker, Reichsdeputationshauptschluss, S. 17-34 (28); vgl. auch Albrecht, Fürst von Regensburg, S. 73-82 (73); Hömig, S. 38/281/289. § 34 des Reichsdeputationshauptschlusses: „*Alle Güter der Domkapitel, und ihrer Dignitarien werden den Domänen der Bischöfe einverleibt, und gehen mit den Bisthümern auf die Fürsten über, denen diese angewiesen sind. In den zwischen mehrere vertheilten Bisthümern werden die, in den einzelnen Theilen befindlichen Güter dieser Art mit denselben vereiniget.*“. § 35 des RDH: „*Alle Güter der fundirten Stifter, Abteien und Klöster, in den alten sowol, als in den neuen Besitzungen, katholischer sowol, als A. E. verwandten, mittelbarer sowol, als unmittelbarer, deren Verwendung in den vorhergehenden Anordnungen, nicht förmlich festgesetzt worden ist, werden der freien und vollen Disposition der respektiven Landesherrn, sowol zum Behuf des Aufwandes für Gottesdienst, Unterrichts- und andere gemeinnützige Anstalten, als zur Erleichterung ihrer Finanzen überlassen, unter dem bestimmten Vorbehalte der festen und bleibenden Ausstattung der Domkirchen, welche werden beibehalten werden, und der Pensionen für die aufgehobene Geistlichkeit nach den unten theils wirklich bemerkten, theils noch unverzüglich zu treffenden näheren Bestimmungen.*“, Protokoll der außerordentlichen Reichsdeputation zu Regensburg, Zweiter Band, S. 833-944 (904/905).

2. *Mediatisierung*

Wie bereits erwähnt, gelangten im Zuge dieser Geschehnisse auch die Reichsstädte an die vom Gebietsverlust betroffenen deutschen Staaten. Insofern spricht man von Mediatisierung, also der Aufhebung der reichsunmittelbaren – immediaten – Stellung der weltlichen Reichsstände, der Reichsstädte und Reichsritter und deren territorialem Aufgehen in einem anderen Reichsstand. Die Reichsstadt selbst unterstand fortan nurmehr ihrem jeweiligen Landesherrn und nicht mehr direkt dem Kaiser. Konkret betraf die Mediatisierung 112 Reichsstände[30].

Insgesamt gesehen führten Säkularisation und Mediatisierung damit zu einer Beseitigung der Reichskirche mit zwei (Kurköln und Kurtrier) von bislang drei geistlichen Kurfürstentümern, 19 Hochstiften und 44 Reichsabteien. Von den ursprünglich 51 Reichsstädten blieben mit Nürnberg, Augsburg, Hamburg, Frankfurt, Lübeck und Bremen nur sechs bestehen, während die Übrigen ihre Selbständigkeit verloren und Teil des Entschädigungsfonds wurden[31].

Dass der Mainzer Kurstaat im französisch-russischen Entschädigungsvertrag, der den Fortbestand von Kurmainz erstmals vertraglich festlegte[32], als einziges der drei geistlichen Kurfürstentümer nicht der Säkularisation zum Opfer gefallen war, ist unmittelbare Folge eines zwischen Frankreich und Preußen abgeschlossenen Geheimabkommens vom 23. Mai 1802[33].

3. *Dalberg als Nutznießer*

Einer der Nutznießer dieser Umwälzungen war Dalberg. Doch profitierte dieser mehr als die meisten Anderen von den Vorgängen. So erhielt er durch § 25 des Reichsdeputationshauptschlusses[34] nicht nur die Fürstentümer Regensburg und

---

30 Becker, Reichsdeputationshauptschluss, S. 17-34 (29); Willoweit, D., Mediatisierung, in: Erler/Kaufmann, HdR, Bd. III, Sp. 412/413.

31 Becker, Reichsdeputationshauptschluss, S. 17-34 (29); Hömig, S. 282 (spricht von 41 säkularisierten Reichsstädten).

32 Färber, Kaiser und Erzkanzler, S. 165, Fn. 71; Hömig, S. 260 und ausführlicher S. 267-280.

33 Vgl. insofern ausführlicher Färber, Kaiser und Erzkanzler, S. 41; Hömig, S. 251/252.

34 § 25 des Reichsdeputationshauptschlusses: „*Der Stuhl zu Mainz wird auf die Domkirche zu Regensburg übertragen. Die Würden eines Kurfürsten, Reichserzkanzlers, Metropolitan-Erzbischofs und Primas von Deutschland bleiben auf ewige Zeiten damit vereiniget. Seine Metropolitan-Gerichtsbarkeit erstreckt sich in Zukunft über alle auf der rechten Rheinseite liegenden Theile der ehemaligen geistlichen Provinzen von Mainz, Trier und Kölln, jedoch mit Ausnahme der Königl. Preussischen Staaten; ingleichen über die Salz-*

Aschaffenburg sowie die Grafschaft Wetzlar zugewiesen[35], sondern wurde auch – zunächst rein reichsrechtlich – der Sitz des Erzbischofs von Mainz und damit des Reichserzkanzlers selbst nach Regensburg, der Stadt des Immerwährenden Reichstages, übertragen[36]. Dem ersten geistlichen Fürsten Dalberg wurde damit ein neuer Bereich weltlicher und geistlicher Hoheit geschaffen[37].

Der Erhalt der ehemaligen Reichsstadt Regensburg und die damit gegenüber anderen Reichsstädten beschriebene privilegierte Behandlung beruhte nicht zuletzt darauf, dass Regensburg als Sitz des Immerwährenden Reichstags seit dem Jahre 1663 eine besondere Position eingenommen hatte und das Wirken dieser

---

burgische Provinz, so weit sich dieselbe über die mit dem Pfalzbaiern vereinigten Länder ausdehnt.

Was das weltliche betrifft; so wird die Ausstattung des Kurfürsten Erzkanzlers zuvörderst auf die Fürstenthümer Aschaffenburg und Regensburg begründet. Jenes begreift das Oberamt Aschaffenburg in seiner gegenwärtigen Vollständigkeit und Ausdehnung; sodann die Aemter Aufenau, Lohr, Orb mit den Salzwerken, Prozelten, Klingenberg auf der rechten Seite des Mains, und das Würzburgische Amt Aurach im Sinngrunde. Dieses besteht aus dem bisherigen Bisthume Regensburg, samt der Stadt dieses Namens, und alles was davon abhängt, mit den darinn befindlichen mittelbaren und unmittelbaren Stiftern, Abteien und Klöstern, namentlich: St. Emmeran, Obermünster und Niedermünster; alles nach den dermalen bestehenden Verhältnissen gegen Baiern.

Ferner gehörten zu dieser Ausstattung: die Reichsstadt Wetzlar in der Eigenschaft einer Grafschaft, und mit voller Landeshoheit, wie auch alle Stifter, Abteien und Klöster, die in den benannten Fürstenthümern und der Grafschaft gelegen sind. Auch das Haus Kompostell zu Frankfurt, und alle Proprietäten, Besitzungen und Einkünfte, welche dem Mainzischen Domkapitel ausser den, dem Könige von Preussen, den Landgrafen von Hessenkassel und Darmstadt, den Fürsten von Nassau-Usingen und Leiningen, angewiesenen Aemtern zugestanden haben, und von denselben genoßen worden sind.

Der Ertrag der hier oben benannten Gegenstände ist zu sechsmalhundert fünfzigtausend Gulden angeschlagen. [...]

Der Kurfürst Erzkanzler wird fernerhin, nach den Statuten seiner alten Metropolitankirche gewählt werden.

Den Städten Regensburg und Wetzlar wird eine unbedingte Neutralität, selbst in Reichskriegen, zugesichert, indem jene der Sitz des Reichstags, diese des Reichskammergerichts ist.“, Protokoll der außerordentlichen Reichsdeputation zu Regensburg, S. 833-944 (880-883); Abdruck auch bei Huber/Huber, S. 1-26 (9-10).

35 Christ, Säkularisation, S. 137-151 (144); Weitlauff, S. 35-58 (43/44); § 25 des Reichsdeputationshauptschlusses, siehe Fn. 34; Schwaiger, Bistümer, S. 156; ders., Fürstentum, S. 42-65 (42).

36 § 25 des Reichsdeputationshauptschlusses, siehe Fn. 34; Christ, Säkularisation, S. 137-151 (149); Klose, Erzbistum, S. 158-160 (158); Schwaiger, Erzbischof, S. 59-72 (60/63); ders., Fürstentum, S. 42-65 (42); Hömig, S. 278.

37 Klose, Erzbistum, S. 158-160 (158); vgl. Schwaiger, Erzbischof, S. 59-72 (60); ders., Bistümer, S. 156; ders., Fürstentum, S. 42-65 (42).

Institution einen geschützten und neutralen Freiraum benötigte[38]. Konnte Regensburg deshalb nicht dem hochinteressierten Bayern überlassen werden, bedurfte es demnach dieser situationsgerechten Lösung, die die gleichfalls zum Problem gewordene Zukunft des Reichserzkanzleramtes berücksichtigte, welches mit dem Übergang der Stadt Mainz an Frankreich seinen traditionellen Sitz verloren hatte[39].

38 Schmid, Regensburg im Umbruch, S. 81-101 (81); Schmid, Reichsstadt, S. 320-326 (322/325); vgl. auch Färber, Regensburgs langer Weg, S. 11-22 (14).

39 Vgl. statt Aller Schmid, Regensburg im Umbruch, S. 81-101 (81) mit umfangreichen Quellenangaben.

IV. Bedeutung der Position des Erzkanzlers als Ausgangspunkt und Prämisse der weiteren Entwicklung

In einem Beschluss der Reichsdeputation vom 10. Dezember 1802, der die vertragsrechtliche Voraussetzung für die finanzielle Versorgung sowie für die territoriale Beschaffenheit von Dalbergs Kurstaat geschaffen hatte, erhielt Dalberg „ex jure novo" den Titel des „Reichserzkanzlers"[40] zugesprochen. Kein Land, sondern dieses Reichsamt sollte künftig die Grundlage seiner Kurwürde bilden. Der Kurstaat selbst wurde ab diesem Zeitpunkt als ebenfalls „ex jure novo" geschaffenes Staatsgebilde betrachtet; die Bezeichnung als altes Kurfürstentum Mainz verschwand, um jegliche Erinnerung an oder Identifikation mit den ehemaligen Verhältnissen auszuschließen[41]. Mit Gründung des Rheinbundes im Jahre 1806 schließlich wurde der Titel des „Reichserzkanzlers" durch den des „Fürstprimas von Deutschland" ersetzt[42].

Angesichts der wesentlichen Bedeutung dieser beiden Positionen sollen sie im Folgenden näher beleuchtet werden.

1. Erzkanzler und Erzbischof

Von den zahlreichen Fürsten im Heiligen Römischen Reich Deutscher Nation standen die den Kaiser wählenden Kurfürsten an der Spitze, wobei den geistlichen Kurfürsten – den Erzbischöfen von Köln, Trier und Mainz - die sog. Erzämter und damit u.a. auch die Ämter der Erzkanzler vorbehalten waren. In dieser Riege wiederum nahm der „Erzkanzler für Deutschland" bzw. „des Reiches" (*Archicancellarius Sacri Imperii per Germaniam*), traditionell in der Hand des Kurfürst-Erzbischofs von Mainz, die bedeutendste Position ein[43]. Hatten die Ämter der Erzkanzler für Burgund und für Italien schon seit dem Mittelalter weitgehend an Bedeutung verloren, behielt der Erzkanzler für Deutschland bis zum Ende des Reiches im Jahre 1806 eine wichtige politische Funktion[44].

---

40 Hein, S. 43.

41 Färber, Reichsdeputation, S. 94-99 (96); Hein, S. 43; vgl. Beaulieu-Marconnay, Bd. 1, S. 303; Christ, Aschaffenburg, S. 171.

42 Vgl. zum Beispiel Christ, Säkularisation, S. 137-151 (137).

43 Laufs, A., Erzämter, in: Erler/Kaufmann, HdR, Bd. I, Sp. 1011-1015, bes. Sp. 1011/1013; Spies, S. 120-139 (126/126, Fn. 26); Hein, S. 5-7; vgl. auch Burgdorf, S. 363-368 (364); Hausberger, Germania Sacra, S. 35-52 (37).

44 Vgl. Spies, S. 120-139 (126, Fn. 26); Laufs, A., Erzämter, in: Erler/Kaufmann, HdR, Bd. I, Sp. 1011-1015, bes. Sp. 1011/1013.

Auf Reichsebene mit ähnlichen Kompetenzen wie der Kaiser ausgestattet, allerdings nicht über dessen materielle Machtmittel verfügend[45], spielte der Erzkanzler für Deutschland in allen Institutionen, die das Reich zusammenhielten, eine bedeutende Rolle: So unterlagen dem Erzkanzler Leitung und Geschäftsführung des Reichstages, eines aus Vertretern der einzelnen Reichsstände bestehenden Kongresses, der seit dem Jahre 1663 als Immerwährender Reichstag in Regensburg zusammentrat und dem Kaiser als Ratskollegium zur Seite stand[46]. Die Gesandten selbst mussten sich beim Gesandten des Erzbischofs von Mainz, also des Erzkanzlers, legitimieren. Anträge an den Reichstag bedurften der Annahme und Verkündung durch Kurmainz, um vom Reichstag beraten werden zu können (sog. „Dictatur"). Gleichfalls führte Kurmainz den Vorsitz des Kurfürstenkollegiums, dessen Entscheidung im Rahmen der Ständeberatung die ausschlaggebende war. Von besonderer Relevanz war ferner der sog. „Reichsschluß"; nach Abschluss aller Besprechungen von der kurmainzischen Kanzlei konzipiert, wurde dieser, nach einer abschließenden Verbesserung durch die Deputation und der Ratifikation durch den Kaiser, zum Gesetz erhoben[47]. Von Amts wegen oberster Gesetzeshüter[48] unterstand dem Erzkanzler innerhalb des Reichskammergerichts zu Wetzlar die gesamte Verwaltung, Bestellung und finanzielle Nutzung der Gerichtskanzlei[49]. Bedeutend ist auch seine Stellung als oberster Chef der Reichshofkanzlei in Wien. Hier ernannte der Reichserzkanzler das gesamte Personal, so auch seinen dortigen Vertreter für die Wiener Geschäfte, den Reichsvizekanzler, der im Reichshofrat die Stellung des ersten Rates einnahm[50]. Aufgrund seiner Position fungierte der Erzkanzler zudem als Schutzherr des Reichspostwesens, weshalb der jeweilige Leheninhaber seinen Treueeid nicht nur gegenüber dem Kaiser, sondern auch gegenüber dem Erzkanzler zu leisten hatte[51].

---

45 Spies, S. 120-139 (124, Fn. 21); Düwel, S. 97.

46 Spies, S. 120-139 (124, Fn. 21); vgl. Aretin, Hl. Röm. Reich, Teil I, S. 58; vgl. auch Luttenberger, S. 53-79 (55); Hein, S. 5; Burgdorf, S. 363-368 (364).

47 Hein, S. 5; vgl. auch Düwel, S. 97/98; Aretin, Hl. Röm. Reich, Teil I, S. 58.

48 Färber, Kaiser und Erzkanzler, S. 70.

49 Hein, S. 5; vgl. auch Luttenberger, S. 53-79 (55).

50 Hein, S. 6; Düwel, S. 97/98; vgl. auch Luttenberger, S. 53-79 (55). Die Reichshofkanzlei und der Reichshofrat bildeten zusammen mit dem Geheimen Rat die Reichsregierung. Der Reichshofrat galt zwar als oberste Regierungs-, Justiz- und Verwaltungsbehörde; als Staatsrat des Kaisers beschränkte sich seine Tätigkeit jedoch auf die Rechnungsangelegenheiten und wurde er vom Reichsvizekanzler im Namen der Reichsstände visitiert; Düwel, S. 56.

51 Hein, S. 6; vgl. auch Düwel, S. 98.

Als Dalberg die Nachfolge seines Vorgängers antrat, stand das mit der Kurwürde der Erzbischöfe von Mainz verbundene Amt des Erzkanzlers[52] jedoch im Grunde bereits nur noch auf dem Papier. Durch § 34 des Reichsdeputationshauptschlusses als Erzkanzler „ex jure novo“ dotiert[53], konnte sich der bisherige Status quo nicht länger fortsetzen; Dalbergs Stellung als Erzkanzler war damit letztlich ihrer ursprünglichen Bedeutung beraubt worden und sein Handlungsspielraum im Einzelfall begrenzt. Beispielhaft zeigt sich dies an dem Umstand, dass Dalberg, welcher der Reichsritterschaft bei der Erneuerung des Heiligen Römischen Reiches eine tragende Rolle zugedacht hatte, nicht verhindern konnte, dass diese den Ambitionen einer Reihe durch die Säkularisationsgewinne offenbar noch nicht befriedigter süd- und mitteldeutscher Staaten geopfert wurde[54].

Dieses Faktum stand im Widerspruch zu Dalbergs eigener Ansicht von den Aufgaben des Erzkanzlers, die er in seinen „*Bemerkungen über die Pflichten und Verhältnisse des Reichserzkanzlers in Deutschland*“ ausführlich[55] und im Rahmen der Verhandlungen der Reichsdeputation in gekürzter Form wie folgt zum Ausdruck brachte: „Wohl und Erhaltung des Reichs sind Pflichten des Erzkanzlers. Er ist nicht nur schuldig, die bestehende Verfassung bestmöglich zu erhalten, sondern auch bedrohenden Umsturz (bellum ad internecionem) zu vermeiden“[56].

Der Verlauf der Geschichte allerdings sollte zeigen, dass sich diese Vorstellungen bereits längst überholt hatten.

Während Dalbergs Stellung als Reichserzkanzler unumstößlich feststand, konnte seine Funktion als Erzbischof dies nicht für sich in Anspruch nehmen; denn diese Position Dalbergs sollte aus kirchenrechtlicher und -politischer Sicht Zeit seines Lebens ein Kuriosum bleiben[57].

Wenngleich durch § 25 des Reichsdeputationshauptschlusses zuerkannt, konnte Dalberg einerseits nie die formelle kirchliche Anerkennung und damit die kirchenrechtliche Sicherung seiner Stellung als „Primas Germaniae“ erlan-

---

52 Spies, S. 120-139 (126).

53 Hein, S. 43; zu § 34 des Reichsdeputationshauptschlusses siehe bereits Fn. 29.

54 Rob, S. 352/402/403/405; ausführlich Hertel, S. 137-141; Christ, Säkularisation, S. 137-151 (139); ausführlich auch Hömig, S. 338-343.

55 Niederschrift unter Verweis auf Wiener Archiv, XXXVI, 3a, abgedruckt bei: Beaulieu-Marconnay, Bd. 1, S. 275-278.

56 Schreiben Dalbergs vom 04. September im Rahmen der Deputationsverhandlungen, in: Beaulieu-Marconnay, Bd. 1, S. 289/290.

57 Vgl. Färber, Fürstentum, S. 33-56 (49); ders., Kaiser und Erzkanzler, S. 55/56; Schlaich, Reichsstifte, S. 163-376 (246); ausführlich auch Hömig, S. 315-322/324.

gen[58]. Grund hierfür war die Furcht der päpstlichen Kardinäle vor der Errichtung einer von Rom unabhängigen deutschen Nationalkirche, die ihrerseits auf einem falschen Verständnis von Dalbergs Bemühungen um die kirchliche Einheit herrührte[59]. Gleichwohl duldete die römische Kurie die Führung des Titels des „Primas Germaniae" durch Dalberg[60]. Aus dem gleichen Grund konnte andererseits aber auch die kanonische Übertragung des erzbischöflichen Sitzes von Mainz nach Regensburg erst nach massiver Intervention Napoleons realisiert und Dalberg vermittels der sogenannten Translationsbulle[61] in Ausführung des Reichsdeputationshauptschlusses am 1. Februar 1805 zum Erzbischof von Regensburg und damit zum Oberhirten über alle Bistümer des Reiches erhoben werden; ausgenommen hiervon blieben lediglich die preußischen und österreichischen Bistümer[62]. So als Erzbischof von Regensburg mit allen Rechten der Erzdiözese Mainz (Rest-Mainz, Rest-Worms, Fürstentum Regensburg) bestätigt, endete zwar Dalbergs Stellung als rein provisorischer Administrator von Regensburg[63], doch galt dies nicht für den gesamten Regensburger Bereich. Denn mit der Translationsbulle selbst ging faktisch auch die Sanktionierung des landeskirchlichen Prinzips einher. Demgemäß erhielt das neue Erzbistum Regensburg nur das weltliche Territorium des Erzkanzlers, also das Fürstentum Regensburg, zugewiesen; mit Rücksicht auf Bayern verblieb es dagegen im restlichen Bistumsgebiet Regensburg bei einer lediglich Apostolischen Administration Dalbergs[64]. Infolgedessen bestand das Erzbistum Regensburg bis zum Tod seines Erzbischofs im Jahre 1817 parallel neben dem vornehmlich auf bayeri-

58 Zu § 25 des Reichsdeputationshauptschlusses vgl. bereits Fn. 34; Hausberger, Neuordnung, S. 177-198 (183); Luttenberger, S. 53-79 (70/77); Schwaiger, Bistümer, S. 157; siehe auch Hömig, S. 279/293/383.

59 Vgl. Hausberger, Neuordnung, S. 177-198 (183); siehe hierzu ausführlicher auch Rob, S. 352 ff.; Luttenberger, S. 53-79 (77); vgl. auch Hömig, S. 55/293/380.

60 Hausberger, Neuordnung, S. 177-198 (183, Fn. 12); Luttenberger, S. 53-79 (70); Hömig, S. 380/383.

61 Text der Translationsbulle vom 01.02.1805 bei A. A. Barbieri, Bullarii Romani Continuatio Summorum Pontificum, Bd. XI, Romae 1846, 261-266; Übersetzung auszugsweise bei Huber/Huber, S. 29/30.

62 Hausberger, Neuordnung, S. 177-198 (183); Luttenberger, S. 53-79 (70); Färber, Fürstentum, S. 33-56 (49); ders., Domkapitel, S. 105-116 (112); Rob, S. 387-393; Hertel, S. 117-127; Schwaiger, Bistümer, S. 156/157; Hömig, S. 279/381-383.

63 Aretin, Dalberg, S. 9-20 (19); vgl. auch Luttenberger, S. 53-79 (70); Färber, Kaiser und Erzkanzler, S. 55; vgl. Schwaiger, Bistümer, S. 156/157.

64 Hausberger, Neuordnung, S. 177-198 (183); vgl. auch Luttenberger, S. 53-79 (70); Schlaich, Reichsstifte, S. 163-376 (246); vgl. Hausenstein, S. 66/67; Schwaiger, Bistümer, S. 157/262; vgl. auch Rob, S. 391/392; siehe auch Färber, Domkapitel, S. 105-116 (110); ders., Dalberg und Deutschland, S. 441-445 (442); siehe auch Hömig, S. 324/383.

schem Territorium liegenden Bistum Regensburg[65], und fungierte Dalberg hinsichtlich der vom Fürstentum Regensburg umfassten Reichsstifte nicht nur als „säkularisierende[r] Landesherr", sondern gleichzeitig als geistlicher Oberhirte[66].

2. Fürstprimas

Den Titel und das Amt des Fürstprimas schließlich führte Dalberg ab Gründung des Rheinbundes im Jahre 1806[67]. Entstanden auf Veranlassung Napoleons wurde das Amt des Fürstprimas, das den Vorrang seines Inhabers gegenüber den anderen Rheinbundfürsten zum Ausdruck brachte[68], dem Erzbischof von Regensburg verliehen und mit dem Vorsitz im Deutschen Fürstenkollegium, dem Kollegium der Fürsten des Rheinbundes, verbunden. Vom Titel her gesehen war der Fürstprimas damit das Bundesoberhaupt[69]. Dem Amt des Fürstprimas war keine lange Lebensdauer beschieden; mit dem Untergang des Rheinbundes im Jahre 1813 sollte es ebenfalls sein Ende finden.

---

65 Färber, Fürstentum, S. 33-56 (49); Aretin, Dalberg, S. 9-20 (19); vgl. auch Probst, S. 27-31 (31).

66 Schlaich, Reichsstifte, S. 163-376 (246).

67 Christ, Säkularisation, S. 137-151 (137); Artikel 4 der Rheinbundakte, abgedruckt bei Pölitz, S. 3-10 (4).

68 Probst, S. 27-31 (31).

69 Vgl. Hein, S. 114.

V. Gesetzgebung und Verwaltung im Dalbergstaat 1802 – 1810

Der Dalbergstaat ist als Symbol für Dalbergs enormes juristisches Geschick und Können zu sehen. Ausgehend von schwierigsten Bedingungen - finanziellen Problemen, regionalen Unterschieden, großen räumlichen Distanzen zwischen den einzelnen Landesteilen - stand Dalberg mit dessen Übernahme vor keiner leichten Aufgabe.

Um die Vielfalt der verschiedenen Herausforderungen besser erfassen zu können, ist zunächst auf die Rahmenbedingungen des „Dalbergstaates" einzugehen, wie sie sich Dalberg darboten.

1. Begriff „Dalbergstaat"

Nach den Bestimmungen des § 25 des Reichsdeputationshauptschlusses[70] setzte sich der Dalbergstaat aus den Fürstentümern Regensburg und Aschaffenburg sowie der Grafschaft Wetzlar zusammen. Diese Konstellation basierte nicht auf willkürlichen Erwägungen, spiegelte die Zuweisung der beiden Fürstentümer und der Grafschaft doch zugleich die zentralen Reichsinstanzen in Form von Reichstag, Erzkanzler und Reichskammergericht wieder[71].

Mit Gründung des Rheinbundes im Jahre 1806 wurde dieses Gebiet – ergänzt um die Stadt Frankfurt und deren Territorien – zum sog. Primatialstaat umgewandelt, wobei Regensburg als dessen Bestandteil mit Auflösung des Reichstags seinen Neutralitätsstatus verlor[72]. In dieser Form schließlich sollte der Dalbergstaat mit der Abtretung Regensburgs an Bayern und dem Aufgehen des Reststaats im Großherzogtum Frankfurt im Jahre 1810 auch seinem Ende entgegengehen.

a. Fürstentum und Stadt Regensburg und die Reichsstifte

Als einstige „Metropolis Ducatus Bavariae" stellte das seit dem Jahre 1245 reichsunmittelbare und 1663 zum beständigen Sitz des Immerwährenden Reichstags bestimmte Regensburg einen Fremdkörper innerhalb des alten bayerischen Staatsgebietes dar. Umgeben von kurbayerischem Territorium befanden sich auch innerhalb der Stadtmauern einige von der Stadt unabhängige Bezirke,

---

70 Zu § 25 des Reichsdeputationshauptschlusses vgl. bereits Fn. 34; siehe unter III.1.

71 Christ, Säkularisation, S. 137-151 (144); vgl. auch Schwaiger, Bistümer, S. 156; Hömig, S. 279.

72 Färber, Fürstentum, S. 33-56 (51).

so die exterritorialen Gesandschaften beim Reichstag und der zum Kurfürstentum Bayern gehörige Herzogshof und Kornmarkt[73]. Eigenes Hinterland besaß die Stadt nicht[74]. Konkret setzte sich das Gebiet des Fürstentums aus der ehemaligen Reichsstadt Regensburg, den Klöstern und Reichsstiften St. Emmeram, Niedermünster und Obermünster – drei im Fürstentum aufgegangenen Enklaven – zusammen. Als gleichfalls im Fürstentum aufgegangen unterstand künftig auch das Hochstift Regensburg Dalbergs Autorität. Dies galt in Form des Dombezirks, d.h. der Domimmunität mit dem Bischofshof, für den städtischen Besitz des Fürstbischofs und in Form der Reichsherrschaften Donaustauf, Wörth und Hohenburg auf dem Nordgau auch für dessen weltlichen Besitz, der künftig Dalbergs einzigen souveränen Besitz außerhalb der Stadt bilden sollte. Dies resultierte aus dem Umstand, dass Regensburg im altbayerischen Raum die einzige reichsunmittelbare Stadt darstellte[75]. Neben den benannten reichsunmittelbaren Gebieten wurden Dalberg auch mehrere mediate Herrschaften, Propsteien und Hofmarken außerhalb des Fürstentums zugesprochen. Diese hatten bislang dem Fürstbischof, dem Domkapitel und den drei Reichsstiften gehört und fast ausnahmslos der bayerischen Oberherrschaft unterstanden[76]. Insgesamt umfasste das Fürstentum Regensburg vier Quadratmeilen und ca. 32.200 Einwohner[77].

Die Finanzen seines neuen Hoheitsgebietes stellten sich als wenig erfreulich dar. Insbesondere aufgrund des Schlendrians der Stadtverwaltung und des infolge der durch Bayern und Österreich beseitigten alten Zoll- und Handelsprivilegien nur beschränkten Handels stand Regensburg vor dem finanziellen Ruin, der durch ständige Truppendurchzüge und Einquartierungen noch vorangetrieben wurde. So übernahm Dalberg bei seinem Regierungsantritt eine Schuldenlast von rund 1,5 Millionen Gulden (fl.).

Um über Regensburg überhaupt Hoheitsgewalt ausüben zu können, musste primär der Status als Reichsstadt ein Ende nehmen. Infolgedessen wurde nach einer entsprechenden Unterrichtung der Bürgerschaft am 26. November 1802 von der Stadt offiziell Besitz ergriffen. Der Kurfürst selbst traf am 2. Dezember desselben Jahres in seiner neuen Residenz ein[78].

Wie bereits erläutert, waren durch den Reichsdeputationshauptschluss auch die Reichsstifte und Klöster, die kaum größeren finanziellen Belastungen unter-

73 Probst, S. 27-31 (29); Hein, S. 46; vgl. auch Schmid, Civitas regia, S. 102-147 (140).

74 Probst, S. 27-31 (29) ; vgl. Hein, S. 46.

75 Hein, S. 46; Köbler, S. 493/494 (Regensburg/Hochstift; Regensburg/freie Reichsstadt).

76 Hein, S. 47.

77 Hein, S. 43.

78 Probst, S. 27-31 (29); vgl. auch Schmid, Reichsstadt, S. 320-326 (323); Färber, Kaiser und Erzkanzler, S. 51; ders., Übergang, S. 429-452 (431); Schönfeld, S. 5-147 (32-41); Hausenstein, S. 106; vgl. Beaulieu-Marconnay, Bd. 2, S. 4.

lagen[79], an Dalberg gefallen. Gleichwohl wurde die Administration der reichsstiftischen Güter zunächst bei Abgabe des zehnten Teils der Einkünfte von den bisherigen Behörden in der alten Form fortgeführt, bevor das Landeskommissariat als kurfürstliche Landesregierung im Jahre 1806 auf eigenen Wunsch des Fürstabts zu St. Emmeram die Verwaltung sämtlicher Emmeramer Güter und Besitzungen übernahm[80]. In der Folge gaben auch die Damenstifte Ober- und Niedermünster ihre Administration auf[81]. Daraufhin wurden an der kurfürstlichen Regierung die Departements Hochstift, Sankt Emmeram und Ober- und Niedermünster errichtet[82], die das stiftische Vermögen unvermischt führten, und als deren Referenten die reichsstiftischen Kanzler fungierten[83]. Den Mediatstiften und Klöstern, die keinen entsprechenden Wunsch hegten, wurde dagegen die Eigenverwaltung auch weiterhin zugestanden. Ihre Führung musste allerdings gleichfalls so ökonomisch sein, dass sie den im Reichsdeputationshauptschluss vorgesehenen zehnten Teil ihrer jährlichen Einkünfte an Dalberg auch tatsächlich abführen konnten[84].

All dies darf jedoch nicht darüber hinwegtäuschen, dass die Reichsstifte de facto bereits säkularisiert worden waren und die Eigentumsverhältnisse sich demgemäß – entgegen des durch die Eigenverwaltung und die fehlenden eindeutigen Regelungen über den Fortbestand der Stifte entstehenden Eindrucks – schon im Jahre 1802 geändert hatten[85]. Zwar hatte Dalberg aufgrund seines Naturells und wohl auch seines Verantwortungsgefühls gegenüber der Kirche[86] den Stiften ihre Eigenverwaltung belassen; gleichwohl aber stellte er nicht nur die Verwaltung ihrer Güter und Einnahmen unter die Aufsicht seines Landeskom-

79 Probst, S. 27-31 (29).

80 Schlaich, Reichsstifte, S. 163-376 (247/250/vgl. 242-244); Nemitz, Zwischen Reich, S. 285-298 (287); Beaulieu-Marconnay, Bd. 2, S. 4-6; Probst, S. 27-31 (29). Die Abgabe des zehnten Teils der Einkünfte entsprach den Bestimmungen des § 53 des Reichsdeputationshauptschlusses; Probst, S. 27-31 (29); Beaulieu-Marconnay, Bd. 2, S. 5; Schwaiger, Fürstentum, S. 42-65 (49).

81 Vgl. StAA, Ft. Regensburg, Geheime Kanzlei 108 und 109 (KdI 6212); Hiltl, S. 72/73; Schlaich, Reichsstifte, S. 163-376 (247-250).

82 Schwaiger, Fürstentum, S. 42-65 (49); ders., Bistümer, S. 256; vgl. auch Kraus, Zirngibl, 103 (1963), Nr. 52 v. 07.01.1803, S. 104-106 (104/105).

83 Vgl. Schlaich, Reichsstifte, S. 243/244; Schwaiger, Fürstentum, S. 42-65 (49); Kraus, Zirngibl, 103 (1963), Nr. 52 v. 07.01.1803, S. 104-106 (105).

84 Schlaich, Reichsstifte, S. 163-376 (248/249); vgl. auch Schwaiger, Fürstentum, S. 42-65 (49); vgl. Beaulieu-Marconnay, Bd. 2, S. 4-6.

85 Vgl. Becker, Kirche und Staat, S. 199-218 (205/205, Fn. 17/207/208); vgl. ausführlich Schlaich, Reichsstifte, S. 163-376 (296-302); ausführlich auch Chrobak, Säkularisation, S. 129-168 (154-158).

86 Vgl. Becker, Kirche und Staat, S. 199-218 (205, Fn. 17/208/209).

missariats bzw. -direktoriums, sondern überführte das Vermögen selbst, wozu er nach dem Reichsdeputationshauptschluss ja auch berechtigt war, gänzlich in das Fürstentum Regensburg und damit in sein Eigentum[87]. Er verzichtete lediglich auf den Vollzug sämtlicher damit verbundener Verwertungsmöglichkeiten[88]. Rechtlich bestanden die Reichsstifte also als Körperschaften und damit als Rechtspersonen fort; tatsächlich aber waren sie im Grunde nicht mehr selbständig und eigenverantwortlich handlungsfähig[89]. Dies zeigt sich unter anderem auch daran, dass die reichsstiftischen Kanzler nunmehr als Referenten ihres jeweiligen Departements der Landesregierung und nicht mehr ihren geistlichen Fürsten gegenüber verantwortlich zeichneten[90]. Sie waren damit – kurz gesagt – juristische Personen im Sinne von Vermögensträgern, ohne dabei über Geschäftsfähigkeit im juristischen Sinn zu verfügen. Während Chrobak die Klöster und Stifte insofern als „Verwalter" bezeichnet und die bisherigen Eigentumsverhältnisse verneint[91], zieht Hans-Jürgen Becker einen Vergleich zu den „Mantelgesellschaften" des modernen Wirtschaftsrechts[92], die sich als besondere Erscheinungsform von Kapitalgesellschaften durch das Fehlen unternehmerischer Tätigkeit auszeichnen[93]. Auch König Maximilian I. ging nach dem Übergang der ehemaligen Reichsstifte auf Bayern davon aus, dass die Säkularisation bereits unter Dalberg erfolgt war[94]. Eine andere Sichtweise scheint im Übrigen auch aus wirtschaftlicher Perspektive als wenig sinnvoll, da mit dem Erlöschen der Reichsstifte als Rechtspersönlichkeiten die Gefahr eines Verfalls ihrer umfangreichen, bei einer Wiener Bank gelagerten Kapitalsummen an Österreichs Staatskasse verbunden gewesen wäre[95]. Folglich erwies sich die Eigentumsüberführung unter Aufrechterhaltung der Rechtspersönlichkeit der geistlichen Institutionen als vernünftiger und gangbarer Weg, die Verhinderung finanzieller

87 Becker, Kirche und Staat, S. 199-218 (205/208/210); Chrobak, Säkularisation, S. 129-168 (insb. 165); ähnlich Schwaiger, Bistümer, S. 256; vgl. auch Nemitz, Zwischen Reich, S. 285-298 (287). Zu § 25 des Reichsdeputationshauptschlusses siehe bereits Fn. 34.

88 Vgl. Schwaiger, Fürstentum, S. 42-65 (49); ders., Bistümer, S. 256; Becker, Kirche und Staat, S. 199-218 (204); vgl. auch, insb. zu den Irritationen der Zeitgenossen, ausführlicher Chrobak, Säkularisation, S. 129-168 (165).

89 Vgl. Becker, Kirche und Staat, S. 199-218 (205/208); Nemitz, Die direkten Steuern, S. 547; vgl. auch Schlaich, Reichsstifte, S. 163-376 (244).

90 Vgl. Schlaich, Reichsstifte, S. 243.

91 Chrobak, Säkularisation, S. 129-168 (165).

92 Becker, Kirche und Staat, S. 199-218 (205).

93 Heckschen/Heidinger, S. 100.

94 Vgl. Zitat von König Maximilian I. bei Schlaich, Reichsstifte, S. 163-376 (306); Becker, Kirche und Staat, S. 199-218 (208).

95 Becker, Kirche und Staat, S. 199-218 (205/207).

Verluste und einen möglichst schonenden Umgang mit den Dotationen zu kombinieren.

b. Fürstentum Aschaffenburg

Obgleich das Fürstentum Aschaffenburg nahezu vollständig aus ehemals mainzischem Gebiet gebildet worden war, muss es als Neugründung gesehen werden. Denn infolge des Erzkanzlers Dotation „ex jure novo“ wurde die Kontinuität mit dem Mainzer Kurgebiet verleugnet[96]. Auch wurde ihm – im Gegensatz zu Regensburg als Stadt des Reichstages – keine Neutralität zugesprochen[97].

Im Einzelnen setzte sich das Fürstentum aus dem Aschaffenburger Hauptkomplex, dem Oberamt Orb mit den Vogteiämtern Burgjoß und Orb, dem Amt Aufenau, den Oberämtern Lohr und Klingenberg – ersteres samt den Vogteiämtern Frammersbach und Lohr, Letzteres samt den Vogteiämtern Klingenberg und Stadtprozelten – und dem vom ehemaligen Hochstift Würzburg übernommenen Amt Aura zusammen. Den Aschaffenburger Hauptkomplex bildeten dabei im Kern die mit ihrem näheren Umland und dem Ort Damm ein eigenes Stadtamt bildende Hauptstadt Aschaffenburg sowie die Vogteiämter Schweinheim, Obernburg, Kleinwallstadt, Rothenbuch und Kaltenberg[98]. Um die Zuwächse der löwenstein-wertheimischen Lande, die Reichsgrafschaft Rieneck, die Ämter Krombach und Niedersteinbach und die Cent Eschau bereits wesentlich erweitert[99], wurde das Fürstentum Aschaffenburg erst mit dem Erwerb der inkorporierten reichsritterschaftlichen Güter endgültig zum geschlossenen Gebiet[100].

In Aschaffenburg selbst saßen bereits die Landesregierung, das Domkapitel, die Verwaltung und die Reste der Mainzer Universität. Wenngleich ländlich geprägt, zählte das Gebiet des neuen Fürstentums trotz der beständig hohen Polizeipräsenz nicht zu den sichersten Orten; dies resultierte nicht zuletzt daraus, dass der größte Teil des Fürstentums durch die Wälder des Spessart bedeckt wurde[101]. Insgesamt umfasste das Gebiet des Fürstentums Aschaffenburg 21 Quadratmeilen und etwa 70.300 Einwohner[102].

---

96 Hein, S. 43/48; Beaulieu-Marconnay, Bd. 1, S. 303; Christ, Aschaffenburg, S. 171; Hömig, S. 278/279; siehe bereits unter IV.1.

97 Hein, S. 69.

98 Hein, S. 48/49; Ketterer, S. 1; Christ, Aschaffenburg, S. 176; siehe auch Hömig, S. 280.

99 Hein, S. 106/107.

100 Hein, S. 108.

101 Hein, S. 50-52.

102 Hein, S. 43.

c. *Grafschaft Wetzlar*

Das kleinste Territorium des Dalbergstaates mit einem Umfang von einer Quadratmeile und etwa 6.500 Einwohnern[103] stellten Grafschaft und Stadt Wetzlar dar. Bestehend aus der Stadt selbst, d.h. der Altstadt und den drei Vorstädten Silhofen, Langgasse und Neustadt, der sogenannten „Pflege" und der Gemarkung des ausgegangenen Dorfes Büblingshausen, besaß die Grafschaft infolge ihrer räumlichen Isolation kein eigenes Hinterland. Die Stadt Wetzlar wurde am 26. November 1802 von Dalberg in Besitz genommen. Besucht hat der Erzkanzler sie allerdings nie[104].

d. *Zäsur 1806: „Primatialstaat"*

Mit Gründung des Rheinbundes im Jahre 1806 wurde das Gebiet des Kurerzkanzlerstaates um die Stadt Frankfurt und deren Gebiet ergänzt und zum sogenannten Primatialstaat umgewandelt[105].

Abgesehen von den einem neu gegründeten Staat wesensimmanenten Problemen, fand sich der Dalbergstaat eingebettet in die Schwierigkeiten einer Übergangszeit. So fallen in die für die Existenz dieses Staates maßgebliche Zeit zwischen den Jahren 1803 und 1813 sowohl der Untergang des alten Reiches als auch die Gründung und Wiederauflösung des Rheinbundes, die schließlich zu seinem endgültigen Scheitern führten. Der sich redlich um Kontinuität bemühende Dalberg musste an den verschiedenen Widrigkeiten der Zeit, etwa der notwendigen Reform der Reichsverfassung, dem Streben der süddeutschen Staaten nach Staatssouveränität, dem wachsenden Einfluss Frankreichs im Deutschen Reich und weiteren neuen Problemen durch die Konstituierung des Rheinbundes – bestimmt und verschärft durch Kriege und dadurch verursachte wirtschaftliche Probleme – scheitern[106].

2. *Gesetzgebung und Verwaltung – Allgemeines und Gemeinsames*

a. *Dalbergs Staatsauffassung (Politik- und Herrscherverständnis) als Ausgangspunkt der weiteren Entwicklung*

Durchdrungen vom Zeitgeist der Aufklärung, mit welcher er schon früh in Berührung gekommen war, vertrat Dalberg ein sehr eigenes Politik- und

103 Hein, S. 43.
104 Hein, S. 53.
105 Vgl. Hein, S. 82/87.
106 Freyh, S. 397-399.

Herrscherverständnis, welches stets den Regenten als den entscheidenden Mann erachtete[107].

Bereits in seiner Schrift „*Verhältnisse zwischen Moral und Staatskunst*", vorgetragen am 3. Juli 1786 in einer Vorlesung in der Erfurter Akademie, tritt Dalberg für eine auf Moral gegründete Staatskunst als aufgeklärte Pflichterfüllung ein. Aufgeklärte Staatskunst bedeutete für ihn dabei einerseits, die Freiheit nicht unnötig zu beschneiden, und andererseits, die „Einigkeit mehrerer Staaten" in Form von Bündnissen zu fördern und zu fordern. Gleichwohl blieb sich Dalberg des Idealismus seiner Ansicht bewusst[108].

Ebenso von Idealismus beherrscht ist Dalbergs 1793 erschienene Schrift „*Von den wahren Grenzen der Wirksamkeit des Staates in Beziehung auf seine Mitglieder*". Das darin konzipierte Staatsideal in Form eines wiederum moralischen Staates ähnelt einem Wohlfahrtsstaat, der – unabhängig von seiner Staatsform (Monarchie, Demokratie, etc.) – immer mit dem ausdrücklichen oder stillschweigenden Willen seiner Bürger konform sein müsse und, wenn auch möglichst ohne Zwang, auf vielfältigen Gebieten zum Wohle der Allgemeinheit und damit zum Wohle des Individuums wirken solle[109]. Daraus erklärt sich wohl der Umstand, dass Dalberg mit seinem Regierungsantritt verstärkt den Aufbau gemeinnütziger Einrichtungen verfolgte[110].

In seiner letzten veröffentlichten unmittelbar politischen Schrift „*Von Erhaltung der Staatsverfassungen*"[111], vorgetragen am 3. August 1795 vor der Erfurter Akademie, nimmt Dalberg zu der von ihm selbst zu Anfang aufgeworfenen Frage Stellung, „worin [...] der Zweck der möglichst dauerhaftesten Staatsverfassung [bestehe], durch welche Mittel [...] dieser Zweck am sichersten erreicht [werde]"[112]. Ausgehend von seinem gemäßigt-traditionellen Verfassungsideal[113] und vom Verständnis der Staatsverfassung als „Begriff der gegenwärtig festgesetzten Ordnung in der bürgerlichen Gesellschaft"[114], legt er die auf Montesquieu zurückgehende Gewaltenteilung als eines der verfassungsrechtlichen Mit-

---

107 Vgl. Freyh, S. 222; vgl. z.B. Dalberg, Von Erhaltung der Staatsverfassungen, S. 9/12/17; siehe auch Hömig, S. 17.

108 Verhältnisse zwischen Moral und Staatskunst, betrachtet von Karl von Dalberg, Erfurt 1786, S. 1-19 (insb. 5/6/12/17/19); vgl. Freyh, S. 143-149.

109 Hierzu ausführlich Freyh, S. 197-216, insb. S. 205/213-216; siehe auch Hömig, S. 175/176.

110 Vgl. Freyh, S. 19.

111 Dalberg, Von Erhaltung der Staatsverfassungen, S. 1-28.

112 Dalberg, Von Erhaltung der Staatsverfassungen, S. 5; Freyh, S. 221-222; siehe zusammenfassend auch Hömig, S. 181/182/184.

113 Freyh, S. 226.

114 Dalberg, Von Erhaltung der Staatsverfassungen, S. 14; vgl. Freyh, S. 222-223.

tel zur Erhaltung des Staates zu Grunde, geht hierbei aber nicht schlicht von Teilung bzw. Trennung, sondern vielmehr von einer „zweckmäßig[en]“ Verteilung aus. So beziehe sich die Legislative, welche demjenigen zufalle, dem sie nach Herkommen und Recht zustehe, im Wesentlichen auf alle Mitglieder des Staates; während in der Verwaltung des Richteramtes Mehrere mitwirken, also die Gerichtsstellen mit mehreren Mitgliedern besetzt sein müssten, werde die Exekutive aufgrund der Notwendigkeit einer schnellen und pünktlichen Vollstreckung hingegen am besten Einem anvertraut[115]. Auf die Exekutive legt Dalberg nunmehr auch eindeutig sein Augenmerk im Staatsgefüge – dies im Gegensatz zu seiner früheren Ansicht, welche noch von einer Zusammenarbeit von Kaiser und Reich unter Beteiligung aller Experten und Verantwortlichen ausgegangen war[116]. Leitbild seiner gesamten Ausführungen und Richtlinie seines späteren Wirkens als Staatsmann ist aber – wie bereits der Titel zum Ausdruck bringt – stets die Erhaltung der Staatsverfassungen. Denn die Erhaltung der Verfassung durch den Staatsmann selbst dient nach Dalberg dem Endzweck „reiner Beseeligung, wahrer Glückseeligkeit. Dieser Endzweck ist Richtschnur und Gränze der Wirksamkeit für das so schnell vorüberstreichende Geschäftsleben des Staatsmannes“[117]. So solle von bestehenden Verfassungen auch nur dann und nur insoweit abgewichen werden, als dies zur Erreichung des Staatszwecks unbedingt erforderlich sei[118]. In den folgenden Ausführungen wird dieses Prinzip Dalbergs immer wieder deutlich werden.

Insgesamt gesehen beruht Dalbergs praktische Politik demnach auf zwei theoretischen Prinzipien: der Rücksicht auf Wohl und Entfaltung des Einzelnen einerseits und der Rücksicht auf Wohl und Zusammenhang des Ganzen andererseits. Denn ohne die Entfaltung des Individuums könnte das Ganze, sprich der Staat, die Nation bzw. die Menschheit, nicht gedeihen, und ohne den Zusammenhang des Ganzen könnte sich der Einzelne weder entwickeln noch Sicherheit erlangen[119].

Auf Basis dieser seiner Vorstellungen und im Bewusstsein des Spannungsgefüges zwischen dem politischen Wollen einerseits und der politischen Wirkung andererseits[120] begann Dalberg mit der Organisation und Gestaltung seines eigenen diffusen Staatsgebildes, an dessen innere Verschmelzung angesichts der

---

115 Dalberg, Von Erhaltung der Staatsverfassungen, S. 19/20; vgl. Freyh, S. 223-225.

116 Freyh, S. 226.

117 Dalberg, Von Erhaltung der Staatsverfassungen, S. 27/28/vgl. auch S. 8/11; Freyh, S. 231; siehe auch Hömig, S. 181/182/184.

118 Dalberg, Von Erhaltung der Staatsverfassungen, insb. S. 12-14/23/27/28.

119 Freyh, S. 422.

120 Vgl. Freyh, S. 422.

großen räumlichen Distanz der nunmehr zusammengehörenden Landesteile und ihrer so unterschiedlichen Traditionen allerdings nicht zu denken war[121].

b. Gesetzgebung und Verwaltung

aa. Die Organisation des Dalbergstaates – Schwerpunkt Fürstentum Regensburg

Bei seinem Amtsantritt gerade im Fürstentum Regensburg sah sich der neue Staatsherr Dalberg mit vielfältigen Problemen konfrontiert.

So bedeuteten nicht nur die beschriebene territoriale Aufspaltung des Staatsgebietes sowie die finanzielle Situation eine immense Herausforderung, sondern insbesondere auch der veraltete Verwaltungsapparat und die vornehmlich im steuerlichen Bereich vorherrschenden Missstände[122]. Der Vorteil bestand jedoch darin, dass es nicht an fähigen Beamten fehlte, sondern „lediglich" an einer dirigierenden Hand, welche die verschiedenen Kräfte zusammenfasste, ordnete und in den notwendigen Bereichen einzusetzen vermochte[123]. Diese Fähigkeit wiederum besaß Dalberg, der sich in der Folgezeit, unterstützt von seinen geschicktesten Mitarbeitern Albini und Bentzel, an eine zweckgemäße Neuorganisation des Dalbergstaates machte[124].

Ausgehend von einer nur provisorischen, im Wesentlichen auf die Regierung bezogenen Ordnung im Jahre 1802 entschied sich Dalberg für eine „Reform von oben", die er mit Hilfe zweier Generalverordnungen im Juli und November des folgenden Jahres zu verwirklichen suchte.

Für Regensburg bedeutete dieses Vorgehen, welches schließlich zu einer Zusammenfassung der bislang aufgeteilten Stadtgebiete zu einer politischen aber auch verwaltungsmäßigen Einheit führte, ein Ende der mittelalterlichen Zeitrechnung und Grundlage für zahlreiche Neuerungen, die zwar einerseits zukunftsweisend und reformerisch zu einem Bruch mit der Vergangenheit führten, andererseits jedoch nicht als revolutionär definiert werden konnten[125].

---

121 Probst, S. 27-31 (29); Hein, S. 44.

122 Vgl. Färber, Kaiser und Erzkanzler, S. 51/52.

123 Färber, Kaiser und Erzkanzler, S. 52; ders., Fürstentum, S. 33-56 (35-38).

124 Vgl. ausführlich Nemitz, Zwischen Reich und Bayern, S. 285-298; Färber, Kaiser und Erzkanzler, S. 52/54/60; Beaulieu-Marconnay, Bd. 2, S. 2. Zu Albini vgl. ausführlich Menzel, S. 1-126.

125 Albrecht, Fürst von Regensburg, S. 73-82 (73/74); vgl. auch Färber, Übergabe Regensburgs, S. 33-56 (46).

(1) Die provisorische Ordnung des Fürstentums Regensburg

Mit der zivilen Inbesitznahme am 1. Dezember 1802 trat für das Fürstentum Regensburg zunächst eine Art provisorische Verfassung in Kraft[126], die das sogenannte Landeskommissariat, eine Kollegialbehörde, die überwiegend die ihrer älteren Dienstverpflichtungen entledigten Beamten der geistlichen Korporationen zusammenfasste, zur provisorischen kurfürstlichen Regierung[127] und damit zur obersten Regierungsinstanz für das Fürstentum Regensburg bestimmte[128].

Grundlage für die Errichtung dieser zentralen Regierung des Fürstentums bildete eine insgesamt 22 Punkte enthaltende Instruktion, welche durch Bentzel bei der zivilen Inbesitznahme der hochstiftischen Regierungen verlesen worden war[129] und im Wesentlichen folgende Bestimmungen traf: Bestehend aus der Beamtenschaft des ehemaligen Hochstifts sowie den Kanzlern der ehemaligen Reichsstifte St. Emmeram, Ober- und Niedermünster und dem Syndikus der Stadt Regensburg, Bösner, als Referenten sollte das so den veränderten Verhältnissen angepasste Landeskommissariat als zentrale Verwaltungsbehörde[130] unter der Präsidentschaft des bisherigen hochstiftischen Statthalters Domprobst Graf von Thurn die Verwaltung aller Verwaltungs- und Kameralgegenstände wahrnehmen. Hierunter fielen neben der Landesverwaltung sämtlicher unmittelbarer und mittelbarer Besitzungen und der unmittelbaren Verwaltung aller hochstiftischen Einnahmen die Oberaufsicht über die Kameralverwaltung der übrigen bislang unmittelbaren oder mittelbaren Behörden und die Oberpolizeiaufsicht[131] sowie die durch das Polizeireferat des Landeskommissariats vom Magistrat übernommenen Fragen der öffentlichen Ordnung[132]. Die Justizverwaltung dage-

---

126 Vgl. Nemitz, Zwischen Reich und Bayern, S. 285-298 (287); ders., Die direkten Steuern, S. 542; Hausenstein, S. 100; Gumpelzhaimer, Bd. 4, S. 1831.

127 Hausenstein, S. 100.

128 Nemitz, Zwischen Reich und Bayern, S. 285-298 (287); Schmid, Regensburg im Umbruch, S. 81-101 (86).

129 StAA, Ft. Regensburg, Geheime Kanzlei 6 (KdI 6114), Instruktion zur Errichtung des provisorischen Landeskommissariats v. 01.12.1802; StAA, Geheime Kanzlei 261 (Reg. KdI 6357), Bentzels Entwurf (Organisationsskizze für die städtische Verfassung 1803); Schlaich, Reichsstifte, S.163-376 (242); Paraphrase nach Schlaich, Reichsstifte, S. 163-376 (242/243), siehe Anhang III; vgl. zur personellen Besetzung RIB, 48. Stück v. 30.11.1803, S. 1-12 (3).

130 Nemitz, Zwischen Reich und Bayern, S. 285-298 (287); Schmid, Regensburg im Umbruch, S. 81-101 (86/87); Schlaich, Reichsstifte, S.163-376 (242); StAA, Ft. Regensburg, Geheime Kanzlei 6 (KdI 6114).

131 Schlaich, Reichsstifte, S. 163-376 (242); Hein, S. 36; siehe auch Schmid, Regensburg im Umbruch, S. 81-101 (86).

132 Nemitz, Zwischen Reich und Bayern, S. 285-298 (287); Schmid, Regensburg im Umbruch, S. 81-101 (88).

gen sollte vorerst bei den bisherigen Behörden verbleiben. Hinsichtlich der provisorischen Fortführung der Verwaltung der bisherigen städtischen und stiftischen Administrationen im Namen des Kurerzkanzlers bestanden aber Beschränkungen; denn ohne entsprechende Genehmigung durften in den geistlichen Korporationen keine personellen Veränderungen und bei den weltlichen und geistlichen Behörden keine Änderungen in der Beamten- und Dienerschaft vorgenommen werden. Gleichfalls waren über das gewöhnliche Maß hinausgehende Ausgaben und Veränderungen, wie beispielsweise Eigentumsveräußerungen, unzulässig[133]. Gerade darin zeigt sich, wie bereits ausführlich dargelegt[134], die eigentliche Neuerung in den Verhältnissen. Denn wenngleich die Einbeziehung aller Vertreter der bisherigen reichsunmittelbaren Herrschaftsträger[135] den Anschein erweckte, an den Zuständigkeiten und Verwaltungsstrukturen hätte sich kaum bzw. überhaupt nichts geändert, hatte sich der Rechtsstatus der bisherigen Verwaltungseinheiten doch ganz grundlegend gewandelt[136]. Zu eigenen „Departements" umgestaltet hatten sie monatliche Rechnungsabschlüsse aufzustellen und der neuen kurfürstlichen Rentkasse vorzulegen[137]. So in die neuen landesherrlichen Verwaltungsstrukturen integriert spiegelten sie das Ende der Selbständigkeit ihrer bisherigen Dienstherren wieder[138]. Insofern darf auf die obigen Ausführungen verwiesen werden.

Wenngleich die bisherigen Steuern, Umgelder und sonstigen Abgaben vorerst bestehen blieben, wurde das Landeskommissariat doch damit beauftragt, sich unverzüglich mit einer Neufassung des Steuerwesens unter Einschluss der bislang steuerfreien Gründe und Gewerbe zu befassen[139]. Um dem Landeskommissariat ein Organ amtlicher Bekanntmachungen an die Hand zu geben, wurde durch Verordnung vom 24. Dezember 1802 das Kurfürstlich Erzkanzlerische Regierungs- und Intelligenzblatt geschaffen, das zugleich als Wochenzeitung fungierte[140]. Die Gehälter des Personals des Landeskommissariats und der Be-

---

133 Schlaich, Reichsstifte, S. 243.

134 Siehe V.1.a.

135 Vgl. Nemitz, Zwischen Reich und Bayern, S. 285-298 (287); Schmid, Regensburg im Umbruch, S. 81-101 (87).

136 Schmid, Regensburg im Umbruch, S. 81-101 (87).

137 Nemitz, Die direkten Steuern, S. 544; ders., Zwischen Reich und Bayern, S. 285-298 (287); Schmid, Regensburg im Umbruch, S. 81-101 (88); Schlaich, Reichsstifte, S. 163-376 (243).

138 Schmid, Regensburg im Umbruch, S. 81-101 (88).

139 Schlaich, Reichsstifte, S. 163-376 (243).

140 Hausenstein, S. 100; Schlaich, Reichsstifte, S. 163-376 (245); Gumpelzhaimer, Bd. 4, S. 1833.

amten und Diener der Unterbehörden wurden in gleicher Höhe und von den bisherigen Stellen ausbezahlt[141].

Während mit dem kurfürstlichen Hauptrentzahlamt, der Hauptkasse und dem Hauptkastenamt neue zentrale Behörden errichtet wurden[142], wurde dem Stadtmagistrat wiederum zugestanden, seine Verwaltung einstweilen fortzuführen; dies allerdings nur vermittels zeitweiliger Berichterstattung in Zusammenarbeit mit der Landesregierung, sprich dem Landeskommissariat[143], dem die Dienstaufsicht über den Magistrat zukam[144]. Der damit verbundene Verlust reichsstädtischer Autonomie kam insbesondere auch darin zum Ausdruck, dass noch im Dezember 1802 die sonst üblichen Neuwahlen zu den städtischen Ämtern unterblieben[145] und der Magistrat, wie bereits erläutert, seine Kompetenzen auf dem Gebiet der öffentlichen Ordnung an das Polizeireferat des Landeskommissariats abzutreten hatte[146]. Zum Magistrat werden weiter unten noch weitere Ausführungen folgen[147].

Mit dem Ablauf des 30. November 1803 endete die Zeit der provisorischen Regierung im Fürstentum Regensburg und die in den Organisationspatenten vom 18. Juli und 20. November desselben Jahres bestimmte Regierung – das unter Beibehaltung seiner personellen Zusammensetzung zur Landesdirektion umgewandelte Landeskommissariat – nahm ihre Tätigkeit auf[148].

(2) Die Generalverordnungen des Jahres 1803 – die endgültige Organisation des dalbergischen Gesamtstaates

Unter dem 18. Juli 1803 erging in Form eines Organisationspatents eine neue Verfassung[149], die – wie auch die am 20. November des gleichen Jahres

141 Schlaich, Reichsstifte, S. 163-376 (243).

142 Vgl. Schlaich, Reichsstifte, S.163-376 (243/244).

143 Gumpelzhaimer, Bd. 4, S. 1830; Schmid, Regensburg im Umbruch, S. 81-101 (88); Hausenstein, S. 100.

144 Schmid, Regensburg im Umbruch, S. 81-101 (88); vgl. auch Hein, S. 58.

145 Gumpelzhaimer, Bd. 4, S. 1832; Hausenstein, S. 100; Schmid, Regensburg im Umbruch, S. 81-101 (88).

146 Vgl. Nemitz, Zwischen Reich und Bayern, S. 285-298 (287); Schmid, Regensburg im Umbruch, S. 81-101 (88).

147 Siehe unter V.3.a.dd.

148 Hein, S. 45/59.

149 „*Verfassung des neuen Kurstaates des Erzkanzlers des deutschen Reiches*" v. 18.07.1803, RIB, 30. Stück v. 27.07.1803 (künftig: Verfassung vom 18.07.1803), S. 1-8, siehe Anhang I; Abdruck auch bei Beaulieu-Marconnay, Bd. 2, Beilage V, S. 351-356; StadtAR, Dekret 49 --- 946, 18. Juli 1803, Regensburg, Neuorganisation von Verwaltung und Ämtern in Kurbayern.

folgende Verfassung[150] – die räumliche Distanz sämtlicher Gebiete des Dalbergstaates und die damit einhergehende Unmöglichkeit einer gemeinsamen Organisation berücksichtigte[151]. So legte diese, den Aufbau der nachgeordneten Instanzen und Behörden in groben Zügen regelnde[152], „*Verfassung des neuen Kurstaats des Erzkanzlers des deutschen Reichs*" mit einem Ministerium, einem Oberappellationsgericht, einer Universität, einer Militärverfassung und einem Hofstaat nur insgesamt fünf gemeinschaftliche Einrichtungen[153] für die Fürstentümer Regensburg und Aschaffenburg und die Grafschaft Wetzlar fest, während daneben jedes einzelne Gebiet eine eigene Verwaltung einschließlich Finanz- und Forstverwaltung und die Rechtsprechungsgewalt für zwei Instanzen in Zivilsachen und erstinstanzlich für Kriminalsachen erhalten sollte[154].

Ausdrücklich vermerkte Dalberg hier in einem Schlusssatz sein bereits geschildertes Prinzip, Veränderungen nur dann und unter möglichster Schonung des Althergebrachten vorzunehmen, wenn die konkreten Umstände dies gebieten. Denn „[es] ist schwer eine neue Ordnung der Dinge einzuführen; (...); wenn solche Veränderungen unvermeidlich werden, so gebietet die Pflicht mit Achtung, Schonung und Beruhigung der Gemüther, das Wohl des Staats zu retten"[155]. Somit ganz im Stil des aufgeklärten Absolutismus stehend, konnte das Organisationsreskript selbst quasi als Grundstein für sämtliche in den Folgejahren vornehmlich in Regensburg eintretende Verbesserungen gelten[156].

Die zweite Generalverordnung vom 20. November 1803, die durch Veröffentlichung im Regierungs- und Intelligenzblatt am 30. desselben Monats in Kraft gesetzt wurde[157], traf insbesondere mit der Bekanntgabe der künftigen

150 RIB, 48. Stück v. 30.11.1803, S. 1-12, siehe Anhang II.

151 Vgl. Beaulieu-Marconnay, Bd. 2, S. 2.

152 Nemitz, Die direkten Steuern, S. 544.

153 §§ 2-7 der Verfassung vom 18.07.1803, siehe Anhang I.

154 §§ 2, 8-12, 13-17, 18 der Verfassung vom 18.07.1803, siehe Anhang I; Probst, S. 27-31 (29).

155 Verfassung vom 18.07.1803, S. 1-8, siehe Anhang I; Beaulieu-Marconnay, Bd. 2, Beilage V, S. 351-356 (355); vgl. auch Kraus, Zirngibl, 103 (1963), Nr. 53, S. 106-107 (107) und Nr. 52, S. 104-106 (105); Schmid, Regensburg im Umbruch, S. 81-101 (86); siehe bereits unter V.2.a.

156 Färber, Kaiser und Erzkanzler, S. 52; vgl. Knemayer, S. 75; siehe auch Hömig, S. 456.

157 RIB, 48. Stück v. 30.11.1803, S. 1-12, siehe Anhang II; Schlaich, Reichsstifte, S. 163-376 (245); Schwaiger, Fürstentum, S. 42-65 (51); Abdruck auch in StadtAR, Dekret 48 --- 945, 20. November 1803, Regensburg, Neuordnung der Ämter, Ernennungen und Stellenbesetzungen in Regensburg; StadtAR, HV-Druckschriften --- 1443, 20. November 1803, Regensburg, Neuorganisation der Verwaltung der kurfürstlichen Residenzstadt Regensburg und Ernennung der leitenden Beamten.

Amtsinhaber und näheren Kompetenzzuweisungen[158] detailliertere Regelungen und sollte so unter Aufrechterhaltung der gemeinsamen Einrichtungen der Verwaltung des Dalbergstaates ihre endgültige Form verleihen[159].

bb. Gemeinsame Institutionen im Gesamtstaat

Die durch die beiden Organisationsreskripte des Jahres 1803 geschaffenen gemeinsamen Institutionen dienten dem in drei Provinzen bzw. Gouvernements geteilten Gesamtstaat als eine Art verbindende Klammer[160].

(1) Das Ministerium (§ 3[161])

Das gemeinsame Staatsministerium als Zentralbehörde des dalbergischen Gesamtsstaates setzte sich aus dem Gouvernement des Fürstentums Regensburg und dem des Fürstentums Aschaffenburg zusammen[162]. Faktisch bestand es damit lediglich aus den beiden Gouverneuren – Freiherr von Albini in Regensburg, von Erthal in Aschaffenburg[163] –, die zugleich die beiden Staatsminister stellten, und den beiden zugeordneten Geheimen Staatsräten von Regensburg und Aschaffenburg sowie deren jeweiligem Kanzleipersonal, also je einem Kabinettssekretär, vier Kabinettsregistratoren, vier Kanzlisten und zwei Kanzleidienern[164].

Wenngleich das Ministerium die Zentralinstanz darstellte, handelte es sich dabei nicht um eine ständige Funktion. Vielmehr äußerte sich diese in einer bloßen Konferenz der beiden kurfürstlichen Gouverneure, während in den beiden Landesteilen Regensburg und Aschaffenburg weitgehend selbständige Landesregierungen installiert wurden[165]. So kann das Ministerium, das im hierar-

158 Nemitz, Die direkten Steuern, S. 544; Hein, S. 44.

159 Schlaich, Reichsstifte, S. 163-376 (245); Schwaiger, Fürstentum, S. 42-65 (51); vgl. auch Nemitz, Die direkten Steuern, S. 544.

160 § 2 der Verfassung vom 18.07.1803, siehe Anhang I; Nemitz, Zwischen Reich und Bayern, S. 285-298 (288); ders., Die direkten Steuern, S. 544; vgl. Schmid, Regensburg im Umbruch, S. 81-101 (90); Schlaich, Reichsstifte, S. 163-376 (245).

161 Verfassung vom 18.07.1803, S. 1-8, siehe Anhang I.

162 RIB, 48. Stück v. 30.11.1803, S. 1-12 (I, S. 1), siehe Anhang II (S. 207); Nemitz, Die direkten Steuern, S. 545.

163 Schwaiger, Fürstentum, S. 42-65 (51); Hausenstein, S. 103.

164 § 3 der Verfassung vom 18.07.1803, siehe Anhang I; RIB, 48. Stück v. 30.11.1803, S. 1-12 (I, S. 1/2), siehe Anhang II (S. 210); Nemitz, Die direkten Steuern, S. 544/545; Hausenstein, S. 103; Schlaich, Reichsstifte, S. 163-376 (245); Hein, S. 44.

165 Nemitz, Zwischen Reich und Bayern, S. 285-298 (288); vgl. auch Klueting, S. 359-380 (367).

chischen Gefüge nichtsdestotrotz über den Landesregierungen stand[166], als eine im Wesentlichen fiktive Klammer im Verwaltungsaufbau bezeichnet werden, welche die Zusammengehörigkeit der beiden Teilstaaten eher symbolisierte denn tatsächlich lebte[167].

(2) Die Militärverfassung (§ 4)

Als weiteres verbindendes Element der Teilstaaten diente eine gemeinsame Militärverfassung, die sich neben der Reichsmatrikel, d.h. dem die von den Reichsständen zu stellenden Truppenzahlen bzw. zu erbringenden Heeresunterhaltsleistungen enthaltenden Verzeichnis, am Steuerfuß und „den gegenwärtigen Verhältnissen des Kurstaats" orientierte[168].

(3) Das Oberappellationsgericht (§ 5)

Als wirkliche Zentralstelle und damit verbindende Klammer im eigentlichen Sinne kann im Grunde nur das Oberappellationsgericht in Aschaffenburg angesehen werden, das für den gesamten Bereich des Dalbergstaates zuständig zeichnete[169]. Zusammengesetzt aus einem Direktor, sechs Oberappellationsräten, einem Sekretär, einem Kanzlisten und einem Aufwärter[170], fungierte das Oberappellationsgericht unter der Präsidentschaft des geistlichen Würdenträgers Domdechant Freiherr von Dienheim[171] ab dem 1. Dezember 1803[172] zum einen als oberste Justizstelle des Fürstentums Aschaffenburg, auch für die bei den Reichsgerichten anhängigen Prozesse. Zum anderen stellte es als höchster Lehenhof und Appellationsinstanz die dritte und letzte Instanz für den gesamten Kurstaat[173], deren Anrufung des Erreichens einer Appellationssumme (Summa

---

166 Vgl. Schwaiger, Fürstentum, S. 42-65 (51); Hein, S. 36.

167 Nemitz, Die direkten Steuern, S. 545; ders., Zwischen Reich und Bayern, S. 285-298 (288).

168 § 4 der Verfassung vom 18.07.1803, siehe Anhang I.

169 § 5 der Verfassung v. 18.07.1803, siehe Anhang I; Christ, Aschaffenburg, S. 173; ders., Säkularisation, S. 137-151 (146).

170 § 5 der Verfassung vom 18.07.1803, siehe Anhang I; RIB, 48. Stück v. 30.11.1803, S. 1-12 (III, S. 2), siehe Anhang II (S. 207); Hausenstein, S. 103.

171 Vgl. § 5 der Verfassung vom 18.07.1803, siehe Anhang I; RIB v. 30.11.1803, S. 1-12 (III, S. 2), siehe Anhang II (S. 207); Hein, S. 45.

172 A.Arch.R. 130 XI, 3 fol. 14; Christ, Aschaffenburg, S. 173.

173 § 5 der Verfassung vom 18.07.1803, siehe Anhang I; MRA L 474, Erklärung zum Org.Pat. v. 11.11.1803; Christ, Aschaffenburg, S. 173; Hein, S. 45; Schwaiger, Fürstentum, S. 42-65 (52); Nemitz, Zwischen Reich und Bayern, S. 285-298 (289).

appellabilis) bedurfte[174]. Insofern war nunmehr ein verbindlicher juristischer Instanzenzug bis zur höchsten judikativen Ebene eingeführt worden[175]; Appellationsmöglichkeiten an ein Reichsgericht waren nicht vorgesehen[176].

Zum Instanzenzug und zur Judikative wird weiter unten noch ausführlich Stellung genommen[177].

(4) Die Universität (§ 6)

Hinsichtlich der Landesuniversität, die von Mainz nach Aschaffenburg gerettet worden war[178] und dort errichtet werden sollte[179], traf § 6 des Organisationspatents vom 18. Juli 1803 folgende Regelung: „Die Universität besteht in Aschaffenburg. Zu dem Fundus der ehemaligen Mainzer Universität wird, so bald es thunlich ist, ein neuer Universitäts-Fundus hinzukommen. Dem Kurator der Universität wird zugleich die Aufsicht über Studien- und Schulwesen anvertraut“[180].

(5) Der Hofstaat (§ 7)

Der Hofstaat schließlich sollte angesichts der hohen Staatsschulden ausdrücklich beschränkt werden. Infolgedessen sah § 7 des Organisationspatents vom Juli 1803 zwei Hofämter – je eines in Regensburg und Aschaffenburg – in quantitativ geringer Personalbesetzung vor[181].

Wie bereits ausgeführt, wurden diese gemeinsamen Einrichtungen auch durch die detailliertere zweite Verordnung vom 20. November 1803 beibehalten[182].

174 Christ, Aschaffenburg, S. 215/216.

175 Nemitz, Vom Alten Reich, S. 9-16 (13).

176 RIB, 27. Stück v. 06.07.1803, S. 1; Nemitz, Zwischen Reich und Bayern, S. 285-298 (289).

177 Siehe unter V.3.b.

178 Hein, S. 44. Zur Universität siehe auch unter V.3.b.cc.(4).

179 Hausenstein, S. 103.

180 § 6 der Verfassung vom 18.07.1803, siehe Anhang I; vgl. auch RIB, 48. Stück v. 30.11.1803, S. 1-12 (IV, S. 2), siehe Anhang II (S. 208).

181 § 7 der Verfassung vom 18.07.1803, siehe Anhang I; Hausenstein, S. 103.

182 RIB, 48. Stück v. 30.11.1803, S. 1-12 (I-IV, S. 1/2), siehe Anhang II (S. 207/208); Schlaich, Reichsstifte, S. 163-376 (245); vgl. auch Nemitz, Die direkten Steuern, S. 544.

cc. Feuer-Assekuranz-Ordnung

Um die öffentliche Sicherheit in seinem gesamten Staat zu stärken und Wohlstand und Besitz zu sichern, wurde Dalberg vor allem auf dem Gebiet der Brandsicherheit und des Brandschutzes tätig. Dazu wurden in Regensburg einige ältere, zur Verhütung von Feuersbrünsten dienende Verordnungen verschärft, eine neue Verordnung zur Verbesserung der Löschanstalten erlassen und die Durchführung der Feuerbeschau strenger als bislang gehandhabt[183].

Die wichtigste Maßnahme in diesem Zusammenhang stellte aber die Einführung einer Feuerversicherung – der Feuer-Assekuranz-Ordnung – dar[184]. Diese Ordnung war für Regensburg ein Novum, während sie im Fürstentum Aschaffenburg lediglich den Fortbestand der alten kurmainzischen Feuerversicherung von 1780 sowohl für das Fürstentum Aschaffenburg als auch für den gräflich ingelheimischen Ort Obererlenbach bei Frankfurt manifestierte. Erst in der Folgezeit wurde der Geltungsbereich auf das Fürstentum Regensburg, die Grafschaft Wetzlar und – in primatialstaatlicher Zeit – Frankfurt ausgedehnt[185]. In organisatorischer Hinsicht lagen Initiative und Recht des Statuts bei der Regierung, während die Ortsbehörden zur Ausführung der Versicherungsbestimmungen herangezogen wurden[186]. Die Ordnung selbst beruhte auf einer „freiwilligen“, durch die Aufnahme in ein für jeden Ort zu erstellendes Spezialkataster bescheinigten Mitgliedschaft. Wenngleich Privatpersonen also keinem förmlichen Beitrittszwang unterlagen, stellte die Feuerassekuranz tatsächlich eine Zwangsversicherung dar, da die behördlich genehmigte Brandkollekte als die bisher übliche Form der Versicherung gesetzlich verboten wurde. Zudem wurden Vor- bzw. Nachteile an das Bestehen bzw. Fehlen einer Versicherung geknüpft. So wurden Versicherten im Brandfall Gnadenholz zum Neubau, eine mehrjährige Steuerbefreiung und ähnliche Privilegien gewährt; Nichtversicherte dagegen waren angesichts einer ansonsten drohenden Konfiskation des Grund-

183 Kurfürstliche Feuer-Verordnung für die kurfürstliche Residenzstadt Regensburg, 06.11.1805, Dekret 21 c---515; Dekret 21 a---513; Dekret 21 b---514; RIB, 52. Stück v. 25.12.1805, „Kurfürstl. Feuer-Verordnung für die Kurfürstl. Residenzstadt Regensburg“ v. 06.11.1805, S. 557-564; 1. Stück v. 01.01.1806, „Fortsetzung“, S. 3-12; 2. Stück v. 08.01.1806, „Fortsetzung“, S. 21-28; 3. Stück v. 15.01.1806, „Beschluß“, S. 39-46; vgl. auch Färber, Übergabe Regensburgs, S. 33-56 (45); Beaulieu-Marconnay, Bd. 2, S. 149; Hömig, S. 335/336.

184 Feuer-Assekuranz-Ordnung für das Fürstentum Regensburg, 22.08.1803, Politica IV, 58/Nummer 11---940; Hausenstein, S. 125; Hein, S. 63.

185 Hein, S. 63; vgl. auch Feuer-Assekuranz-Ordnung für das Fürstentum Regensburg, 22.08.1803, Politica IV, 58/Nummer 11---940, Einführung, S. 1; Hömig, S. 336/459; zur „Ursprungsform“ vgl. ders., S. 39.

186 Hausenstein, S. 125.

stücks gezwungen, Brandstätten innerhalb eines Jahres entweder auf eigene Kosten neu zu bebauen oder aber zu verkaufen bzw. den Baugrund zu versteigern. Gleichfalls erhielten die Gerichte die Weisung, auf unversicherte Gebäude keine Hypotheken mehr einzutragen. Vormünder, die das Erbe ihrer Mündel nicht versicherten, mussten im Falle eines Brandes entsprechende Schadensersatzklagen befürchten[187]. Anstelle einer regelmäßigen Gebühr hatten die Mitglieder stets zum Ende eines Jahres eine bestimmte Summe zu entrichten, deren Höhe sich an den im gesamten Versicherungsgebiet aufgetretenen Brandschäden an versicherten Gebäuden orientierte[188].

Auch im Entschädigungsfall traf das Edikt eingehende Regelungen. Der Staat hatte ungesäumt in Vorleistung zu treten und seine Auslagen anschließend durch eine Repartition der entsprechenden Summe unter den Versicherungsmitgliedern zu decken. Die Berechnung der Repartitionsquoten erfolgte dabei unter zwei Gesichtspunkten: zum einen nach der absoluten Höhe der konkreten Entschädigungsleistung, zum anderen nach Maßgabe des von jedem Versicherungsmitglied zur Eintragung im Kataster angegebenen Anteils. Die Haftung konnte gegebenenfalls durch eine Verteilung dieser Quote auf mehrere Jahre gemildert werden. Der Vorteil dieser Regelung, die einen Versicherungsfonds sowie regelmäßige Prämienzahlungen der Versicherungsmitglieder entbehrlich machte, bestand in der Einsparung von Kosten für eine ständige gesonderte Kassenverwaltung.

In außerordentlichen Fällen, wie zum Beispiel in Kriegszeiten, erlosch die ordentliche Haftpflicht und sollte durch einen außerordentlichen Modus der Entschädigung ersetzt werden[189]. Durch die Schaffung einer Atmosphäre des Vertrauens und der Zuversicht ist die Einführung der Feuerversicherung letztlich als vorbildlich zu bezeichnen[190].

Zur Gewährleistung der Brandsicherheit auch in Frankfurt und Umgebung erhielten alle Bewohner des Frankfurter Territoriums einschließlich Obererlenbachs und der solmsischen Hälfte von Niederursel ab dem 28. Juli 1807 die Möglichkeit, in die Brandversicherungsanstalt der Fürstentümer Regensburg und Aschaffenburg und damit den Geltungsbereich der Feuer-Assekuranz-Ordnung einzutreten. Die fürstprimatische Brandassekuranz-Direktion erstellte dazu in

---

187 Feuer-Assekuranz-Ordnung für das Fürstentum Regensburg, 22.08.1803, Politica IV, 58/Nummer 11---940; Hausenstein, S. 125/126; Hein, S. 63; Hömig, S. 336.

188 Feuer-Assekuranz-Ordnung für das Fürstentum Regensburg, 22.08.1803, Politica IV, 58/Nummer 11---940, vgl. insb. Artikel 10 und 11, S. 10-12; Hein, S. 63; vgl. auch Hausenstein, S. 126.

189 Feuer-Assekuranz-Ordnung für das Fürstentum Regensburg, 22.08.1803, Politica IV, 58/Nummer 11---940, vgl. insb. Artikel 1, S. 2/3; Hausenstein, S. 126.

190 Scherer, S. 109-129 (121); Schönfeld, S. 5-148 (130); Gömmel, S. 478-505 (491).

den Folgemonaten einen Brand-Assekuranz-Kataster für die Stadt Frankfurt und ihr Gebiet[191]. Um den falschen Eindruck einer Feuersbrunst und entsprechende Löschversuche zu vermeiden, waren in der Folge nicht nur jegliche private Illumination, Feuerwerk oder Schießen[192], sondern auch Feuerwerk und Sylvesterknallerei in der Neujahrsnacht verboten[193].

3. Gesetzgebung und Verwaltung im Fürstentum Regensburg

In Bezug auf die Ausgestaltung von Gesetzgebung und Verwaltung im polyzentrisch gestalteten Dalbergstaat[194] lässt sich einleitend festhalten, dass die beiden Fürstentümer Regensburg und Aschaffenburg insofern eine gemeinsame Struktur aufwiesen, als sie je ein eigenes Landesdirektorium[195] sowie ein eigenes Gouvernement[196] erhielten, welche ihre Tätigkeiten nebeneinander ausübten und insofern nicht nach dem Prinzip der Alleinverantwortlichkeit verfuhren, sondern dem System kollegialer Amtsführung folgten[197]. Eine weitere Gemeinsamkeit, die allerdings gleichzeitig die Trennung der beiden Teilstaaten unterstrich, bestand in der Installation zweier Oberlandesgerichte – eines für das Fürstentum Regensburg und eines für das Fürstentum Aschaffenburg[198].

a. Verwaltung

Dem Fürstentum Regensburg widmete sich mit den §§ 13 bis 17 der dritte Abschnitt der neuen Verfassung vom 18. Juli 1803[199]. Demnach sollte es künftig neben einem Gouvernement (§ 14), einer Landesdirektion (§ 15) und einem

---

191 Hein, S. 132.

192 Erlaß des zweiten Bürgermeister-Amts vom 29. August im FIB, dritte Beilage zur Nr. 72 vom 1. September 1807; Hein, S. 102.

193 Hein, S. 102.

194 Christ, Säkularisation, S. 137-151 (146/148); ders., Aschaffenburg, S. 173; vgl. Gumpelzhaimer, Bd. 4, S. 1834/1835; Nemitz, Die direkten Steuern, S. 544; ders., Zwischen Reich und Bayern, S. 285-298 (288).

195 §§ 8 und 10, 13 und 15 der Verfassung v. 18.07.1803, siehe Anhang I; Christ, Aschaffenburg, S. 173; Hein, S. 44; Nemitz, Die direkten Steuern, S. 544.

196 §§ 8 und 9, 13 und 14 der Verfassung v. 18.07.1803, siehe Anhang I; vgl. Christ, Aschaffenburg, S. 177; Nemitz, Die direkten Steuern, S. 544; vgl. allgemein Darmstädter, S. 90 ff.

197 Christ, Aschaffenburg, S. 177/178; vgl. allgemein Darmstädter, S. 90/91.

198 §§ 8 und 11, 13 und 16 der Verfassung v. 18.07.1803, siehe Anhang I; Hein, S. 44; Christ, Aschaffenburg, S. 174; vgl. Nemitz, Die direkten Steuern, S. 544.

199 RIB, 30. Stück v. 27.07.1803, S. 1-8, siehe Anhang I.

Oberlandesgericht (§ 16) über einen Stadtmagistrat (§ 17) und einige Ämter, wie beispielsweise Stauf, Hohenburg und Wörth, verfügen.

Die zweite Generalverordnung vom 20. November 1803 enthielt anschließend nicht nur detaillierte Regelungen für den Dalbergstaat in seiner Gesamtheit, sondern auch eine neue Verfassung für das Regensburger Stadtgebiet im Besonderen. Hierdurch wurden die herrschenden Zustände strukturell wesentlich verändert und die städtische Autonomie drastisch eingeschränkt[200].

Trotz dieser Tatsachen verweist Nemitz darauf, dass die ehemalige Reichsstadt ihre innenpolitische Autonomie schon um 1800 längst verloren hatte, und die Geschehnisse der Jahre 1802 und 1803 der städtischen Selbständigkeit folglich nurmehr in staats- und völkerrechtlicher Hinsicht ein Ende bereiteten[201].

aa. Das Gouvernement (§ 14)

An oberster Stelle im Fürstentum Regensburg stand, gleich nach dem Souverän, der Gouverneur, der den Kurfürsten in seiner Abwesenheit zu vertreten hatte[202]. Diese Position, die mit der Person des Staatsministers identisch war[203], bekleidete fortan der auch die Direktion des Reichstags wahrnehmende[204] Freiherr von Albini, unterstützt von Graf von Bentzel, der als Geheimer Staatsrat die rechte Hand des Gouverneurs bildete und sich in der Folgezeit maßgeblich am Zustandekommen des Staatsaufbaus beteiligt zeigen sollte[205]. Als Vertreter des Landesherrn war es Albini in dringenden Angelegenheiten gestattet, provisorische Entscheidungen zu treffen; in allen anderen Fällen hatte er dagegen unmittelbar mit dem die Entscheidung fällenden Souverän zu korrespondieren[206].

---

200 Vgl. Nemitz, Zwischen Reich und Bayern, S. 285-298 (289); Schmid, Regensburg im Umbruch, S. 81-101 (89); vgl. RIB, 48. Stück v. 30.11.1803, S. 1-12 (3-12), siehe Anhang II (S. 208-218).

201 Nemitz, Vom Alten Reich, S. 9-16 (12).

202 § 14 der Verfassung v. 18.07.1803, siehe Anhang I; RIB, 48. Stück v. 30.11.1803, S. 1-12 (I, S. 1/2), siehe Anhang II (S. 207); Nemitz, Die direkten Steuern, S. 544.

203 Siehe bereits unter V.2.b.bb.(1); vgl. RIB, 48. Stück v. 30.11.1803, S. 1-12 (I, S. 1/2), siehe Anhang II (S. 207); § 14 der Verfassung v. 18.07.1803, siehe Anhang I; Färber, Kaiser und Erzkanzler, S. 52; Nemitz, Die direkten Steuern, S. 544; Schwaiger, Fürstentum, S. 42-65 (51); Hein, S. 44.

204 Schmid, Regensburg im Umbruch, S. 81-101 (S. 88, Fn. 34); vgl. Hein, S. 31.

205 RIB, 48. Stück v. 30.11.1803, S. 1-12 (I, S. 1/2), siehe Anhang II (S. 207); § 14 der Verfassung v. 18.07.1803, siehe Anhang I; Färber, Kaiser und Erzkanzler, S. 52; Nemitz, Die direkten Steuern, S. 544; Schmid, Regensburg im Umbruch, S. 81-101 (88); Schwaiger, Fürstentum, S. 42-65 (51); Hein, S. 44.

206 Vgl. bereits § 14 der Verfassung v. 18.07.1803, siehe Anhang I; Hein, S. 133.

bb. Das Landesdirektorium (§ 15)

Unter weitgehend gleichbleibender personeller Zusammensetzung wurde das zum Landesdirektorium umgewandelte Landeskommissariat am 2. Dezember 1803 installiert und in Wirkungskreis und Aufgabenbereich abschließend formiert[207].

Wie bereits das provisorische Landeskommissariat wurde auch die neue Regierungsbehörde von dem Präsidenten Dompropst Graf von Thurn als wirklichem Geheimen Rat, dem Vizepräsidenten Domkapitular Graf Kaspar von Sternberg und dem ehemaligen fürstbischöflichen Kanzler Maximilian Wagner als Direktor geleitet, und deren Geschäfte von sechs diesem Kollegium unterstehenden, gleichberechtigten ständigen Direktorialräten – die drei Stiftskanzler, der städtische Syndikus Bösner, der Dekan der Alten Kapelle Johann Thomas von Haas, der städtische Syndikus und Archivar Carl Theodor Gemeiner – sowie frequentierenden Direktorialräten erledigt[208]. Letztere wurden allerdings nur in bestimmten Angelegenheiten zu Beratungen hinzugezogen[209]. Entsprechend des kollegialen Aufbaus ergingen Entschließungen per Mehrheitsentscheid, wobei im Falle von Stimmengleichheit dem Präsidenten die entscheidende Stimme zukam[210]. Basierte die eigentliche Regierungsarbeit demnach auf „Zusammenarbeit“ im weiteren Sinn und dem modernen Gedanken des Ressortprinzips, verblieb die Letztentscheidungsbefugnis gleichwohl bei Dalberg als Landesherrn bzw. Gouverneur Albini als dessen Vertreter – Beschlüsse bedurften deren Gegenzeichnung[211].

Wenngleich im Hierarchieverhältnis unter dem Gouvernement stehend, stellte das Landesdirektorium doch die eigentliche Regierungsbehörde des Fürs-

---

207 Vgl. RIB, 48. Stück v. 30.11.1803, S. 1-12 (3-5), siehe Anhang II (S. 208-212); Schlaich, Reichsstifte, S. 163-376 (245); Hein, S. 45/59; Hausenstein, S. 103; Schmid, Regensburg im Umbruch, S. 81-101 (88/89); Färber, Kaiser und Erzkanzler, S. 52.

208 RIB, 48. Stück v. 30.11.1803, S. 1-12 (3), siehe Anhang II (S. 208); vgl. Kraus, Zirngibl, 103 (1963), Nr. 52, S. 104-106 (105); Schmid, Regensburg im Umbruch, S. 81-101 (89); Hausenstein, S. 104; Nemitz, Zwischen Reich und Bayern, S. 285-298 (288); siehe auch Hage, Diener dreier Herren, S. 135-138 (137).

209 RIB, 48. Stück v. 30.11.1803, S. 1-12 (3), siehe Anhang II (S. 208); Kick, Armenpflege, S. 47/48, Anm. 203; Nemitz, Zwischen Reich und Bayern, S. 285-298 (288).

210 Vgl. BayHStA, Kommission für politische Statistik Rgbg. 16 (StAA, Kgl. Spezialkommission für politische Statistik Regensburg 25); Nemitz, Zwischen Reich und Bayern, S. 285-298 (288); ders., Die direkten Steuern, S. 545.

211 Vgl. BayHStA, Kommission für politische Statistik Rgbg. 16 (StAA, Kgl. Spezialkommission für politische Statistik Regensburg 25); Nemitz, Zwischen Reich und Bayern, S. 285-298 (288); ders., Die direkten Steuern, S. 545; vgl. Färber, Kaiser und Erzkanzler, S. 54.

tentums Regensburg dar[212]. Denn als zentrale Verwaltungsstelle des gesamten Fürstentums Regensburg hatte das Landesdirektorium mit der „Besorgung der eigentlichen Landesverwaltung in politischer und kammeralischer Hinsicht“ eine Vielfalt an Aufgaben zu erfüllen, die sich in insgesamt 16 Aufgabenbereiche bzw. „Hauptgeschäfts-Fächer“ aufspaltete[213]. So unterfielen der Behörde neben den Reichs- und Kreisangelegenheiten auch die Landeshoheitssachen, wie zum Beispiel Grenzfragen, Fragen der Ein- und Auswanderung, die Wahrnehmung der reichsgerichtlichen Prozesse, das ius circa sacra und – in evangelischen Kirchensachen – das ius episcopale (Bischofsrecht), sowie das auch Grundherrschaftsverhältnisse umfassende Lehenwesen des gesamten Fürstentums. Über das Justizwesen hatte das Landesdirektorium die Oberleitung inne und entsprechend Aufsicht zu führen. Als weitere Aufgabenbereiche sind das Stadt- und Landespolizeiwesen, das Steuerwesen, das Militärwesen sowie das Forst- und Jagdwesen, das Bräuwesen und das Bauwesen zu nennen, wobei für die vier letztgenannten Bereiche jeweils ein eigenes Departementsreferat existierte. Das ebenfalls in die Zuständigkeit des Landesdirektoriums fallende Domänenwesen beinhaltete insbesondere die Verwaltung des hochstiftischen, ehemals reichsstiftischen, und sonstigen klösterlichen Besitzes. Neben dem Munizipalwesen und der darin enthaltenen Oberaufsicht über den Regensburger Magistrat und dessen Geschäfte, bezeichnete auch das Schulwesen ein Aufgabenfeld, für das ein eigenes Departementsreferat installiert und welches unter Mitwirkung der Schulkommission beider Religionsteile tätig wurde. Das Archivwesen wurde Direktorialrat Gemeiner als Departements-Referenten und Generalarchivar zugeteilt und diesem P. Roman Zirngibl von St. Emmeram als Gehilfe beigeordnet. Schließlich unterfielen noch das Rechnungswesen und das Fiskalat dem Tätigkeitsbereich der Zentralbehörde[214]. Durch die Heranziehung der sachkundigsten Räte als Spezialreferenten in den einzelnen Bereichen konnten bereits Ansätze zu einer Arbeitsteilung gesehen werden. Gewisse Departements, wie beispiels-

212 Nemitz, Die direkten Steuern, S. 545; vgl. auch Christ, Aschaffenburg, S. 173; Schwaiger, Fürstentum, S. 42-65 (51/52); vgl. auch Hausenstein, S. 104.

213 § 15 der Verfassung vom 18.07.1803, siehe Anhang I; RIB, 48. Stück v. 30.11.1803, S. 1-12 (3-5), siehe Anhang II (S. 208-210); Nemitz, Die direkten Steuern, S. 545; ders., Zwischen Reich und Bayern, S. 285-298 (288); Hausenstein, S. 104; anders Schwaiger, Fürstentum, S. 42-65 (52), der von 15 Departements spricht.

214 RIB, 48, Stück v. 30.11.1803, S. 1-12 (3-5), siehe Anhang II (S. 208-210); vgl. § 15 der Verfassung vom 18.07.1803, siehe Anhang I; Schlaich, Reichsstifte, S. 163-376 (245/246); Nemitz, Zwischen Reich und Bayern, S. 285-298 (288); Hausenstein, S. 104. Zu Gemeiner vgl. ausführlicher Hage, Diener dreier Herren, S. 135-138.

weise das Forst- oder Baudepartement, erhielten zudem technische Beiräte zugeordnet[215].

Dem Leiter des Landesdirektoriums, Graf von Sternberg, persönlich oblagen ferner wichtige diplomatische Missionen sowie die Zuständigkeit für die Kommissionen, die mit der schwierigen Aufgabe des Einsammelns und des Verteilens der Entschädigungen für die linksrheinische Geistlichkeit betraut waren[216].

Mit der Zuständigkeit des Landesdirektoriums auch für das Steuerwesen verband sich der Verlust der fiskalischen Kompetenzen und damit der Finanzhoheit des Regensburger Magistrats, der dem reichsstädtischen Inneren Rat vermittels der neuen Verfassung nachgefolgt war[217]. Auch darin zeigt sich der teils intensive Eingriff in die bisherigen Kompetenzen der einzelnen Stellen.

Im Zusammenhang mit den Kompetenzen des Landesdirektoriums ist interessanterweise festzustellen, dass Dalberg selbst, der an der Organisation seines Kurstaates ja nicht unwesentlich beteiligt war, die Regelungen des die Kompetenzen grundsätzlich abschließend festlegenden Organisationsreskripts nicht unbedingt strikt beachtete, sondern sich in seinem Reformeifer durchaus das Recht nahm, ihm interessant und besonders bedeutend erscheinende Belange regelmäßig aus der Zuständigkeit der Landesregierung zu lösen und auf spezielle, seiner persönlichen Oberleitung unterstehende Kommissionen zu übertragen[218]; beispielsweise galt dies für die Reform des Steuerwesens oder auch des Armenwesens[219]. Hieraus aber folgte nicht nur eine Minderung der Bedeutung des Landesdirektoriums, sondern auch eine unübersichtliche Verteilung der Kompetenzen[220].

cc. Die Landesbehörden

Dem Landesdirektorium selbst unterstanden mit dem Bauamt, dem Forstamt, dem Hauptkastenamt, dem kurfürstlichen Hauptrentamt und der kurfürstlichen Stadtobereinnahme unmittelbar fünf Landeszentralbehörden des Fürstentums,

215 Hausenstein, S. 104.

216 Färber, Kaiser und Erzkanzler, S. 52; ders. Kurfürst, S. 109-112 (109).

217 Nemitz, Die direkten Steuern, S. 546; Schmid, Regensburg im Umbruch, S. 81-101 (90).

218 Vgl. Beispiele bei Färber, Kaiser und Erzkanzler, S. 54; Nemitz, Zwischen Reich und Bayern, S. 285-298 (290).

219 Nemitz, Zwischen Reich und Bayern, S. 285-298 (290/291).

220 Nemitz, Zwischen Reich und Bayern, S. 285-298 (291).

die jeweils von einem Direktorialrat geleitet wurden und Exekutivfunktion erfüllten[221].

Wenngleich das Kassenwesen im Vergleich zu vorher vereinfacht worden war, wurde dessen Teilung doch auch weiterhin aufrechterhalten, so dass in Form des Hauptrentamts, des Hauptkastenamts, der Stadtobereinnahme und der Kämmerei neben den zusätzlichen Erhebungsbureaux der Gelegenheitssteuern allein in der Stadt Regensburg selbst vier Kassen existierten. Angesichts des geringen territorialen Umfangs des Fürstentums stellte sich dies jedoch als nicht notwendig dar[222].

Während das zum Hauptkastenamt erhobene vormals hochstiftische Kastenamt die überwiegend aus Naturalabgaben bestehenden Dominialeinkünfte verwaltete und die Oberaufsicht über die stiftischen Kastenämter führte[223], bildete das kurfürstliche Hauptrentamt, das aus der bisherigen reichsstädtischen Rentkasse hervorgegangen war, die Zentralkasse des Fürstentums. Dort liefen sämtliche Staatseinnahmen zusammen und hieraus flossen alle Sach- und Personalausgaben[224]. Hatte es gemäß der Instruktion zur Errichtung des Landeskommissariats zunächst nur die Oberaufsicht über sämtliche Finanzen zu führen – eine zu schnelle Vereinheitlichung des Finanzwesens hätte den sehr unterschiedlichen Bestandteilen des neuen Fürstentums Regensburg keinerlei Vorteil verschafft[225] –, folgte am 11. Dezember 1802 nach der Entsiegelung der Kassen und der Prüfung der finanziellen Lage der einzelnen Klöster, Stifte und der Stadt die Einrichtung der Hauptkasse[226]. Da die bisher reichsstiftischen Kassen fortan als der Hauptkasse zugehörige kurfürstliche Rezepturen verstanden wurden, hatten sie nicht nur über ihre Ein- und Ausgaben monatlich Rechenschaft abzulegen und ihre laufenden Ausgaben aufzulisten, sondern auch ihren entbehrlichen Kassenüberschuss an die Hauptkasse abzuliefern[227].

---

221 RIB, 48. Stück v. 30.11.1803, S. 1-12 (5/6), siehe Anhang II (S. 211/212); Nemitz, Zwischen Reich und Bayern, S. 285-298 (288); ders., Die direkten Steuern, S. 546; Schlaich, Reichsstifte, S. 163-376 (246); Schwaiger, Fürstentum, S. 42-65 (52).

222 Hausenstein, S. 104.

223 StAA, Geheime Kanzlei 59 (KdI 6435); Nemitz, Die direkten Steuern, S. 546; Hausenstein, S. 104; Schlaich, Reichsstifte, S. 163-376 (244); siehe auch unter V.3.b.cc.(5)(b).

224 Vgl. RIB, 48. Stück v. 30.11.1803, S. 1-12 (5/6), siehe Anhang II (S. 211); Nemitz, Zwischen Reich und Bayern, S. 285-298 (288/289); ders., Die direkten Steuern, S. 546; Hausenstein, S. 104; siehe dazu auch unter V.3.b.cc.(5)(b).

225 Schlaich, Reichsstifte, S. 163-376 (243).

226 StAA, Ft. Regensburg, Geheime Kanzlei 46 (KdI 6154); Schlaich, Reichsstifte, S. 163-376 (243/244).

227 Schlaich, Reichsstifte, S. 163-376 (244); vgl. RIB, 48. Stück v. 30.11.1803, S. 1-12 (6), siehe Anhang II (S. 211).

Das Steueramt der ehemaligen Reichsstadt dagegen wurde zur kurfürstlichen Stadtobereinnahme, der die lokale Rezeptur der ortsfälligen Staatssteuern bzw. der Einzug sämtlicher Steuern, Zölle und Mauten oblag. Als Landesbehörde wurde sie aus der Stadtverwaltung ausgegliedert und dem Finanzdepartement des kurfürstlichen Landesdirektoriums unterstellt, was wiederum zu einem Verlust der bisherigen Kontrolle durch den Magistrat führte[228]. Zudem wurden das Ungeldamt, das Salzamt, das Mautamt und alle übrigen reichsstädtischen Stellen, die ehemals mit landesherrlichen Einnahmen befasst waren, „zur fernern Direktion und Ablieferung" an die Stadtobereinnahme angewiesen; die Obereinnahme selbst hatte hierüber entsprechend Buch zu führen und die so erzielte Summe am Ende eines jeden Monats je zur Hälfte an das Hauptrentamt und die Schuldentilgungskommission abzuführen[229].

Die Zuständigkeit der Stadtkämmerei, die als Munizipalkasse fungierte[230] und für welche der Magistrat verantwortlich zeichnete, konzentrierte sich im Wesentlichen auf das Besorgen von Ausgaben für städtische Baumaßnahmen sowie den Unterhalt des evangelischen Kirchen- und Schulwesens[231].

dd. Der Stadtmagistrat bzw. Stadtrat (§ 17)

Während der sogenannte Äußere Rat als reichsstädtisches Organ in der neuen Verwaltungsorganisation ersatzlos entfiel[232], konnte der Innere Rat als Magistrat

---

228 RIB, 48. Stück v. 30.11.1803, S. 1-12 (6), siehe Anhang II (S. 211); Nemitz, Zwischen Reich und Bayern, S. 285-298 (289); ders., Die direkten Steuern, S. 546/547; vgl. Schmid, Regensburg im Umbruch, S. 81-101 (90); Hausenstein, S. 104; siehe auch unter V.3.b.cc.(5)(b).

229 RIB, 48. Stück v. 30.11.1803, S. 1-12 (6), siehe Anhang II (S. 211); Nemitz, Die direkten Steuern, S. 547/548.

230 Hausenstein, S. 104; zur Stadtkämmerei ausführlicher unter V.3.b.cc.(5)(b).

231 Vgl. StadtAR, MR 145; Nemitz, Zwischen Reich und Bayern, S. 285-298 (289/290); Schmid, Regensburg im Umbruch, S. 81-101 (89/90); siehe auch unter V.3.b.cc.(5)(b).

232 Nemitz, Zwischen Reich und Bayern, S. 285-298 (290); ders., Die direkten Steuern, S. 546; Schmid, Regensburg im Umbruch, S. 81-101 (89).
Der 32 Ratsherren – davon mindestens zwölf Handwerker – umfassende Äußere Rat unterstand dem Vorsitz des jeweiligen Stadtschultheiß, der in dieser Eigenschaft als „Vorgeher des Äußeren Rates" auftrat. In städtischen Steuerfragen, bei der Erbringung städtischer Leistungen für Kaiser und Reich, in Kriegsangelegenheiten sowie bei Rentenverkäufen stand dem Äußeren Rat ein Mitspracherecht zu. In der reichsstädtischen Hierarchie stand er neben dem Inneren Rat. Hierzu ausführlicher Hahn, Ratisbona Politica. S. 7-160 (80-82); Gumpelzhaimer, Streitigkeiten, S. 1; ders., Regensburg Merkwürdigkeiten, Bd. 2, S. 649; Kayser, S. 15; Zugschwert, S. 34/35; Nemitz, Verfassung und Verwaltung, S. 248-264 (249); Sydow, S. III.

bzw. Stadtrat[233] fortbestehen, musste aber wesentliche Veränderungen hinnehmen. So wurden die Ratsherren (Senatoren) nicht mehr, wie bislang, von den Bürgern gewählt, sondern auf gemeinsamen, aber nicht verbindlichen Mehrheitsvorschlag des Landesdirektoriums, des Magistrats und der Vierziger vom Landesherrn selbst auf Lebenszeit ernannt; die Direktorialstellen des Magistrats hingegen unterlagen keinem Vorschlagsrecht[234]. Trotz der damit verbundenen Gelegenheit, die personelle Zusammensetzung des Organs grundlegend zu ändern, wählte Dalberg gleichwohl vornehmlich frühere Angehörige des Inneren Rats oder aber wenigstens Mitglieder eingesessener reichsstädtischer Familien als neue Ratsherren aus[235]. Ein Novum jedoch war kennzeichnend für die Zeichen der Zeit und die persönliche Einstellung des Souveräns selbst: Dalberg berief mit dem Syndikus der Kollegiatstifte zur Alten Kapelle und St. Johann, Rosenmayer, zum ersten Mal seit Jahrhunderten einen Katholiken in den Stadtrat und löste damit die Ratsmitgliedschaft bzw. Senatoreneigenschaft von der bisherigen Notwendigkeit einer konfessionellen Zugehörigkeit zum Luthertum[236]. Der Magistrat selbst wurde am 23. April 1804 zusammen mit der Regensburger Bürgerschaft auf Dalberg als den neuen Souverän vereidigt[237]. Per Organisationspatent vom 20. November 1803 wurde eine wöchentliche Plenarsitzung des gesamten Magistrats festgesetzt; nur die Bestimmung des genauen Termins blieb dem Magistrat überlassen[238]. Diese Sitzungen dienten der Berichterstattung, der Delegierung von Angelegenheiten an die einzelnen Departements, der Erörterung und dem Beschluss von Entscheidungen sowie der Anbringung von Anfra-

---

233 In § 17 der Verfassung vom 18.07.1803 wird der Magistrat als Stadtrat bezeichnet; siehe Anhang I.

234 RIB, 48. Stück v. 30.11.1803, S. 1-12 (12), siehe Anhang II (S. 218); StAA, Ft. Regensburg, Geheime Kanzlei 261, Verordnung über die Besetzung erledigter Senators-Stellen, 26. Januar 1804, mit näheren Bestimmungen; auch gedruckt in: RIB, 5. Stück v. 01.02.1804, S. 37-41, Verordnung v. 26.01.1804; StAA, Ft. Regensburg, Landesdirektorium 78 und 79; vgl. Nemitz, Zwischen Reich und Bayern, S. 285-298 (290); ders., Die direkten Steuern, S. 546; Schmid, Regensburg im Umbruch, S. 81-101 (89); vgl. Kick, Armenpflege, S. 50.

235 Nemitz, Zwischen Reich und Bayern, S. 285-298 (290); Schmid, Regensburg im Umbruch, S. 81-101 (89).

236 Vgl. RIB, 48. Stück v. 30.11.1803, S. 1-12 (6), siehe Anhang II (S. 212); vgl. BayHStA, Hofkomission Regensburg 24 (Tabula I. Nr. IV zur Funktion Rosenmayers in den Kollegiatstiften) (ehemals StAA, Kgl. Hofkommission für Regensburg 54); vgl. Nemitz, Zwischen Reich und Bayern, S. 285-298 (290); Schmid, Regensburg im Umbruch, S. 81-101 (89).

237 Färber, Kaiser und Erzkanzler, S. 64.

238 RIB, 48. Stück v. 30.11.1803, S. 1-12 (10/11), siehe Anhang II (S. 216).

gen und Auskünften an die unteren Stellen und von Erlassen an die oberen Stellen[239].

Organisatorisch gesehen an der Spitze des Magistrats stand als Präsident künftig der kurfürstliche Stadtkommissar Bösner, der im Plenum den Vorsitz im Namen des Landesherrn führte – ein Faktum, das die die gesamte neue Stadtverfassung kennzeichnende Beschränkung der städtischen Autonomie aufs deutlichste zum Ausdruck brachte. Denn angesichts der Eigenschaft Bösners als gleichzeitigem Mitglied des Landesdirektoriums und somit der Landesregierung, war Letztere sogar direkt im Magistrat, also einer städtischen Behörde, vertreten[240]. Ebenso wie der Stadtschultheiß sowie der Hansgraf und der Vormundamtsdirektor – die beiden Letzteren gleichfalls von einem Ratsherrn gestellt[241] – besaß der Magistratspräsident Rang und Charakter eines Direktorialrats[242]. Neben dem Präsidenten verfügte der Magistrat ferner über einen Direktor[243], der in Person des Kämmerers neben der Leitung der magistratischen Plenarversammlungen die allgemeinen Direktoriumsgeschäfte zu führen hatte[244].

Die bereits angesprochenen grundlegenden Umwälzungen bezogen sich jedoch nicht nur auf das personelle Besetzungsverfahren, sondern auch auf die künftigen Kompetenzen und Zuständigkeitsbereiche der Behörde[245]: Als künftige Verwaltungsinstanz der Stadt Regensburg auf der unteren Verwaltungsebene[246] wurden die Kompetenzen des Magistrats, insbesondere sein Selbstverwaltungsrecht, deutlich beschnitten, was sich unter anderem im Verlust der Finanzhoheit als dem wichtigsten Instrument der kommunalen Selbstverwaltung an die Landesregierung äußerte[247]. Lediglich die Zuständigkeit für die Stadtkämmerei und damit die Verwaltung des Gemeindevermögens wurde dem Magistrat in finanzieller Hinsicht insofern zugesprochen, als der Kämmerer, der ja Direktor

239 RIB, 48. Stück v. 30.11.1803, S. 1-12 (11), siehe Anhang II (S. 217).

240 Vgl. RIB, 48. Stück v. 30.11.1803, S. 1-12 (8), siehe Anhang II (S. 214); Nemitz, Zwischen Reich und Bayern, S. 285-298 (289); ders., Vom Alten Reich, S. 9-16 (13); Schmid, Regensburg im Umbruch, S. 81-101 (89); Hausenstein, S. 104/105.

241 Siehe dazu sogleich die folgenden Ausführungen.

242 Hausenstein, S. 105; vgl. auch RIB, 48. Stück v. 30.11.1803, S. 1-12 (8), siehe Anhang II (S. 214).

243 RIB, 48. Stück v. 30.11.1803, S. 1-12 (8), siehe Anhang II (S. 214); Schwaiger, Fürstentum, S. 42-65 (52); Hausenstein, S. 104/105.

244 RIB, 48. Stück v. 30.11.1803, S. 1-12 (8/9), siehe Anhang II (S. 214/215).

245 Schmid, Regensburg im Umbruch, S. 81-101 (89).

246 Vgl. §§ 13 und 17 der Verfassung v. 18.07.1803, siehe Anhang I; Nemitz, Die direkten Steuern, S. 544.

247 Schmid, Regensburg im Umbruch, S. 81-101 (89/90); Nemitz, Die direkten Steuern, S. 545/546; vgl. auch Becker, Übergabe Regensburgs, S. 23-32 (29); vgl. bereits unter V.3.a.bb.

des Magistrats war, zugleich als Direktor der Stadtkämmerei fungierte und dabei für die eigentlichen Munizipaleinnahmen und -ausgaben verantwortlich zeichnete; die eigentlichen landesherrlichen Einnahmen und Ausgaben hingegen fielen der Stadtobereinnahme bzw. dem Hauptrentamt zu. Zur Verwaltung der Stadtkämmerei wurde dem Kämmerer ein Senator, bezeichnet als „Kämmerey-Beordneter", beigeordnet[248]. Daneben sollte sich die primäre Zuständigkcit künftig mit dem Stadtgericht, dem vom Vormundamt ausgeübten unteren Vormundschaftswesen und dem Hansgericht auf drei eher untergeordnete Hauptbereiche beziehen[249] und angesichts der personellen Verflechtungen mit diesen Organen in Form der Gerichtsbarkeit erster Instanz vornehmlich juristischer Natur sein[250]. Dazu wurden im Magistrat drei Departements gebildet: der aus acht als Beisitzer fungierenden Senatoren bestehende Justizsenat als Stadtgericht, der zwei Senatoren als Spitze des Vormundamts umfassende Pupillarsenat und ein Polizeisenat als das Hansgericht, das durch zwei Ratsherrn geleitet wurde und dessen Beisitzer wiederum die acht Beisitzer des Stadtgerichts bildeten[251]. Fragen der öffentlichen Ordnung hingegen wurden dem Magistrat zugunsten des unter der Leitung Bösners stehenden „Polizei-Referats" des Landesdirektoriums entzogen[252].

Bezogen auf das gesamte Fürstentum Regensburg stand der Magistrat, dem insgesamt doch ein gewisser Rest an Selbstverwaltung verblieb, mit den Landämtern auf einer Ebene[253].

---

248 Vgl. RIB, 48. Stück v. 30.11.1803, S. 1-12 (9), siehe Anhang II (S. 214/215); Nemitz, Zwischen Reich und Bayern, S. 285-298 (289/290); ders., Die direkten Steuern, S. 546; Schmid, Regensburg im Umbruch, S. 81-101 (89); vgl. StAA, Ft. Regensburg, Geheime Kanzlei 11, „Einige Präliminar-Ideen und Vorschläge bey Organisation der Kurfürstl. Stadt Regensburg", 26. Juni 1803; Kick, Armenpflege, S. 48/49.

249 RIB, 48. Stück v. 30.11.1803, S. 1-12 (9/10), siehe Anhang II (S. 215/216); vgl. Gumpelzhaimer, Bd. 4, S. 1835; Kick, Armenpflege, S. 48; Nemitz, Zwischen Reich und Bayern, S. 285-298 (289/290); Probst, Regensburgs Weg, S. 269-280 (280); Schmid, Regensburg im Umbruch, S. 81-101 (89); vgl. auch Hein, S. 44. Zum Vormundamt vgl. unter V.3.a.ee.

250 Vgl. § 17 der Verfassung v. 18.07.1803, siehe Anhang I; Nemitz, Vom Alten Reich, S. 9-16 (13).

251 § 17 der Verfassung vom 18.07.1803, siehe Anhang I; RIB, 48. Stück v. 30.11.1803, S. 1-12 (9), siehe Anhang II (S. 215/216); Schwaiger, Fürstentum, S. 42-65 (52); Nemitz, Zwischen Reich und Bayern, S. 285-298 (290); ders., Die direkten Steuern, S. 546.

252 Nemitz, Zwischen Reich und Bayern, S. 285-298 (287).

253 Vgl. § 17 der Verfassung v. 18.07.1803, siehe Anhang I; Nemitz, Die direkten Steuern, S. 544.

ee. Das Vormundamt[254]

Das soeben beschriebene und für das untere Vormundschaftswesen zuständige[255] Vormundamt als eines der drei Departements des Stadtmagistrats wurde von einem Senator als Direktor und einem Senator, der als Vormundamts-Verordneter das Condirektorium führte, geleitet[256]. Zur Unterstützung dienten drei Vormundamts-Assessoren sowie das Kanzlei- und Subalternenpersonal[257]. Dem Vormundamt, dessen Geschäftsgang per kurfürstlicher Verordnung vom 8. März 1804 eine Neuordnung erfuhr[258], standen engumgrenzte zivilrechtliche Kompetenzen zu. So durfte es zum Beispiel in Fällen von Pupillen bis zu einem Streitwert von 30 fl. selbständige Entscheidungen treffen[259].

ff. Das Gremium der Vierziger

Das sogenannte Gremium der Vierziger, hierarchisch unmittelbar unter dem Wachtverordneten stehend[260], blieb als Mittlerstelle zwischen der Bürgerschaft und dem Magistrat weiterhin bestehen[261]. Ursprünglich als „Gemeine" bezeichnet, musste der Bürgerausschuss in reichsstädtischer Zeit angerufen werden, wenn gegenüber der Reichsstadt eine sich auf die Gesamtgemeinde beziehende

---

254 Vgl. hierzu allgemein StadtAR, Dekret 31 --- 543, 13. April 1804, Regensburg, Vormundamts -Ordnung der Stadt Regensburg.

255 Hein, S. 44; vgl. auch § 17 der Verfassung vom 18.07.1803, siehe Anhang I.

256 RIB, 48. Stück v. 30.11.1803, S. 1-12 (10), siehe Anhang II (S. 216); Nemitz, Zwischen Reich und Bayern, S. 285-298 (290); vgl. Hausenstein, S. 105; vgl. auch StadtAR, Dekret 31---543, I § 1, S. 3.

257 RIB, 48. Stück v. 30.11.1803, S. 1-12 (10), siehe Anhang II (S. 216); StadtAR, Dekret 31---543, I § 1, S. 3.

258 Vgl. RIB, 12.-14. Stück v. 21.03. („Verordnung, die neue Organisation des hiesigen Vormundschaftswesens betreffend" v. 08.03.1804, S. 115-122), 28.03. („Fortsetzung", S. 131-138) und 04.04.1804 („Beschluß", S. 147-153) sowie RIB, 16.-18. Stück v. 18.04. („Bekanntmachung. die Gerichtsordnung für das Kurfürstl. Vormundamt der Kurfürstl. Residenzstadt Regensburg betreffend", S. 169-176), 26.04. („Fortsetzung", S. 185-188) und 02.05.1804 („Beschluß", S. 197 ff.); StadtAR, Dekret 31---543; Nemitz, Zwischen Reich und Bayern, S. 285-298 (290).

259 Vgl. insb. RIB, 16. Stück v. 18.04. (S. 176), 17. Stück v. 26.04. (S. 185-188) und 18. Stück v. 02.05.1804 (III. Titel, S. 197 und VI. Titel, S. 200-201); Nemitz, Zwischen Reich und Bayern, S. 285-298 (290/297, Fn. 30).

260 RIB, 48. Stück v. 30.11.1803, S. 1-12 (11), siehe Anhang II (S. 217); Zur Funktion der Wachtverordneten vgl. unter V.3.b.bb.(5).

261 Vgl. RIB, 5. Stück v. 01.02.1804, S. 37-41, Verordnung v. 26.01.1804; Nemitz, Die direkten Steuern, S. 546; ders., Zwischen Reich und Bayern, S. 285-298 (290); Schmid, Regensburg im Umbruch, S. 81-101 (89).

kaiserliche Anordnung erging, die Stadt (liegendes) Gut erwerben oder veräußern oder aber dauerhafte vertragliche Verpflichtungen eingehen wollte. Ihre rechtliche Verankerung fand die Gemeine dabei in einem Zugeständnis der kaiserlichen Kommissare, welche das Kollegium „anstat und von wegen ainer gantzen Gemain als derselben Gewalth habende" ausdrücklich anerkannt hatte[262]. Wie schon zuvor[263] wurden die vierzig Gremiumsmitglieder – je fünf pro Wacht – auch künftig von den Bürgern der acht Wachten bzw. Stadtbezirke direkt gewählt, bedurften aber der landesherrlichen Bestätigung, was eine gewisse existentielle Abhängigkeit dieses Bürgerkollegiums vom Landesherrn bedingte[264]. In ihre Zuständigkeit fielen die Aufrechterhaltung der öffentlichen Ordnung und die Polizeiaufsicht[265]. Indem sie dem Souverän in einem gemeinsamen, nicht verbindlichen Mehrheitsvorschlag zusammen mit dem Landesdirektorium und dem Magistrat selbst potentielle Kandidatenvorschläge unterbreiteten, wirkten die Vierziger auch an der Ernennung neuer Ratsherren im Magistrat mittelbar mit[266]. Jedenfalls zu Beginn von Dalbergs Herrschaft war die Organisation der Vierziger nicht ausschließlich an verwaltungstechnischen Grundsätzen ausgerichtet, sondern vielmehr aus Rücksicht auf den bestehenden Personalbestand gebunden[267]. Hieran wiederum zeigt sich Dalbergs Credo, vorhandene Zustände nur dann und nur soweit zu verändern, als dies tatsächlich erforderlich ist[268].

---

262 StadtAR, I Af 4a, 174; Nemitz, Verfassung und Verwaltung, S. 248-264 (249); vgl. auch Zugschwert, S. 36.

263 Vgl. Sydow, S. III; StadtAR, I Af 4a, 107, 172-174; BayHStA, RRLit 392, 177; Kayser, S. 23/32; ausführlich Nemitz, Verfassung und Verwaltung, S. 248-264 (249/250).

264 Nemitz, Zwischen Reich und Bayern, S. 285-298 (290); Schmid, Regensburg im Umbruch, S. 81-101 (89); Hausenstein, S. 106; vgl. auch RIB, 48. Stück v. 30.11.1803, S. 1-12 (11), siehe Anhang II (S. 217).

265 RIB, 48. Stück v. 30.11.1803, S. 1-12 (11), siehe Anhang II (S. 217).

266 Vgl. RIB, 5. Stück v. 01.02.1804, S. 37-41, Verordnung v. 26.01.1804; StAA, Ft. Regensburg, Landesdirektorium 78 und 79; Nemitz, Zwischen Reich und Bayern, S. 285-298 (290); RIB, 48. Stück v. 30.11.1803, S. 1-12 (12), Anhang II (S. 218).

267 Vgl. Hausenstein, S. 106.

268 Siehe unter V.2.a.

b. Gesetzgebung

aa. Allgemeines

Im Gegensatz zum späteren Teilstaat Frankfurt[269] hatten die ursprünglichen Bestandteile des Dalbergstaates keine ausdrückliche verfassungsrechtliche Regelung in Bezug auf die Legislative erhalten. Mit Blick auf das Regensburger Statutenrecht, das in Verbindung mit anderen Regelungen bereits umfassende Gesetzesvorgaben enthielt, und welches auch nach Dalbergs Regierungsantritt als Grundlage fungierte[270], mag dies auch nicht notwendig gewesen sein. Tatsächlich aber wurde die Legislativfunktion vom Landesdirektorium ausgeübt, das – wie bereits ausführlich dargelegt – die eigentliche Regierungsbehörde darstellte und die eigentliche Landesverwaltung sowohl in ihrer politischen als auch in ihrer kameralischen Form zu erfüllen hatte[271].

bb. Justizverfassung und Rechtsprechung

Eine weitere Herausforderung bei der Neuorganisation des Fürstentums Regensburg stellte sich Dalberg im Justizwesen. Nicht nur territorial in mehrere Einheiten zersplittert, präsentierte sich auch der jurisdiktionelle Bereich, wovon für jeden bisher im Staatsgebiet bestehenden Herrschaftsbereich ein eigener existierte, als im Sinne einer Vereinheitlichung und der Herstellung gleicher Rechtsverhältnisse dringend reformbedürftig[272].

Da hierzu in Kürze ein eigenes ausführliches Werk erscheinen wird, beschränkt sich die vorliegende Arbeit auf die Grundzüge und auf die für den Dalbergstaat im Besonderen interessierenden Themen.

(1) Ausgangsposition

(a) Das Justizwesen der Reichsstadt

Geprägt wurde die Gerichtsbarkeit der Reichsstadt Regensburg durch eine Aufspaltung in Zivilgerichtsbarkeit, Strafgerichtsbarkeit und Geistliche Gerichtsbarkeit; dies sollte auch unter Dalberg grundsätzlich beibehalten werden.

Die Zivilgerichtsbarkeit erster Instanz war dabei neben dem ein Sondergericht darstellenden Hansgericht, dem Stadtgericht und dem Schuldgericht auch

269 Vgl. Organisationspatent 1806, Abschnitt 4, §§ 1-8, S. 357-359; vgl. hierzu ausführlicher unter V.6.c.cc.

270 Vgl. hierzu V.3.b.bb.(1)(c).

271 Siehe unter V.3.a.bb.

272 Schmid, Regensburg im Umbruch, S. 81-101 (90).

dem Vormundamt, dem als Selbstverwaltungsgericht der Baumannnschaft (Flurgenossenschaft) fungierenden Korngeding, den Wachtgerichten – ebenfalls Sondergerichte – dem Kriegsrat und dem Magistrat, der in causis privilegiatorum entschied, zugefallen[273].

Für die zweite Instanz hatte der Innere Rat, der unter Dalberg zum Magistrat werden sollte, verantwortlich gezeichnet[274]. Als zentraler jurisdiktioneller Instanz oblagen ihm jedoch nicht nur die Definition des Zuständigkeitsbereichs der städtischen Gerichte sowie die Appellation gegen deren Entscheidungen, sondern auch unmittelbare Rechtsprechungskompetenz dergestalt, dass er zum Beispiel in der Regel Schuldprozesse gegen zahlungsunwillige Schuldner verhandelte – dies wohl deshalb, weil hier eine Haftanordnung ausgesprochen werden konnte[275].

Darüber hinaus existierte mit dem sogenannten Fünfergericht eine Instanz sine appellatione, also ohne Berufungsmöglichkeit. Dieser Magistratsausschuss hatte laut kaiserlichen Privilegien dann zu entscheiden, „so jemand in Schmach-Handlungen wegen der ihme angethanenen Injurie auf eine Summa Gelds über 200 fl. Rheinisch in Münz aestimatore klage", sofern die Klage gegen einen regensburgischen Bürger gerichtet war[276]. Kurz gesagt: das Fünfergericht des Inneren Rats war – jedenfalls im 18. Jahrhundert – für Beleidigungsklagen gegen Regensburger Bürger mit einem Streitwert von über 200 fl. zuständig; unter dieser Summe hatte das Stadtgericht zu entscheiden. Der Ursprung dieser Einrichtung lag bei einem Fünferausschuss des Inneren Rates, der auf Bestätigung Kaiser Karls V. Beleidigungsklagen mündlich verhandelte und gegen dessen Urteil keine Berufung möglich war[277].

Die Strafgerichtsbarkeit wiederum hatte bei Arbitrarstrafen beim Inneren Rat gelegen, während die Halsgerichtsbarkeit dem Stadtschultheiß und den zwölf Hausgenossen (Beisitzer) zugefallen war[278]. Neben Strafverfahren, die also nicht zum Tode, sondern „lediglich" zu Arrest, Geldbußen, Stadtverweis, Ehrenstrafen oder verstümmelnden Leibesstrafen führten, nahm der Innere Rat auch die sachlich entscheidende Vorverhandlung bei todeswürdigen Vergehen wahr. In diesen Fällen hatte er, sofern der Angeklagte als überführt befunden

273 Nemitz, Verfassung und Verwaltung, S. 248-264 (257); Hausenstein, S. 105, Fn. 3.

274 Hausenstein, S. 105, Fn. 3.

275 Nemitz, Verfassung und Verwaltung, S. 248-264 (256).

276 StBR, Rat.civ. 540, Processordnung 1741, § 3, S. 3; Kayser, S. 18/19; Hausenstein, S. 105, Fn. 3.

277 StadtAR, AHVOR, AAR, 46/7, Ordnung des Fünfer-Gerichts in Regenspurg 1563; Kayser, S. 18/19 mit Quellenangabe; Nemitz, Verfassung und Verwaltung, S. 248-264 (257).

278 Hausenstein, S. 105, Fn. 3/106; Nemitz, Verfassung und Verwaltung, S. 248-264 (257).

war, einen die Art der Hinrichtung festlegenden Urteilsbeschluss zu fassen[279]. Die anschließende formalprozessuale Verurteilung und die Urteilsverkündung dagegen fielen allein in die Kompetenz des Stadtgerichts. Der Strafvollzug schließlich wurde vom Stadtschultheiß als dem Träger des Blutbanns überwacht[280].

Insgesamt orientierte sich die Regensburger Strafgerichtsbarkeit an den Vorgaben des Reichsstrafgesetzes aus dem Jahre 1532 – der Carolina –, weshalb auch nach Mitte des 16. Jahrhunderts und in der ersten Hälfte des 17. Jahrhunderts zwei darauf unmittelbar Bezug nehmende peinliche Gerichtsordnungen erlassen wurden[281].

Die lutherische Geistliche Gerichtsbarkeit schließlich war dem Lutherischen Konsistorium als Sitten- und Ehegericht überantwortet worden[282], nachdem in Rat und Stadt seit dem Jahre 1542 offiziell die lutherische Lehre galt[283].

(b) Neuerungen unter Dalberg – Überblick

Da die Zuständigkeit des Inneren Rats als eigentlicher Legislativbehörde[284] für die Zivilgerichtsbarkeit zweiter Instanz sowie die Arbitrarstrafen im Rahmen der Strafgerichtsbarkeit eine Verflechtung von Verwaltung im Sinne von Gesetzgebung und Justiz bedeutete, diese aber mit Dalbergs – für die damalige Zeit – modernem Verständnis einer Gewaltenteilung nicht konform ging, lag sein wichtigstes Augenmerk bei der Neuorganisation folglich auf einer Trennung von Verwaltung und Justiz, was auch in dem Regensburger Organisations-Reskript von Graf Bentzel, also der Verfassung vom 18. Juli 1803, als ein wesentlicher Punkt zum Ausdruck kam[285]. Trotz des erklärten Ziels Dalbergs, das Justizwesen zu vereinheitlichen[286], konnte die angestrebte Trennung von Justiz und

---

279 Nemitz, Verfassung und Verwaltung, S. 248-264 (257).

280 Nemitz, Verfassung und Verwaltung, S. 248-264 (258).

281 Vgl. StadtAR, AHVOR, AAR 53/6, Regensburger Peinliche Halsgerichtsordnung nach 1550 („Der Statt Regenspurg Poenliche Gerichts-Ordnung um 1530") und „Reichs-Peinliche Halsgerichtsordnung 1630/1632, Edition in: Mittheilungen an die Mitglieder des Vereins für Geschichte und Alterthumskunde in Frankfurt a. M., V, 2 (1875) 310-318 (Der Statt Regenspurg Peinliche halsgerichts Ordnung, Rat.civ.678). Zur Neufassung vgl. BayHStA, RRLit 392 (v. 10.01.1662), 567-600 und StadtAR, I Af 79. Zur Edition vgl. Kleinheyer, S. 49-71; Nemitz, Verfassung und Verwaltung, S. 248-264 (257).

282 Hausenstein, S. 105, Fn. 3/106; Lindner, S. 54/55.

283 Lindner, S. 54/55.

284 Vgl. Nemitz, Verfassung und Verwaltung, S. 248-264 (253).

285 Siehe Anhang I; Färber, Kaiser und Erzkanzler, S. 55; ders., Übergabe Regensburgs, S. 33-56 (39).

286 Färber, Kaiser und Erzkanzler, S. 55.

Verwaltung angesichts des Mangels an ausreichend qualifizierten Juristen nicht vollständig vollzogen werden, weshalb es – jedenfalls in der ersten Zivilrechtsinstanz sowie der zunächst fortbestehenden geistlichen Gerichtsbarkeit – bei den bisherigen Verhältnissen blieb[287] und bestimmte Personengruppen weiterhin eine Privilegierung erfuhren, wie sie beispielsweise in einem eigenen Justizsenat als speziellem Ausschuss des grundsätzlich für alle Bevölkerungsteile zuständigen Oberlandesgerichts zum Ausdruck kam[288]. Auch erfolgte die Gleichstellung der vormals geistlichen Fürsten mit den mediatisierten Fürsten und Grafen hinsichtlich des Gerichtsstandes erst durch Verordnung vom 4. April 1807[289] und damit gut fünf Jahre nach dem Reichsdeputationshauptschluss[290].

Auf Basis dieser Gegebenheiten sollten daher künftig das Stadtgericht Regensburg, die drei Landgerichte Wörth, Donaustauf und Hohenburg im Nordgau, das Oberlandesgericht Regensburg sowie das Oberappellationsgericht zu Aschaffenburg für die Fragen der Rechtsprechung und Rechtspflege verantwortlich zeichnen[291].

Ein Novum im Rahmen der Zivilgerichtsbarkeit bezeichnete die Einführung einer ab dem Jahre 1806 geltenden Urteilsbegründungspflicht per kurfürstlicher Verordnung vom 21. September 1805[292].

Außerdem erforderte eine Aufnahme in den Justizdienst in sämtlichen Teilen des Dalbergstaates ab dem Jahre 1808 die Vorlage eines Lizentiats an einer „[der] inländischen Rechtsschulen", also beispielsweise der Rechtsschule zu Wetzlar[293]. Grund hierfür mag nicht zuletzt die Gewährleistung einer einheitlichen Rechtskenntnis im Gebiet des Dalbergstaates bzw. die Förderung des Besuchs der ansässigen rechtswissenschaftlichen Einrichtungen gewesen sein.

Im Bereich der Strafgerichtsbarkeit und der Strafpraxis zeigten sich erste Ansätze einer Humanisierung, da auf „höhere Weisung" des Souveräns künftig

287 Färber, Kaiser und Erzkanzler, S. 55; ders., Übergabe Regensburgs, S. 33-56 (39); vgl. Schlaich, Reichsstifte, S. 163-376 (261); siehe auch Hömig, S. 333.

288 Vgl. dazu, einschließlich der zugehörigen Quellenangaben, V.3.b.bb.(6); Färber, Kaiser und Erzkanzler, S. 55.

289 RIB, Verordnung v. 04.04.1807, S. 610; Huber, Nachlassakten, S. 11.

290 Der die Säkularisation und Mediatisierung beinhaltende und am 24. März 1803 vom Reichstag verabschiedete Reichsdeputationshauptschluss war durch die Ratifikation von Kaiser Franz II. am 27. April 1803 zu einem Reichsgesetz bzw. zu einem Grundgesetz des Heiligen Römischen Reiches erhoben worden; Becker, Reichsdeputationshauptschluss, S. 17-34 (17).

291 Schwaiger, Fürstentum, S. 42-65 (52).

292 Vgl. StAA, Ft. Regensburg, Landesdirektorium 710; Nemitz, Zwischen Reich und Bayern, S. 285-298 (289).

293 RIB, 46. Stück v. 16.11.1808, Fürstprimatische Verordnung v. 02.11.1808, S. 527; Nemitz, Zwischen Reich und Bayern, S. 285-298 (289).

Pranger- und Züchtigungsstrafen nicht mehr verhängt werden durften. Wenngleich Dalberg auch den Galgen und die Köpfstätte von ihren angestammten Plätzen beseitigen ließ und per Beschluss des Landesdirektoriums das zum Zwecke von Pranger- und Züchtigungsstrafen aufgestellte „Narrenhaus“ entfernt wurde, war die Humanisierung noch zu keinem vollen Erfolg gelangt, sprich die Todesstrafe nicht abgeschafft. Allerdings waren die Grundlagen ihrer Verdrängung aus dem öffentlichen Raum geschaffen und ein Schritt in die Zukunft getan[294].

Ausgangspunkt dieser Entwicklung war dabei nicht zuletzt Dalbergs eigene, für die damalige Zeit fortschrittliche und liberale Einstellung zum Bereich der Strafrechtspflege, die er bereits im Jahre 1792 während seiner Zeit als Statthalter in Erfurt in seinem „*Entwurf eines Gesetzbuches in Kriminalsachen*“ niedergelegt hatte[295]. In Form einer anonymen Privatarbeit und in drei Teile gegliedert[296], die erstmals materielles Recht und Prozessrecht in einem einzigen Werk zusammenfassten[297], präsentierte der spätere Souverän – orientiert an den Vorstellungen der Aufklärung, die allgemein eine Achtung des Menschen auch im Verbrecher forderte[298] – seine Vorstellungen von der strafrechtlichen Untersuchung, den Strafgesetzen und einer präventiven Verbrechensbekämpfung[299]. Auffallend ist dabei, dass Dalberg häufiger sachliche Vorschläge mit moralischen Verhaltensvorschriften für den Strafrichter verknüpft[300]. Dies hängt wohl wiederum nicht zuletzt mit der geistigen Strömung der Aufklärung zusammen, die nicht nur den Zweck der Strafe hinterfragte, sondern insbesondere auch das staatliche Recht zur Strafe, vornehmlich zur Todesstrafe, untersuchte und neben einer Beschäftigung mit der Strafvollstreckung die Forderung nach einer Verbesserung des Gefängniswesens thematisiert hatte[301]. Ausgehend von diesen Prämissen standen als Strafzweck für Dalberg die Sicherung des Staates und die Besserung an oberster Stelle[302] und verzichtete er gänzlich auf religiöse Motive als Strafbegründung[303]. Dies entsprach auch der Humanitätsbewegung, welche das

294 Vgl. StAA, Ft. Regensburg, Landesdirektorium 343 und Geheime Kanzlei 237; Nemitz, Zwischen Reich und Bayern, S. 285-298 (289); Schmid, Regensburg im Umbruch, S. 81-101 (91).

295 Beaulieu-Marconnay, Bd. 2, Dalbergs Schriften, Nr. XXI, S. 326-333; vgl. hierzu ausführlich Rehbach; Freyh, S. 173-176. Das Werk selbst war nicht aufzufinden.

296 Beaulieu-Marconnay, Bd. 2, S. 327.

297 Rehbach, S. 187.

298 Beaulieu-Marconnay, Bd. 2, S. 326.

299 Beaulieu-Marconnay, Bd. 2, S. 327.

300 Vgl. Beaulieu-Marconnay, Bd. 2, S. 327; vgl. auch Rehbach, S. 188.

301 Vgl. Beaulieu-Marconnay, Bd. 2, S. 326.

302 Beaulieu-Marconnay, Bd. 2, S. 328; vgl. Rehbach, S. 189.

303 Rehbach, S. 189.

staatliche Interesse als Verbrechenskriterium unterstrichen und damit zu einer Kritisierung der Verbrechensbegriffe geführt hatte. Aus diesem Grund fehlten in den dalbergischen Ausführungen Ketzerei und Hexerei als Verbrechenstatbestände völlig und ordnete er beispielsweise die Zauberei im Wesentlichen als Betrug ein[304]. Im Bereich der Strafverfolgung erachtete Dalberg die Herstellung des rechtlichen Beweises als einen der wichtigsten Punkte und ließ damit bereits das Institut der Unschuldsvermutung einfließen. Nur auf vollständigen Beweis dürfe sich eine Strafe gründen. Die bisherige Methode der Verdachtsstrafe oder Tortur wurde daher ebenso verworfen wie die bisherige Unentbehrlichkeit des Geständnisses. Insofern spricht Dalberg von einer „Verurtheilung" auf Basis eines einzelnen Zeugnisses und zusätzlicher Vermutungen oder aber allein aufgrund von Vermutungen; in keinster Weise aber sollte seiner Ansicht nach die Überzeugung des Richters das entscheidende Kriterium sein[305]. Als weiteres Novum, welches angesichts der damaligen Geltung des Grundsatzes der Schriftlichkeit des Verfahrens und damit der Nicht-Öffentlichkeit von Verhandlungen undenkbar war, lag in seinem Vorschlag, eine Art öffentliches Schlussverfahren durchzuführen, in dem nicht nur Aktenvortrag und Urteilsverkündung, sondern auch die Urteilsfindung selbst unter öffentlicher feierlicher Abstimmung der Beisitzer erfolgen sollten[306]. Beaulieu-Marconnay vermutete diesen Vorschlag als Grundlage der späteren bayerischen Strafprozessordnung, die den Referentenvortrag in Anwesenheit des Beschuldigten und seines Verteidigers sowie die Urteilsverkündung in öffentlicher Sitzung ausdrücklich regelte[307]. Ebenso sprach sich Dalberg für eine Entschädigung zugunsten unschuldig befundener Gefangener aus, ohne hierbei nach der Ursache der fälschlichen Beschuldigung und Verhaftung – Verschulden des Gerichts, des Verhafteten selbst oder dritter Personen, unglückliche Zufälle – zu differenzieren[308].

Dem Zeitgeist gemäß verwarf Dalberg alle grausamen und verstümmelnden Strafen; gleichwohl trat er aber für eine Verschärfung der in Form der Enthauptung vollstreckten Todesstrafe ein, beschränkte diese allerdings auf Fälle des Hochverrats, des Mordes und des Mordbrands. Ansonsten beließ er es bei den üblichen Strafen wie öffentlichen Schlägen, Zuchthaus oder auch der öffentli-

---

304 Beaulieu-Marconnay, Bd. 2, S. 328; Rehbach, S. 189/191.

305 Beaulieu-Marconnay, Bd. 2, S. 328-330; vgl. auch Rehbach, S. 193.

306 Beaulieu-Marconnay, Bd. 2, S. 330; Rehbach, S. 194.

307 Vgl. Beaulieu-Marconnay, Bd. 2, S. 330. Zur Öffentlichkeit des Strafverfahrens allgemein (Art. 138) siehe ausführlicher Scheurl. Zur Urteilverkündung siehe Artikel 360 des Strafgesetzbuches für das Königreich Baiern. Zweiter Theil. Von dem Prozeß in Strafsachen. Bei der Expedition des Königlichen Gesez- und allgemeinen Intelligenzblatts, 2. Aufl. München 1820.

308 Beaulieu-Marconnay, Bd. 2, S. 330.

chen Ausstellung mit einer Tafel[309]. Gerade Letzteres stand noch im deutlichen Gegensatz zu Dalbergs späterem Wirken als Souverän ab dem Jahre 1802. Denn in dieser Eigenschaft sollte er – wie gerade ausgeführt – die Strafe als solche aus dem öffentlichen Raum verdrängen und beispielsweise das „Narrenhaus", ein Mittel der öffentlichen Zurschaustellung, entfernen lassen. Alle Strafdrohungen waren absoluter Natur, ließen also keinen Spielraum zwischen einer Höchst- und einer Mindeststrafe zu. Zwar waren diese absoluten Strafdrohungen nur für die schwersten Fälle vorgesehen, doch waren auch die Fälle minderer Strafbarkeit, für die wiederum eigene Regelungen bestanden und die mit eigenen Merkmalen im Gesetz aufgeführt waren, einer ebenfalls absoluten, wenngleich niedrigeren Strafe unterstellt[310]. Den Bereich der Verbrechensprävention spaltete Dalberg im Abschnitt „*Wie die Verbrechen zu verhüten und zu vermeiden sind*" in zwei Teile – die Prävention im eigentlichen Sinn, die nach seiner Vorstellung bereits im Stadium der Erziehung, aber beispielsweise auch bei der Armenpflege ansetzen sollte, und die – modern formuliert – Resozialisierung der Täter, die während ihrer Haftzeit in den eigens dafür zu verbessernden Strafanstalten Besserung erfahren sollten. Besonderes Augenmerk legte Dalberg in diesem Zusammenhang vor allem auf den Einsatz von Seelsorgern sowie den Arbeitseinsatz der Sträflinge[311]. Beaulieu-Marconnay erkennt dem Werk im ersten Teil dieses Abschnitts zwar einige gute Gedanken zu, kritisiert aber gleichzeitig – wie am Gesamtwerk allgemein – dessen kurze und mangelhafte Durcharbeitung und Ordnung, wie es zum Beispiel in der im Rahmen des Strafvollzugs vorgeschlagenen Abschaffung der Schanzarbeit und deren gleichzeitiger Aufrechterhaltung als mögliche Strafe zum Ausdruck komme[312]. Rehbach hingegen beurteilt den Gesamtcharakter des Werks dahingehend, dass es zwar einige Schwächen aufweise, in sich aber gedanklich geschlossen sei und ihm in der deutschen Strafrechtsgeschichte eine größere Beachtung als bisher zukommen müsse[313].

(c) Das materielle Recht – Das Regensburger Statutenrecht

Was die materiellen Rechtsgrundlagen und damit das „Handwerkszeug" der dalbergischen Rechtsprechung anbelangt, waren – abgesehen von neu erlassenen Verordnungen und dergleichen – kaum Änderungen festzustellen[314]. So dienten

309 Beaulieu-Marconnay, Bd. 2, S. 331; Rehbach, S. 190.

310 Beaulieu-Marconnay, Bd. 2, S. 331; vgl. auch Rehbach, S. 190.

311 Vgl. Beaulieu-Marconnay, Bd. 2, S. 331/332; vgl. auch Rehbach, S. 189/190.

312 Beaulieu-Marconnay, Bd. 2, S. 327/332/333.

313 Rehbach, S. 194.

314 Nemitz, Zwischen Reich und Bayern, S. 285-298 (289); vgl. auch Schmid, Regensburg im Umbruch, S. 81-101 (90).

auch weiterhin die Statuten der Reichsstadt Regensburg als Grundlage der Rechtsprechung[315], bis Dalberg am 15. September des Jahres 1809 mit Wirkung zum 1. Mai des Folgejahres die Einführung des Code Napoléon (Code civil) in allen dalbergischen Ländern als einheitliches Zivilrecht verfügte[316] und diesbezüglich nur die Regelung zur Ehescheidung mit dem Recht zur Eingehung einer neuen Ehe ausnahm[317]. Die tatsächliche Einführung des französischen Gesetzeswerks in Regensburg sollte aber schließlich an dessen Übergang an Bayern scheitern[318].

Das Regensburger Stadtrecht bzw. Statutenrecht (Ius statutarium Ratisbonense) setzte sich im Wesentlichen aus Ratsdekreten und Ordnungen zusammen, die im 16. und 18. Jahrhundert vom Inneren Rat unter Mitwirkung des Äußeren Rats und teilweise der Vierziger erlassen und in der Folge immer wieder erneuert oder verbessert worden waren[319]. Daneben standen noch die Observanz[320], also das örtliche Gewohnheitsrecht, und die Privilegien, die als Rechtsquellen dienten. Die Ratsdekrete beinhalteten den noch nicht vermittels anderer Ordnungen geregelten Rest des autonomen Zivilrechtsstoffs und fassten diesen teilweise in handschriftlichen Sammlungen, teilweise in Verordnungsbüchern zusammen. So finden sich in zwei gedruckten, meist öffentliches Recht enthaltenden Sammlungen insgesamt 327 Dekrete – 245 Dekrete aus den Jahren 1523 bis 1753 von J.F. Keyser und 82 Dekrete von F.W. Wiesand von 1754 bis 1802[321]. Daneben existierte eine Vielzahl an Ordnungen, wie zum Beispiel die Stadtgerichtsordnung vom 12. März 1646 und die diese revidierende Prozessordnung[322], die Wachtgerichts- und Bauordnung als Hauptquelle des Miet-

---

315 Vgl. Schwaiger, Fürstentum, S. 42-65 (53); Schmid, Regensburg im Umbruch, S. 81-101 (90).

316 „*Patent über Einführung des Code Napoleon*“, abgedruckt bei: Beaulieu-Marconnay, Bd. 2, S. 363-365; Kraus, Zirngibl, 104 (1964), Nr. 97, S. 30-32 (31); Schmid, Regensburg im Umbruch, S. 81-101 (90); RIB, 39. Stück v. 27.09.1809, Erlaß v. 15.09.1809, 415; StAA, Ft. Regensburg, Landesdirektorium 141; Nemitz, Zwischen Reich und Bayern, S. 285-298 (289).

317 Kraus, Zirngibl, 104 (1964), Nr. 97, S. 30-32 (31); Schmid, Regensburg im Umbruch, S. 81-101 (91, Fn. 53); vgl. hierzu unter V.7.

318 Nemitz, Zwischen Reich und Bayern, S. 285-298 (289); Schmid, Regensburg im Umbruch, S. 81-101 (90/91).

319 Sydow, S. III; vgl. auch Nemitz, Verfassung und Verwaltung, S. 248-264 (251/258); vgl. BayHStA, RRLit 381, fol. 48; vgl. Fürnrohr, S. 153-308 (159); Lindner, S. 37.

320 Lindner, S. 37.

321 StadtAR, Dekret 141a --- 724, Dekretensammlung der Freien Reichsstadt Regensburg von 1754 bis 1802, herausgegeben von F.W. Wiesand, Regensburg 1802; Keyser, I. F., Sammlung, Regensburg 1754, Rat.civ. 509; Lindner, S. 36/37.

322 Lindner, S. 35 mit genauen Quellenangaben.

und Immobiliarsachenrechts[323], die Wachtgedingsordnung[324], die Verneuerte Vormundamtsordnung[325], die der Sicherung des Immobiliar- und Mobiliarkredits dienende Grund- und Pfandbuchordnung[326], im Rahmen des Erbrechts die Testamentierordnung[327], die Testamentsexekutivordnung[328] und die Form und Verfahren der Inventarerrichtung sowie die Erbenpflichten regelnde Inventierordnung[329], die Korngedingsordnung[330], die Arrestierordnung[331], die das Verfahren des für liquide Forderungen zuständigen Schuldgerichts regelnde Schuldgerichts- oder Schuldordnung[332] und schließlich die Peinliche Halsgerichtsordnung[333], um nur einige zu nennen. Dabei ist anzumerken, dass gerade die Wachtgedingsordnung dazu diente, eine jeweils authentische Übersicht über die wichtigsten Punkte des Regensburger Statutarrechts zu geben, und daher als die älteste Form der Zusammenfassung und Gesamtpublikation einheimischer Normen in Gesetzesform als eine Art „Grundgesetz bürgerlicher Rechte und Pflichten" angesehen werden kann[334]. Hinter diesem Komplex stadt- bzw. statutarrechtlicher Normen und der Observanz fanden sich – jedenfalls zu Zeiten der Reichsunmittelbarkeit – das deutsche Reichsrecht und das gemeine Recht als subsidiäre Rechtsquelle[335].

Wichtig dabei ist, dass das Regensburger Statutenrecht selbst aufgrund der historischen Entwicklung nur in Gestalt der Bau-, Feuer- und Polizeiordnung für das gesamte Gebiet der Reichsstadt Regenburg galt. In den Immunitäten St. Emmeram, Domstift, Ober- und Niedermünster hingegen fand nur das gemeine Recht, beschränkt auf die Geistlichen, ihre Diener, Handwerker und Ähnliche mehr, Anwendung[336].

---

323 Lindner, S. 34 mit genauen Quellenangaben.

324 Lindner, S. 31/32/38 mit genauen Quellenangaben.

325 Am 17. August 1657 als Nachfolgerin der Alten Vormundamtsordnung (V.A.O.) von 1542 erschienen; Lindner, S. 33 mit genauen Quellenangaben.

326 Vom 12.03.1650, letztmalige Abänderung im Jahre 1742; Lindner, S. 35 mit genauen Quellenangaben.

327 Ende 1541; Lindner, S. 35 mit genauen Quellenangaben.

328 Vom 26.03.1650; Lindner, S. 35 mit genauen Quellenangaben.

329 Vom 06.06.1617, erneuert u.a. am 11.03.1652; Lindner, S. 35 mit genauen Quellenangaben.

330 Von 1587, revidiert am 02.03.1660 und 14.02.1709; Lindner, S. 36.

331 Lindner, S. 36 mit genauen Quellenangaben.

332 Vom 17.06.1577, revidiert am 28.08.1651, Lindner, S. 36 mit genauen Quellenangaben.

333 Älteste Fassung auf Grund der Carolina vom Jahre 1549, Lindner, S. 36 mit genauen Quellenangaben.

334 Lindner, S. 31/32/38.

335 Lindner, S. 37.

336 Sydow, S. IV.

Die Legislative selbst wurde in reichsstädtischer Zeit durch den Inneren Rat, der neben den literati bzw. doctores als rechtskundige Mitglieder auch sogenannte illiterati umfasste, unter Mitwirkung des[337] – unter Dalberg aufgelösten[338] – Äußeren Rats ausgeübt[339]. Auch hier zeigte sich eine Verflechtung der verschiedenen Gewalten, die Dalberg – wie bereits oben dargestellt – aufzuheben anstrebte.

Insgesamt betrachtet besaß die Stadt Regensburg durch die Zeiten, sei es als Reichsstadt oder unter der Herrschaft Dalbergs, eine selbständige Rechts- und Verfassungsgeschichte, die erst mit dem Übergang Regensburgs an Bayern im Jahre 1810 ihr Ende finden sollte[340].

(2) Das Stadtgericht Regensburg

Das „neue" Stadtgericht Regensburg, das als Justizsenat eines der drei Departements des Stadtmagistrats darstellte[341], war eine Kombination aus dem für bürgerliche Klagen im Allgemeinen unter dem Vorsitz des Stadtschultheißen zuständigen Stadtgericht (Schultheißengericht) der ehemaligen Reichsstadt Regensburg und den Richterämtern von St. Emmeram, Nieder- und Obermünster[342]. Durch diese mit der Verkündung der Generalverordnung vom 20. No-

---

337 Lindner, S. 37.

338 Nemitz, Zwischen Reich und Bayern, S. 285-298 (290); ders., Die direkten Steuern, S. 546; Schmid, Regensburg im Umbruch, S. 81-101 (89).

339 Lindner, S. 37.

340 Sydow, S. IV.

341 § 17 Verfassung vom 18.07.1803; RIB, 48. Stück v. 30.11.1803, S. 1-12 (9), siehe Anhang II (S. 215); Kick, Armenpflege, S. 48; Nemitz, Die direkten Steuern, S. 546; ders., Zwischen Reich und Bayern, S. 285-298 (289); vgl. Hein, S. 44; Schwaiger, Fürstentum, S. 42-65 (52); vgl. Hausenstein, S. 105.

342 Vgl. RIB, 48. Stück v. 30.11.1803, S. 1-12 (9), siehe Anhang II (S. 215); Schlaich, Reichsstifte, S. 163-376 (261); Nemitz, Zwischen Reich und Bayern, S. 285-298 (289); ders., Die direkten Steuern, S. 546; ders., Verfassung und Verwaltung, S. 248-264 (256); Schmid, Regensburg im Umbruch, S. 81-101 (90); Hausenstein, S. 105, Fn. 3/106; (zum Stadtgericht und zum gerichtlichen Prozess vgl. die Bestimmungen der Regimentsordnung: BHStA, RRLit 381, fol. 10-14. Zwei spätere Gerichtsordnungen liegen vor: StadtAR, AHVOR, AAR 54/3 („Der Statt Regenspurg Statt-Gerichts-Ordnung 1646") und 47/4 („Der Stadt Regenspurg Hals-Gerichts-Ordnung 1646"); BayHStA, RRLit 392, 479-554, „Der Stadt Regensburg Gerichtsordnung (...) 1646"; StBR, Rat.civ. 540, „Des Heil. Röm. Reichs Freyen Stadt Regenspurg Erneuerte Gerichtliche Process-Ordnung..." 1741); allgemein vgl. BayHStA, Hofkommission Regensburg 24, „Tabellarische Uebersicht über Sämtlich Fürstenthum Regensburgische Civil- und Criminal Gerichte ..." (Tabula I) (ehemals StAA, Königliche Hofkommission 54); Kick, Armenpflege, S. 49.

vember 1803 einhergehende Vereinigung[343] wurde im Stadtgebiet Regensburg eine weitgehend einheitliche Zivilgerichtsbarkeit erster Instanz gesichert[344], von der lediglich das Domkapitel und die Stifte St. Paul, Alte Kapelle und St. Johann sowie das Haus Thurn und Taxis – also die Privilegierten der Bevölkerung – ausgenommen blieben[345]. Denn während dem Haus Thurn und Taxis die adelige Gerichtsbarkeit erster und zweiter Zivilinstanz über sein besoldetes Personal und seinen Hofstaat verblieb[346], übten die geistlichen Syndikatsämter auch weiterhin die erstinstanzliche Zivilgerichtsbarkeit über ihre Bediensteten aus[347].

Da das Haus Thurn und Taxis infolge des Niedergangs des Reiches im Jahre 1806 seiner Reichswürde als auch seiner gesandschaftlichen Privilegierung verlustig gegangen und deshalb mit Blick auf seine Rechtsprechungsbefugnis künftig vom guten Willen des Landesherrn abhängig war[348], wurde die thurn und taxissche Gerichtsbarkeit mit einem selbständigen Vertrag in Form der fürstprimatischen Deklaration vom 27. Dezember 1806 auf eine neue rechtliche Grundlage gestellt[349]. Diese unterwarf sämtliche aktive[350] Diener – mit Ausnahme der Angehörigen des fürstlichen Postwesens – der niederen und mittleren Gerichtsbarkeit des Fürsten[351], wobei die erste Instanz vom Hofmarschallamtsgericht und die zweite Instanz von einer „besonders anzuordnende[n] fürstliche[n] Commission“ (Justizkommission) ausgeübt wurde. Für die Bediensteten der Ge-

---

343 Vgl. RIB, 48. Stück v. 30.11.1803, S. 1-12 (9), siehe Anhang II (S. 215/216); Schlaich, Reichsstifte, S. 163 (254-264).

344 Nemitz, Die direkten Steuern, S. 546.

345 Nemitz, Die direkten Steuern, S. 546, Fn. 50; ders., Zwischen Reich und Bayern, S. 285-298 (289/297, Fn. 21); vgl. Hausenstein, S. 105. Zur Gerichtsbarkeit des Hauses Thurn und Taxis unter Dalberg, insbesondere auch zu den vorbereitenden Rechtsgutachten und Verhandlungen, siehe ausführlich Ruhnau, S. 54-84.
Da zu diesem Themenkomplex alsbald eine eigene Arbeit erscheinen wird, beschränken sich die folgenden Ausführungen auf die wesentlichen Grundzüge.

346 Nemitz, Die direkten Steuern, S. 546, Fn. 50; ders., Zwischen Reich und Bayern, S. 285-298 (297, Fn. 21); Piendl, Thurn und Taxis, S. 78; Schmid, Regensburg im Umbruch, S. 81-101 (90); Ruhnau, S. 64.

347 BayHStA, Hofkommission Regensburg 24, Tabula I, Nr. IV-VII (StAA, Kgl. Hofkommission 54); Nemitz, Die direkten Steuern, S. 546, Fn. 50; ders., Zwischen Reich und Bayern, S. 285-298 (297, Fn. 21); Schmid, Regensburg im Umbruch, S. 81-101 (90).

348 Ruhnau, S. 54/55/58/59.

349 Ruhnau, S. 64/66/82/83; Text der Deklaration auszugsweise abgedruckt bei Ruhnau, S. 64-66 mit Quellenangaben.

350 Zu den Pensionisten, die – ebenso wie die ehemaligen fürstlichen Schutzverwandten und entlassene Bedienstete – grundsätzlich Dalbergs Gerichtsbarkeit unterstanden, siehe ausführlicher Ruhnau, S. 70/71/83.

351 § 1 der fürstprimatischen Deklaration vom 27.12.1806, abgedruckt bei Ruhnau, S. 64/65; ders., S. 69/73/82/83.

neralpostdirektion wiederum bildete eine „aus deren Mitte für jede Sache zu ernennende[...] Deputation" das erstinstanzliche und das Plenum der Generalpostdirektion das zweitinstanzliche Gericht[352]. In all diesen Bereichen war das gemeine Recht bzw. das Regensburger Stadtrecht anzuwenden[353]. In dritter Instanz schließlich gelangten die Angelegenheiten aller Bediensteten des Hauses Thurn und Taxis vor das Oberappellationsgericht in Aschaffenburg als oberstes Zivilgericht[354]. Im Gegensatz dazu unterstand die Strafgerichtsbarkeit fortan gänzlich der dalbergischen Gerichtsbarkeit und damit dem Kriminalgericht. Insofern war dem Fürstenhaus lediglich die „erste Cognition"[355], d.h. das erste summarische Verhör, gestattet, welches – bei Bestätigung eines Vergehens – in eine entsprechende Anzeige und Abgabe an das fürstprimatische Kriminalgericht mündete. Die Entscheidung über die Fortsetzung der Ermittlungen hatten die fürstlichen Gerichte dabei aber selbständig zu treffen[356]. Eine weitere Sonderregelung galt für die erb- und familienrechtlichen Angelegenheiten der Familie des Fürstenhauses selbst; diese unterstanden den thurn und taxisschen Gerichten, die ihrerseits nicht nach gemeinem Recht oder Regensburger Stadtrecht, sondern nach den fürstlichen Familiengesetzen zu entscheiden hatten[357].

Die Gerichtsbarkeit der geistlichen Würdenträger wiederum entsprach § 49 des Reichsdeputationshauptschlusses, der diesen eine nurmehr beschränkte Jurisdiktionsgewalt über ihre Dienerschaft zugesprochen hatte, und hatte Ähnlichkeit mit den Regelungen, die für das Haus Thurn und Taxis getroffen worden waren. Während sie also in Zivilsachen erster Instanz nach Inkenntnissetzung der oberen Landesbehörde selbst ein Gericht auszuwählen, in peinlichen Fällen dagegen „die erste Cognition zu nehmen" hatten[358], mussten sie Zivilsachen – anders als das Fürstenhaus – bereits in zweiter Instanz an die landesherrlichen Appellationsgerichte abgeben und in peinlichen Sachen die Verbrecher im Falle

352 § 3 der fürstprimatischen Deklaration vom 27.12.1806, abgedruckt bei Ruhnau, S. 65; zum Hofmarschallamtsgericht ausführlicher Ruhnau, S. 46-52/69/83; zur Justizkommission ausführlicher ders., S. 73-77/83/84.

353 Vgl. § 4 der fürstprimatischen Deklaration vom 27.12.1806, abgedruckt bei Ruhnau, S. 65.

354 § 5 der fürstprimatischen Deklaration vom 27.12.1806, abgedruckt bei Ruhnau, S. 65; ders., S. 82/83/84.

355 Die „erste Cognition" bzw. „prima cognitio" beinhaltete das Recht der Tatbestandsermittlung und der ersten summarischen Vernehmung; Ruhnau, S. 63/77/78/83.

356 § 10 der fürstprimatischen Deklaration vom 27.12.1806, abgedruckt bei Ruhnau, S. 66; ders., S. 77/78/83.

357 § 2 der fürstprimatischen Deklaration vom 27.12.1806, abgedruckt bei Ruhnau, S. 65; ders., S. 68; zum „Privatfürstenrecht" allgemein ders., S. 68/69.

358 Zur „ersten Cognition" siehe bereits Fn. 355.

der Peinlichkeit an die peinlichen Gerichte des Landes ausliefern[359]. Die Konventualen, Beamten und das übrige Personal dagegen wurden als Dalbergische Untertanen dem Oberlandesgericht unterstellt.

Nachdem die Pappenheimsche Schutzherrschaft über die Regensburger Juden an Dalberg abgetreten worden war, unterfielen auch diese ab dem 12. August 1805 der Rechtsprechungsgewalt des Regensburger Stadtgerichts[360].

Im strafrechtlichen Bereich wurde das Stadtgericht im Stadtgebiet Regensburgs als Exekutivorgan bzw. als Hilfsorgan des Oberlandesgerichts tätig, da es einerseits unter dessen Direktion die Kriminaluntersuchungen in der Stadt durchzuführen hatte, und andererseits der dortige Stadtschultheiß, der den Blutbann als bayerisches Lehen ausübte, die (Todes-)Urteile des für die Strafrechtsprechung zuständigen Oberlandesgerichts zu vollziehen hatte[361].

Im Übrigen zählten das städtische Hypotheken- und Depositenwesen mit Ausnahme der dem Vormundamt verbleibenden Pupillar-Depositen sowie „alle jene contentiose Gegenstände (...), welche das Hansgericht bisher zu besorgen hatte“[362], zum Aufgabenbereich des Stadtgerichts.

Rechtlich gesehen unterstand das Gericht, wenngleich Teil des Stadtmagistrats, lediglich dem Oberlandesgericht, welches auch für Berufungen gegen dessen Entscheidungen zuständig war[363].

In personeller Hinsicht setzte sich das Stadtgericht neben dem als Stadtschultheiß bezeichneten rechtsgelehrten Direktor – einem Senator – aus acht als Stadtgerichts-Verordnete fungierenden Magistratsmitgliedern zusammen, von

---

359 Schlaich, Reichsstifte, S. 163-376 (261-262); § 49 des Reichsdeputationshauptschlusses: „*Die Herren Fürstbischöfe und gefürsteten Aebte oder Pröbste behalten zugleich die Gerichtsbarkeit über ihre Dienerschaft dergestalt, daß sie in bürgerlichen Rechtssachen mit jedesmaligem Vorwissen der obern Landesbehörde für solche Sachen in erster Instanz das Landesgericht; wo solche zu verhandeln, zu wählen, in peinlichen Fällen aber die erste Cognition zu nehmen haben, wo sodann die gedachten bürgerlichen Sachen in wieterer Instanz an die landesherrlichen Appellationsgerichte zu bringen sind, in peinlichen Fällen hingegen, wenn sich die Peinlichkeit ergibt, der Verbrecher an die peinlichen Gerichte des Landes auszuliefern ist ...*“, abgedruckt bei Huber/Huber, S. 1-26 (18); Abdruck auch bei Schlaich, Reichsstifte, S. 163-376 (261, Fn. 104).

360 Vgl. StAA, Ft. Regensburg, Landesdirektorium 710; Nemitz, Zwischen Reich und Bayern, S. 285-298 (297, Fn. 21); Schlaich, S. 261.

361 RIB, 48. Stück v. 30.11.1803, S. 1-12 (7/9), siehe Anhang II (S. 213/215); Nemitz, Zwischen Reich und Bayern, S. 285-298 (289); vgl. StAA, Ft. Regensburg, Landesdirektorium 209; BayHStA, Kommission für politische Statistik Regensburg 16 (Kgl. Spezialkommission für politische Statistik Regensburg 25); Hausenstein, S. 78/79/ 105; Kick, Armenpflege, S. 49.

362 RIB, 48. Stück v. 30.11.1803, S. 1-12 (9/10), siehe Anhang II (S. 215).

363 RIB, 48. Stück v. 30.11.1803, S. 1-12 (9), siehe Anhang II (S. 215).

denen vier studiert haben mussten ("Litteratis"/literati). Diese acht Senatoren agierten zugleich als Wachtverordnete zur Schlichtung untergeordneter Streitigkeiten und beaufsichtigten in dieser Eigenschaft den Polizeivollzug in ihrem jeweiligen Stadtbezirk. Die personelle Besetzung amtierte auf Lebenszeit[364].

(3) Das Hansgericht[365]

Dem kurfürstlichen Hansgericht, welches mit dem Hansgrafen als Direktor und dem das Condirektorium führenden Hansgerichtsverordneten von zwei Senatoren geleitet wurde und dessen Beisitzer mit den acht Stadtgerichtsverordneten identisch waren, oblag im Wesentlichen die Gewerbepolizei und der daran anknüpfende Einzug der Beschau- und Messgelder, der Gebühren und Strafen und des eine Verbrauchssteuer darstellenden sogenannten Fleischungeldes[366]. Vom 1. Januar bis Ende März des Jahres 1804 mit der Polizeidirektion vereinigt, fungierte das Hansgericht in der Folge wieder als selbständige, unter Oberaufsicht des Landeskommissariats stehende Stelle[367], die sämtliche Geschäfte der Polizeidirektion zusammen mit „allen nicht kontentiosen Geschäften des bisherigen Hansgerichts" führte[368]. Das Hansgericht selbst stellte wiederum den Polizeisenat und damit ein Departement des Stadtmagistrats[369].

Neben dem für die Freien der Reichsstadt zuständigen Schultheißengericht und dem vornehmlich für die Eigen- und Zinsleute des Hochstifts Regensburg und der bischöflichen Eigenklöster verantwortlichen bischöflichen Propstgericht[370], stellte das Hansgericht zu Zeiten der Reichsunmittelbarkeit das wichtigste Regensburger Sondergericht dar[371]. Vermutlich aus einem königlichen Amt hervorgegangen, verfügte das Hansgrafengericht nach dem Jahre 1297 bereits über Kompetenzen vor allem im Bereich der Gewerbeaufsicht und entwickelte sich schließlich zu der wichtigen städtischen Zentralbehörde für das

364 RIB, 48. Stück v. 30.11.1803, S. 1-12 (9/12), siehe Anhang II (S. 215/217); Nemitz, Zwischen Reich und Bayern, S. 285-298 (290); vgl. Hausenstein, S. 105; Kick, Armenpflege, S. 49; zu den Wachtverordneten siehe unter V.3.b.bb.(5).

365 Vgl. hierzu allgemein Lößl, S. 1-171.

366 Vgl. RIB, 48. Stück v. 30.11.1803, S. 1-12 (10), siehe Anhang II (S. 216); vgl. StAA, Ft. Regensburg, Geheime Kanzlei 180; Nemitz, Zwischen Reich, S. 285-298 (290).

367 Lößl, S. 1-171 (132/137).

368 RIB, 48. Stück v. 30.11.1803, S. 1-12 (10), siehe Anhang II (S. 216).

369 § 17 der Verfassung vom 18.07.1803, siehe Anhang I; vgl. RIB, 48. Stück v. 30.11.1803, S. 1-12 (9/10), siehe Anhang II (S. 215/216); vgl. Hein, S. 44; Schwaiger, Fürstentum, S. 42-65 (52); vgl. Hausenstein, S. 105; Nemitz, Zwischen Reich und Bayern, S. 285-298 (289); Kick, Armenpflege, S. 48; siehe unter V.3.a.dd.

370 Sydow, S. II.

371 Sydow, S. II; vgl. auch Nemitz, Verfassung und Verwaltung, S. 248-264 (254/257).

Handwerk[372]. Als Zivilgericht erster Instanz entschied es über Handels- und Gewerbestreitigkeiten und Polizeistrafen[373]. Demgemäß erfüllte das Hansgericht somit zwei Funktionen: Als Kontroll- und Gerichtsinstanz des lokalen Wirtschaftsgeschehens führte es die Oberaufsicht über die Zunftordnungen und –verhandlungen, entschied Streitigkeiten zwischen Meister und Geselle, wirkte bei der Ernennung der Handwerksmeister mit und kontrollierte in Gestalt der Marktpolizei insbesondere die Qualität der angebotenen Waren, vornehmlich der Lebensmittel. Als allgemeine Polizeibehörde hatte es beispielsweise die Einhaltung der städtischen Hochzeits-, Tauf- und Leichenordnungen zu überwachen und leistete, angesichts der eingenommenen Gebühren und verhängten Geldstrafen, insgesamt einen beachtlichen Beitrag zum Einnahmehaushalt der Reichsstadt[374].

Auch die Konstruktion dieser Einrichtung bestätigte damit die Notwendigkeit einer organisatorischen Änderung im Sinne einer Gewaltenteilung, wie Dalberg sie forcierte. Denn zum einen war der dem Hansgericht vorsitzende Hansgraf zugleich Mitglied des Inneren Rats[375], also der Legislative, und zum anderen agierte das Gericht nicht nur auf jurisdiktioneller Ebene, sondern auch im Exekutivbereich, wie insbesondere die eben beschriebene Eigenschaft als allgemeine Polizeibehörde belegt.

Seine Selbständigkeit konnte das Hansgericht bis zum Ende der reichsstädtischen Zeit erhalten[376], bevor es im Fürstentum Regensburg seine Tätigkeit weitgehend fortsetzte[377]. Allerdings verlor es im Jahre 1809 seine wesentliche Bedeutung als Gewerbe- und Handelskammer, als mit Gründung der sogenannten Kommerzien-Deputation dieser die bislang dem Hansgericht obliegenden Maßnahmen zur Förderung von Industrie, Kultur und Handel und damit des allgemeinen Wohlstandes übertragen wurden, und die Deputation künftig als zuständige Landesstelle für die Mittel- und Unterbehörden und dem Gewerbestand allgemein gelten sollte[378]. Bereits zwei Jahre zuvor hatte die Polizeidirektion die Publikation der Bier-, Fleisch-, Seifen-, Lichter- und Brotsätze sowie der mittle-

372 Sydow, S. II; vgl. auch Lößl, S. 1-171 (11-24, insb. 19).

373 Hausenstein, S. 105, Fn. 3.

374 Nemitz, Verfassung und Verwaltung, S. 248-264 (257).

375 Vgl. allgemein Lößl, S. 1-171; StadtAR, I Af 68 („Der Stadt Regensburg Hannßgerichtsordnung") und AHVOR, AAR – 46/10, Hannß-Gerichts-Ordnung, wahrscheinlich um 1550; BayHStA, RRLit 381, fol. 15-17, Bestimmungen der Regimentsordnung zum Hansgericht; Nemitz, Verfassung und Verwaltung, S. 248-264 (257).

376 Sydow, S. II.

377 Vgl. Lößl, S. 1-171 (133).

378 RIB, 3. Stück v. 18.01.1809, S. 27.

ren Getreidepreise im „Regierungs- und Intelligenzblatt" zulasten des Hansgerichts übernommen[379].

(4) Die Landgerichte bzw. Landämter

Für das zersplitterte ehemals hochstiftische Territorium wurden auf Ebene der unteren Verwaltungsinstanz die Ämter bzw. Landgerichte Donaustauf, Wörth und Hohenburg eingesetzt[380]. Mit Blick auf das gesamte Fürstentum Regensburg standen diese, auch hinsichtlich der Funktion, mit dem Magistrat auf einer Ebene[381].

(5) Die Wachten und Wachtrichter

In jeder der acht Wachten, also den acht Regensburger Stadtbezirken, existierte je ein Wachtrichter, der Streitigkeiten von untergeordneter Bedeutung zu schlichten hatte. Wie bereits ausgeführt, wurde diese Position von acht Senatoren bekleidet, die in Stadt- und Hansgericht zugleich als Beisitzer tätig waren[382] und als Wachtverordnete den polizeilichen Vollzug in ihrer jeweiligen Wacht beaufsichtigten[383]. In dieser Funktion als Judex pedaneus wirkte der Wachtverordnete an der Verwaltung von Polizei und Justiz wesentlich mit[384].

Zu Zeiten der Reichsstadt hatte jeder Ratsherr als „Wachtherr" oder „Wachtverordneter" pro Wacht mit einem Wachtamt ein wichtiges Unterorgan der reichsstädtischen Verwaltung, geleitet[385]. Diese Wachtämter oder Wachtgerichte entschieden nicht nur in Mietstreitigkeiten, nachbarschaftlichen Bau- und Grundstücksstreitigkeiten sowie Auseinandersetzungen zwischen Dienstboten und Dienstherr[386], sondern übten entsprechend des zeitgenössischen „Polizey"-

---

379 Lößl, S. 1-171 (132/133).

380 §§ 13 und 17 der Verfassung v. 18.07.1803, siehe Anhang I; Nemitz, Die direkten Steuern, S. 544/546; vgl. Schwaiger, Fürstentum, S. 42-65 (52); Christ, Säkularisation, S. 137-151 (147).

381 Vgl. § 17 der Verfassung v. 18.07.1803, siehe Anhang I; Nemitz, Die direkten Steuern, S. 544.

382 RIB, 48. Stück v. 30.11.1803, S. 1-12 (11), siehe Anhang II (S. 216); Hausenstein, S. 105; Nemitz, Zwischen Reich und Bayern, S. 285-298 (290); vgl. § 17 der Verfassung vom 18.07.1803, siehe Anhang I.

383 Nemitz, Zwischen Reich und Bayern, S. 285-298 (290).

384 RIB, 48. Stück v. 30.11.1803, S. 1-12 (11), siehe Anhang II (S. 217).

385 Nemitz, Verfassung und Verwaltung, S. 248-264 (255).

386 StadtAR, I Af 8, Wachtgerichtsordnung 1594; StBR, Rat. civ. 40a, Wachtgerichtsordnung 1657, Titulus II, S. 5/6; vgl. weiterhin StAA, Ft. Regensburg,

Begriffs Überwachungs- und Ordnungsfunktionen, wie zum Beispiel die statistische Erfassung der Einwohnerschaft mit der anschließenden Anlegung eines jährlichen Verzeichnisses der Bürger, Beisitzer und Dienstboten zum Zwecke einer fiskalischen Bestandsaufnahme für die Abgabenverwaltung, die Kontrolle Ortsfremder, die Bekanntgabe von Ratsdekreten oder die Straßenreinigung und die Überwachung bau- und feuerpolizeilicher Vorschriften, aus[387].

(6) Das Oberlandesgericht Regensburg und sein Justizsenat

Hervorgegangen aus dem fürstbischöflichen Hofrat[388], existierte im Fürstentum Regensburg – ebenso wie in seinem Pendant Aschaffenburg[389] – ein Oberlandesgericht, dessen Bestellung einer sinnvollen Vereinheitlichung des gesamten Justizwesens dienen sollte[390]. Bestehend aus einem Direktor, sechs Räten, einem Sekretär, zwei Kanzlisten und einem Aufwärter[391], nahmen unter der Präsidentschaft des adeligen Domkapitularn Freiherr von Tanzl am 2. Dezember 1803 Regensburger Juristen, allesamt Bürgerliche, die zuvor im Magistrat der Reichsstadt oder in der vormals fürstbischöflichen Verwaltung beschäftigt gewesen waren, ihre Tätigkeit auf[392]. Diese bestand im Rahmen der Zivilgerichtsbarkeit in der Funktion als zweite Instanz für das gesamte Fürstentum Regensburg und – trotz der eigentlich angestrebten Vereinheitlichung der Bevölkerung auf Ebene der Judikative – als erste Instanz für die oben genannten privilegierten Personen[393]. Zu eben diesem Zweck wurde ein Ausschuss, der sogenannte *Justizsenat*, gebildet, der primär die Zivilrechtsstreitigkeiten der Privilegierten zu behandeln

---

Landesdirektorium 224; Hausenstein, S. 105, Fn. 3; Lindner, S. 34/35/43-46; Nemitz, Verfassung und Verwaltung, S. 248-264 (257).

387 StadtAR, AHVOR, AAR 55/3, Wachtordnung 1582; Lindner, S. 34/35/43-46; Nemitz, Verfassung und Verwaltung, S. 248-264 (255).

388 Nemitz, Zwischen Reich und Bayern, S. 285-298 (289); Schmid, Regensburg im Umbruch, S. 81-101 (90).

389 Christ, Aschaffenburg, S. 174-176; ders., Säkularisation, S. 137-151 (146).

390 § 16 der Verfassung v. 18.07.1803, siehe Anhang I; Färber, Kaiser und Erzkanzler, S. 55; ders., Übergabe Regensburgs, S. 33-56 (39).

391 § 16 der Verfassung v. 18.07.1803, siehe Anhang I.

392 Färber, Übergabe Regensburgs, S. 33-56 (39); ders., Kaiser und Erzkanzler, S. 55; vgl. Hein, S. 59; vgl. auch RIB, 48. Stück v. 30.11.1803, S. 1-12 (6), s. Anhang II (S. 212).

393 § 16 der Verfassung vom 18.07.1803, siehe Anhang I; RIB, 48. Stück v. 30.11.1803, S. 1-12 (7), siehe Anhang II (S. 212/213); StAA, Kgl. Hofkommission 54, Tabula I, Nr. II; Nemitz, Zwischen Reich und Bayern, S. 285-298 (289); ders., Die direkten Steuern, S. 546/547; Hausenstein, S. 104; Schwaiger, Fürstentum, S. 42-65 (52); Hein, S. 44. Zu den privilegierten Personen zählten zum Beispiel die Landesdirektionsräte, Adeligen und Hofleute.

hatte[394] und nicht mit dem eben beschriebenen Stadtgericht zu verwechseln ist[395]. Appellationen gegen Entscheidungen dieses Senats gingen an das Oberlandesgericht selbst, wobei die Mitglieder des Justizsenats in der Verhandlung zweiter Instanz ausgeschlossen waren[396]. Daneben war der Justizsenat auch die für juristische Kandidaten zuständige Prüfungsbehörde[397]. Personell bestand er aus insgesamt drei Oberlandesräten, wovon einer als Direktor fungierte. Die Führung des Aktuariats oblag einem zu benennenden Kanzlisten des Oberlandesgerichts[398].

Im Bereich des Strafprozesses fiel dem Oberlandesgericht die erstinstanzliche Zuständigkeit für das gesamte Fürstentum zu[399], die insofern auch die Befugnis zur Verhängung der Todesstrafe umfasste. Diese bedurfte allerdings der Bestätigung durch Dalberg als Landesherrn[400]. Darüber hinaus stellte das Oberlandesgericht die obere Aufsichtsbehörde im Depositen-, Hypotheken- und Vormundschaftswesen; die Depositen- und Vormundschaftsangelegenheiten der Privilegierten wiederum unterfielen der Oberaufsicht des Justizsenats[401].

cc. Konkrete Maßnahmen

(1) Bürgerrechtsreform

Eine von Dalbergs bedeutendsten Maßnahmen bestand in der Reform des Regensburger Bürgerrechts. Diese – noch vor der endgültigen Organisation des neuen Kurstaates selbst erledigt[402] – war nicht nur aufgrund des Zeitgeists der aufgeklärten Toleranz, die den christlichen Konfessionen gleiche Rechte und damit Parität zubilligte, sondern auch aus finanzpolitischen Gründen als beglei-

---

394 RIB, 48. Stück v. 30.11.1803, S. 1-12 (7), siehe Anhang II (S. 213); Hausenstein, S. 104; Färber, Übergabe Regensburgs, S. 33-56 (39); ders., Kaiser und Erzkanzler, S. 55.

395 Siehe unter V.3.b.bb.(2).

396 RIB, 48. Stück v. 30.11.1803, S. 1-12 (7), siehe Anhang II (S. 213).

397 RIB, 48. Stück v. 30.11.1803, S. 1-12 (8), siehe Anhang II (S. 213); Hausenstein, S. 104.

398 RIB, 48. Stück v. 30.11.1803, S. 1-12 (7), siehe Anhang II (S. 212).

399 Hausenstein, S. 104; Nemitz, Die direkten Steuern, S. 546/547; § 16 der Verfassung v. 18.07.1803, siehe Anhang I; vgl. insofern ausführlicher RIB, 48. Stück v. 30.11.1803, S. 1-12 (7), siehe Anhang II (S. 213).

400 Nemitz, Zwischen Reich und Bayern, S. 285-298 (289).

401 Hausenstein, S. 104; vgl. § 16 der Verfassung v. 18.07.1803, siehe Anhang I; RIB, 48. Stück v. 30.11.1803, S. 1-12 (7), siehe Anhang II (S. 213).

402 Hausenstein, S. 102/103.

tende Maßnahme zur Steuerreform erforderlich geworden[403]. So konnten in der Reichsstadt Regensburg seit dem Jahre 1651 lediglich Angehörige der Augsburger Konfession das Bürgerrecht erwerben[404]; da allerdings nur das volle Bürgerrecht die bürgerliche Steuerpflicht begründete, die Bürger selbst aber nicht das Gros der Regensburger Bevölkerung bildeten, blieben dem Staatswesen damit erhebliche Einnahmen versagt[405].

Mit seinem Toleranzedikt vom 25. Mai 1803[406] leitete der Kurerzkanzler daher prinzipielle und folgenreiche Änderungen ein. Obgleich sich mancher Bürgerrechtsinhaber in seiner kommunalpolitischen Vormachtstellung tangiert fühlte, wurde den drei verfassungsmäßig geltenden christlichen Konfessionen, also den Angehörigen der lutheranischen, der reformierten und der katholischen Kirche, in gleicher Weise „der freye Zutritt zu dem Bürgerrecht, und allen davon abhängenden Vortheilen und Prärogativen" gewährt. Entsprechend dem Motto „nur Eigenschaften, Fähigkeiten und Umstände, welche dem Staatszwecke, und dadurch dem Wohl der bürgerlichen Gesellschaft zuträglich sind" zuzulassen und um den Zuzug arbeitsscheuer, unbemittelter oder erwerbsunfähiger Personen zu verhindern, erfuhr diese grundsätzliche Freiheit allerdings einige Einschränkungen. Neben seiner Unbescholtenheit und einem bürgerlichen Leumund musste der potentielle Bewerber im Minimum normiertes, ausreichendes, auch durch Heirat erwerbbares Vermögen sowie eine geregelte Ausbildung in einem Handwerk, einer Wissenschaft oder Kunst vorweisen können. Wenngleich zum Zwecke des handwerklichen Befähigungsnachweises die zünftische Organisation des Handwerks beibehalten wurde, behielt sich der Kurerzkanzler das Recht vor, Ausnahmen vom Zunftzwang und besondere Konzessionen nach eigenem Ermessen zu erteilen[407].

---

403 Ausführlich Albrecht, Fürst von Regensburg, S. 73-82 (74-77); vgl. ders., Regensburg im Wandel, S. 74/75; Nemitz, Die direkten Steuern, S. 555-568; vgl. auch Schönfeld, S. 5-148 (126).

404 Nemitz, Bürgerrecht und Konfession, S. 511-542 (532/533).

405 Ausführlich Nemitz, Die direkten Steuern, S. 555-568; vgl. Albrecht, Regensburg im Wandel, S. 74.

406 „*Generalverordnung, die Aufnahme der Bürger, Beysassen und Schutzverwandten in der Kurfürstl. Residenzstadt Regensburg betr.*", vom 20. Mai 1803 in: RIB, 21. Stück v. 25.05.1803.

407 Albrecht, Fürst von Regensburg, S. 73-82 (75/76); ders., Regensburg im Wandel. S. 74; Hausenstein, S. 102/103; Schlaich, Reichsstifte, S. 163-376 (289); Nemitz, Die direkten Steuern, S. 566-568; Kick, Armenpflege, S. 50/55; Hömig, S. 310; vgl. Huber, Bürgerrecht, S. 101-113 (104); vgl. Schönfeld, S. 5-147 (126). „*Generalverordnung, die Aufnahme der Bürger, Beysassen und Schutzverwandten in der Kurfürstl. Residenzstadt Regensburg betr.*", vom 20. Mai 1803 in: RIB, 21. Stück v. 25.05.1803, bes. Punkt A) §§ 1+2. In dieser Verordnung wird in Abschnitt A auf § 63 des Reichsdeputationshaupt-

Als sich der Reichstag, unter dessen Schutz der Betrieb des Handwerks bislang gestanden hatte, im Jahre 1806 auflöste, nutzte Dalberg die Gunst der Stunde und ermöglichte den Handwerkern die Annahme des Bürgerrechts nicht nur, sondern drängte sie vielmehr dazu, um die Zahl der steuerpflichtigen Bürger zu erhöhen. Zu diesem Zweck wurde – nach einer Beschränkung des bislang geltenden reichsstädtischen Grundsatzes, wonach bürgerliche liegende Güter nicht von Nichtbürgern erworben werden konnten, auf jene Einwohner, die nicht der städtischen Jurisdiktion unterfielen – eben den Beisassen, also nichtbürgerlichen Handwerkern, die im Dienst geistlicher Institutionen oder von Reichstagsgesandten als „Schutzverwandte" in Konkurrenz zu den bürgerlichen Handwerkern standen, der Grundbesitzerwerb in der Stadt gestattet; denn durch den Erwerb von Grundbesitz gelangten diese in den Kreis der Haus- und Grundbesitzer, aus welchem sie später wiederum in den Kreis der Vollbürger aufsteigen konnten. Im Sinne der oben genannten Zielsetzung wurde der Andrang der Beisassen, die ihre Arbeitsfähigkeit und Erwerbsgelegenheit nachweisen mussten, allerdings mit Hilfe eines Inferendums von 300 Gulden eingedämmt[408]. Um die neue potentielle Käuferschicht ausreichend bedienen zu können, ließ Dalberg seit dem Jahre 1803 nicht nur eine stattliche Zahl der ihm zugefallenen stiftischen Besitzungen, sondern auch reichsstädtische Immobilien zum Kauf anbieten[409]. Durch die Öffnung des Bürgerrechts auch für Katholiken erhöhte sich die Gesamtzahl der städtischen Bürger und folglich auch der Steuerzahler zwischen 1803 und 1807 um rund 10%[410].

Mit Ausnahme der dalbergischen Staats- und Hofbeamten und Bedienten sowie der zur Reichsversammlung gehörigen Personen durfte sich in Regensburg ohne den vorherigen Erwerb des Bürgerrechts niemand niederlassen. Dalbergs Beamte, worunter auch die ehemals stiftischen Beamten zu fassen waren, soweit Dalberg sie als Staatsbeamte übernommen hatte, konnten durch den Kauf von liegenden Gütern in Regensburg ein sogenanntes „dingliches Bürger-

---

schlusses ausdrücklich Bezug genommen, der in den mediatisierten Territorien zum einen die bisherige Religionsausübung garantierte, und zum anderen den neuen Landesherrn die Duldung weiterer christlicher Konfessionen freistellte (Kick, Armenpflege, S. 50, Fn. 216).

408 Albrecht, Fürst von Regensburg, S. 73-82 (76/77); ders., Regensburg im Wandel, S. 74/75; Hausenstein, S. 103; Schlaich, Reichsstifte, S. 163-376 (289); Schmid, Regensburg im Umbruch, S. 81-101 (92).

409 Vgl. ausführlicher Schlaich, Reichsstifte, S. 163-376 (254-260/290); Nemitz, Die direkten Steuern, S. 559-561/567/568/625; Schmid, Regensburg im Umbruch, S. 81- 101 (92). Zu dieser „Mobilisierung des Bodens" siehe auch unter V.3.b.cc.(5)(b).

410 Vgl. Albrecht, Regensburg im Wandel, S. 74/75; Nemitz, Die direkten Steuern, S. 568; vgl. Auflistungen im Bürgerbuch 1715-1832: StadtAR Politica III Nr. 9.

recht" erwerben. Demnach wurden die Beamten zwar auf die auf den Grundstücken liegenden öffentlichen Lasten und Verbindlichkeiten verpflichtet; damit war jedoch keine Übernahme des Lokalbürgerrechts mit dessen persönlichen Bürgerpflichten verbunden[411]. Die in der städtischen Verwaltung tätigen Beamten dagegen hatten in jedem Fall das volle Bürgerrecht zu erwerben[412].

Die Entscheidung über die Aufnahme von Bürgern selbst blieb nach einer gutachtlichen Vernehmung durch den Magistrat dem Landesdirektorium als oberster Landesbehörde vorbehalten[413].

(2) Jüdische Bevölkerung

Auch hinsichtlich der jüdischen Bevölkerung gab es Neuerungen, wenngleich nicht so, wie sie von dieser erhofft worden waren.

Nachdem sie im Jahre 1519 aus Regensburg vertrieben worden waren, hatten sich unter dem Schutz der Reichserbmarschälle von Pappenheim, an welche sogenannte Judenschutzgelder zu leisten waren, immer wieder jüdische Kaufleute zur Versorgung des Reichstags angesiedelt, so dass sich zu Beginn des 19. Jahrhunderts eine jüdische Gemeinde von etwa 16 Familien bzw. 104 Personen gebildet hatte[414]. Am 2. August 1805 übernahm Dalberg als Herr des Fürstentums Regensburg diese Schutzherrschaft unter Annahme sämtlicher damit verbundener Rechte[415]. Dalberg, der als im Sinne der Aufklärung moderner Fürst galt, akzeptierte die Israeliten als in Regensburg ansässige jüdische Glaubensgenossen[416]. Doch als der Reichstag mit Gründung des Rheinbundes im Jahre 1806 seine Tätigkeit einstellte und damit nicht nur zum Verlust mancher Einnahmequellen der Regensburger Juden, sondern auch zur Notwendigkeit der Erschließung neuer führte, erntete ein entsprechender Antrag im Jahre 1808 angesichts vehementer Gegenvorstellungen Regensburger Handelsleute nur begrenzte Zugeständnisse des Landesherren. So wurde das begehrte Bürgerrecht

---

411 RIB, 21. Stück v. 25.05.1803, A) § 10; 6. Stück v. 05.02.1806, „Verordnung, die Pflichten der öffentlichen Beamten und Bediensteten in Ansehung der Staatsabgaben betreffend" v. 28.01.1806, § 3, S. 71-72 (71); Schlaich, Reichsstifte, S. 163-376 (289); Nemitz, Die direkten Steuern, S. 567/568.

412 RIB, 6. Stück v. 05.02.1806, § 5, S. 71-72 (72); Nemitz, Die direkten Steuern, Fn. 74, S. 568.

413 Vgl. RIB, 21. Stück v. 25.05.1803, B); Schlaich, Reichsstifte, S. 163-376 (289).

414 Albrecht, Fürst von Regensburg, S. 73-82 (77); Wittmer, S. 656-676 (661); ders., Regensburger Juden, S. 132; vgl. auch Hage, Emanzipation, S. 187-191 (187); Hömig, S. 310.

415 Albrecht, Fürst von Regensburg, S. 73-82 (77/78); ders., Regensburg im Wandel, S. 90; Wittmer, Regensburger Juden, S. 130.

416 Wittmer, Juden in Regensburg, S. 656-676 (661).

lediglich in Aussicht gestellt und der Großhandel in begrenzter Gestalt auf insgesamt drei vermögende Familien beschränkt. Ebenso sollte die bisherige Judenschutzabgabe ihre Fortführung in Form einer Judensteuer erfahren und zusätzlich zu jenen Abgaben eingefordert werden, die auch von den nichtjüdischen Bürgern der Stadt zu entrichten waren. Die Einführung dieser Steuer scheiterte allerdings an den Umständen der Zeit, insbesondere den Kriegswirren des Jahres 1809[417]. Insgesamt betrachtet waren die für das Fürstentum Regensburg geltenden Regelungen bei Weitem noch nicht so ausführlich und detailliert ausgestaltet, wie etwa die im Jahre 1806 für Frankfurt ergehende „Stättigkeits- und Schutzordnung“[418]. Das Bürgerrecht selbst wurde – wenn auch in begrenzten Formen – erst im Jahre 1813 durch das bayerische Judenedikt Realität[419].

(3) Armen- und Sozialfürsorge

Die bereits dargelegte Bürgerrechtsreform selbst war nur eine der Maßnahmen, die Prinzipielles mit Nützlichem verbanden. So reihten sich in diese Neuerungen auch die Reform der Sozialfürsorge und die Steuerreform[420].

Im Bereich der Fürsorge nahmen mit der Armenpflege, den Waisen- und Findelkindern, der Kranken- und Armenversorgung und dem Bettelwesen verschiedenste Aspekte die Reform- und Organisationsbemühungen der dalbergischen Regierung in Anspruch.

(a) Armenpflege

Bei der Entstehung moderner Staaten nahm die Armenpflege, unter der wir heute das Sozialwesen verstehen, in dreifacher Hinsicht eine herausragende Stellung ein. So spiegelte sie einerseits den Versuch der Fürsten, die Bürger an sich zu binden, indem sie die Armenpflege als Mittel zur sozialen Integration der sich nach dem Ende des Alten Reiches neu formierenden Staaten nutzten, bildete andererseits mit der langsam einsetzenden Tendenz der Einrichtung moderner,

---

417 Albrecht, Fürst von Regensburg, S. 73-82 (78); ders., Regensburg im Wandel, S. 90; vgl. auch Hage, Emanzipation, S. 187-191; Hömig, S. 310.

418 Siehe dazu V.6.c.dd.(4).

419 „Edikt über die Verhältnisse der jüdischen Glaubensgenossen im Königreiche Baiern“ v. 10.06.1813, abgedruckt in: Königlich-Baierisches Regierungsblatt, 39. Stück v. 17.07.1813, S. 921-932; ausführlicher hierzu Albrecht, Fürst von Regensburg, S. 73-82 (78); ders., Regensburg im Wandel, S. 90; Wittmer, Juden in Regensburg, S. 656-676 (661).

420 Vgl. Albrecht, Fürst von Regensburg, S. 73-82 (74/78-82). Zum Steuerwesen siehe ausführlich unter V.3.b.cc.(5).

systematischer und bis zum Individuum durchgreifender Verwaltungen einen wesentlichen Teil der Innenpolitik, des damaligen „Policey-Wesens", und besetzte letztlich schon begrifflich einen wichtigen programmatischen Teil des politischen Selbstverständnisses der neuen Fürsten der aufgeklärten, nachrevolutionären Zeit, die das Schöngeistige zunehmend mit fiskalisch und juristisch geschulter Staatspraxis verbanden[421].

So hatte auch Dalberg bereits im Jahre 1779 die Denkschrift *„Beyträge zur Verbesserung der Armen-Politzey im Hochstift Würzburg"* verfasst und darin die „Glückseligkeit" seiner Bewohner als den Zweck eines jeden Staates beschrieben[422]. Dieses Bewusstsein Dalbergs, dass die Armen nicht der zufälligen Mildtätigkeit überlassen werden dürften, sondern vielmehr staatliche Hilfe subsidiär dort anfangen müsse wo die private Hilfe aufhöre, gepaart mit der von ihm als notwendig erachteten Hilfe zur Selbsthilfe[423], bestimmte auch sein Wirken in Regensburg, das im Wesentlichen die Weichen für eine moderne Kommunalverwaltung in der ehemaligen Reichsstadt stellen sollte[424].

Regensburg selbst war bei Dalbergs Regierungsantritt von einem geordneten System der Armenpflege bzw. den staatstheoretischen Vorstellungen des neuen Landesherrn im Allgemeinen weit entfernt[425]. Als besonders problematisch erwies sich insofern die Aufsplitterung des Stadtgebiets in die reichsunmittelbaren Teile Reichsstadt, Hochstift, Domkapitel, St. Emmeram und Nieder- und Obermünster, was nicht nur zu getrennten Verwaltungen, sondern auch zu jeweils eigenen, nach Konfessionen (evangelisch-städtisch, katholisch-kirchlich, paritätisch) getrennten Fürsorgeeinrichtungen ohne jegliche Kooperation geführt hatte. Einerseits verhinderte dies eine effiziente Versorgung der Bedürftigen, andererseits eröffneten sich zahlreiche Missbrauchsmöglichkeiten. Auch dem Zuzug von Bettlern, einem weiteren Problem der Reichsstadt, wurde nicht entgegengewirkt[426].

---

421 Kick, Soziale Fürsorge, S. 71; vgl. hierzu ausführlich ders., Armenpflege.

422 Dalberg, Armenpolizei, S. 183-215 (188/189/191/193/195); Kick, Armenpflege, S. 51; ausführlich auch Freyh, S. 126-135; Hömig, S. 46.

423 Dalberg, Armenpolizei, S. 183-215 (214/215; insb. 191-194); Kick, Armenpflege, S. 51; vgl. auch Albrecht, Fürst von Regensburg, S. 73-82 (78); Hömig, S. 46. Durch die Förderung der Armenbeschäftigung sollten die Armen bei individueller Einzelfallbetrachtung in den Stand gesetzt werden, möglichst und primär selbst für sich zu sorgen. Siehe dazu auch weiter unten in diesem Punkt, S. 104.

424 Kick, Städtische Sozialpolitik, S. 348-370 (351); Freyh, S. 126; Baumgart, Hochstift Würzburg, S. 11-24 (17); Hömig, S. 46.

425 Vgl. Kick, Armenpflege, insb. S. 53/56-60/86.

426 Vgl. Kick, Armenpflege, S. 53/60/61; Hausenstein, S. 121/122; Albrecht, Fürst von Regensburg, S. 73-82 (79); vgl. auch Dirmeier, S. 265-282 (266).

Die Reform der Armenfürsorge war für Dalberg von so großer Bedeutung, dass er schon am 15. Mai 1803 seine Verwaltungsspitze beauftragte, „ein geordnetes Sistem der Armenpflege nach allen ihren Theilen in Vollzug“ zu setzen[427]. Äußerst sorgfältig und bis ins Detail der Statistik und Buchführung hinein wurde die Armenverwaltung in der Folgezeit durch Instruktionen und Reglements ausgebildet und das gesamte Armenwesen von einem Kommunikationssystem durchzogen, welches einerseits eine Vernachlässigung, andererseits eine doppelte Unterstützung der Armen verhindern sollte[428].

Da es in Regensburg letztlich nicht an den entsprechenden Mitteln, sondern vielmehr an einer Armenpolitik im Sinne eines koordinierenden und konzentrierten Systems fehlte, setzte die dalbergische Regierung auch an diesem Punkt an und wählte die Zentralisierung des Armenwesens als ersten Reformschritt[429]. Um die Fürsorgeangelegenheiten einheitlich verwalten und das gesamte, bisher konfessionell getrennte, Stiftungswesen einheitlich leiten zu können, wurde deshalb die Armenkommission als die leitende Behörde des Fürsorgewesens geschaffen, in der alle bislang mit Armensachen befassten Behörden zusammen kamen[430]. So setzte sie sich unter Vorsitz des Staatsrats Graf Bentzel aus dem Direktor des in der Reichsstadt für das Armenwesen zuständigen Almosenamts, je zwei Vertretern der katholischen und der protestantischen Kirchengemeinde, zwei Mitgliedern des Arztkollegiums sowie dem Polizeidirektor, der zugleich als Chef der Armendirektion fungierte, zusammen[431]. Die Hauptaufgabe der Armenkommission bestand fortan neben der Entscheidung aller wichtigen Verwaltungsangelegenheiten des Armenwesens primär in dessen „Bewachung, Erhaltung und Ausbildung“[432]. Zu Grunde gelegt wurde dabei eine anerkannte Definition von Armut: „Arm ist, wer sich wegen Krankheit oder Alter oder mangelnder Arbeitsgelegenheit nicht selbst am Leben erhalten kann, die Arbeitsunfähigen und Arbeitslosen sind die Armen“[433]. Wenngleich den Stiftungen ihre

427 StAA, Ft. Regensburg, Landesdirektorium 12; Kick, Armenpflege, S. 86; ders., Städtische Sozialpolitik, S. 348-370 (351).

428 Hausenstein, S. 123.

429 Hausenstein, S. 121/122; Albrecht, Fürst von Regensburg, S. 73-82 (79).

430 Kick, Armenpflege, S. 62/63; ders., Städtische Sozialpolitik, S. 348-370 (351); Albrecht, Fürst von Regensburg, S. 73-82 (79); vgl. Hausenstein, S. 122; siehe auch Hömig, S. 310; vgl. RIB, 46. Stück v. 16.11.1803, Bekanntmachung der Armendirektion v. 15.11.1803.

431 StAA, Ft. Regensburg, Landesdirektorium 12; RIB, 46. Stück v. 16.11.1803, Bekanntmachung der Armendirektion v. 15.11.1803; Kick, Städtische Sozialpolitik, S. 348-370 (351); ders., Armenpflege, S. 62/63.

432 RIB, 46. Stück v. 16.11.1803 (insb. Abschnitt III); Kick, Soziale Fürsorge, S. 71-75 (72); ders., Armenpflege, S. 63.

433 Albrecht, Fürst von Regensburg, S. 73-82 (78); siehe auch Hömig, S. 46.

Selbstverwaltung weiter zugebilligt wurde, hatten sie die Summen, die sie für Almosen als Form der offenen Armenpflege ausgaben, an die Armenkasse zu leisten[434].

Zusammen mit dem Wachtherrn, dem Wachtschreiber und den Wachtverordneten einer jeden Wacht und den in den Wachten aufgestellten Armenpflegern als Hilfs- und Ausführungsorgan bestimmt, vollzog die Polizeidirektion unter Leitung des Polizeidirektors die Armendirektion, also alle Fürsorgemaßnahmen und Hilfeleistungen, und überwachte sie[435]. Zu Armenpflegern wurden vertrauenswürdige Bürger bestellt, die als Sektionspfleger die Unterstützung zu verteilen und die Unterstützten permanent zu überwachen hatten und ihrerseits dem Wachtherrn, d.h. dem Senator, unterstellt waren. Da jede Wacht in mehrere Pflegesektionen untergliedert wurde, erhielt jede Sektion einen Sektionspfleger zugeteilt[436].

Ab dem Jahre 1806 wurde der Armenkommission für größere organisatorische Entscheidungen oder aber die Planung von Baumaßnahmen der Armenrat als „Oberaufsicht über das ganze Armenwesen" vorgeschaltet[437]. In wöchentlicher Sitzung wurden hier durch zwei Beamte der kurfürstlichen Regierung, je zwei katholische und protestantische Geistliche und zwei Ärzte als Armenräte bindende Beschlüsse gefasst. Dalberg selbst, der, vertreten von Graf Bentzel, an der Spitze dieser Einrichtung stand[438], nahm regelmäßig an diesen Sitzungen teil und griff dabei nicht selten auch in Detailangelegenheiten ein[439]. Als Exekutivorgan des Armenrats, das nur in dringenden Fällen selbständig tätig werden durfte, fungierte wiederum die Polizeidirektion, die sich um die täglichen Geschäfte kümmerte. Dazu beschäftigte sie in Armensachen einen Kassier und einen Aktuar und richtete täglich eine Geschäftsstunde für Armenangelegenheiten ein[440].

Das neu geschaffene Armeninstitut mit seiner Armeninstitutskasse sollte die Stiftungs- und sonstigen für die Fürsorge bestimmten Mittel zusammenfassen und als zentrale Verwaltungsbehörde der intensivierten Armenpflege fungie-

434 Kick, Soziale Fürsorge, S. 74.

435 Kick, Städtische Sozialpolitik, S. 348-370 (351); ders., Armenpflege, S. 63/66.

436 Hausenstein, S. 123; vgl. auch Kick, Armenpflege, S. 66.

437 StAA, Ft. Regensburg, Geheime Kanzlei 349, Verordnung v. 30.12.1805; Kick, Armenpflege, S. 63; ders., Städtische Sozialpolitik, S. 348-370 (351).

438 Hausenstein, S. 123; Probst, S. 27-31 (30); vgl. auch Kick, Armenpflege, S. 63; Schlaich, S. 163-376 (291).

439 Vgl. StAA, Ft. Regensburg, Geheime Kanzlei 353, Konferenzprotokolle im Armenwesen; Kick, Armenpflege, S. 63.

440 Hausenstein, S. 123.

ren[441]. Nach einer hierfür am 27. August 1804 beschlossenen Verschmelzung der Verwaltung des Almosenamts mit der des Armeninstituts[442], folgte am 1. Januar 1805 eine vollständige Zusammenführung der Rechnungslegung des Almosenamtes mit der Hauptarmenkasse, wodurch tatsächlich eine Armenorganisation für das gesamte Fürstentum geschaffen wurde. Doch bereits im Jahre 1807 wurden das allgemeine Armeninstitut und das Almosenamt wieder voneinander getrennt[443]. In der Folge verblieb die „Hauptarmenkasse", die sämtliche, nicht an bestimmte Stiftungszwecke gebundene Mittel bündelte und die von der Armenkommission bewilligten regelmäßigen Almosen an die Bedürftigen ausbezahlte[444]. Dieser „Lokalarmenfonds" als zweites Standbein der Armenfürsorge, gespeist hauptsächlich aus freiwilligen, regelmäßigen oder einmaligen Zuwendungen reicher Bürger ohne Zuhilfenahme von Stiftungsmitteln[445], agierte subsidiär neben den Wohltätigkeitsstiftungen. Darin bestand zugleich das Problem dieser Einrichtung, da sie – im Gegensatz zu den Stiftungen, die ihre Einnahmen gleichmäßig aus ihren Kapitalstöcken bezogen – das gesamte Risiko konjunktureller Veränderungen trug; denn während in finanziell schlechten Zeiten besonders viele Bedürftige zu versorgen waren, gingen gleichzeitig die Einnahmen aus Beiträgen und Spenden zurück[446]. Folglich bestand das Ziel der neuen Armenpolitik auch in einer Erhöhung der freiwilligen Beiträge zur Armenkasse, die durch Dalberg insbesondere durch eine ausgeprägte, modern anmutende Öffentlichkeitsarbeit verfolgt wurde. So zeigte er durch regelmäßige Veröffentlichungen im Regierungs- und Intelligenzblatt nicht nur, wie sinnvoll und effektiv die geleisteten Mittel eingesetzt wurden, sondern übte dadurch gleichfalls einen gewissen Druck auf die Gesellschaft zur Einzahlung der freiwilligen Beiträge in einer gewissen Regelmäßigkeit und der gewünschten Höhe aus[447]. Tatsächlich unterstützte die Regensburger Bürgerschaft Dalbergs Reformen. Doch nach der Umstellung von finanziellen Almosen auf Naturalverpflegung gingen die Zahlungen zurück, woraufhin die freiwilligen Beiträge faktisch in eine Zwangsabgabe umgewandelt wurden, indem eine Abweichung von dem

441 Albrecht, Fürst von Regensburg, S. 73-82 (79); Kick, Städtische Sozialpolitik, S. 348-370 (351); vgl. auch Dirmeier, S. 265-282 (266).

442 Kick, Soziale Fürsorge, S. 74.

443 Kick, Soziale Fürsorge, S. 74/75.

444 Kick, Städtische Sozialpolitik, S. 348-370 (352).

445 Vgl. RIB, 51. Stück v. 21.12.1803, Bekanntmachung v. 20.12.1803; Schlaich, Reichsstifte, S. 163-376 (291); Kick, Städtische Sozialpolitik, S. 348-370 (355).

446 Kick, Städtische Sozialpolitik, S. 348-370 (355).

447 Kick, Städtische Sozialpolitik, S. 348-370 (355); Albrecht, Fürst von Regensburg, S. 73-82 (80); Hömig, S. 311.

einmal freiwillig geleisteten Beitrag besonders begründet werden musste[448]. Dies entsprach auch der Einstellung des Landesherrn, wonach der Staat, falls Stiftungsmittel und freiwillige Zuwendungen nicht ausreichten, berechtigt und verpflichtet wäre, Zwangsabgaben in Form einer Armensteuer zu erheben[449]. Gleichwohl konnte hierdurch die permanente Finanznot der Armenkasse nicht beseitigt werden und auch der wiederholte Hinweis der Regierung an die Wohltätigkeitsstiftungen, dass diese ihre Überschüsse an den Lokalarmenfonds abführen müssten, wurde von den Stiftungsadministratoren stets mit Hinweis auf die Stiftungsbestimmungen zurückgewiesen[450].

Begleitend zur Reform der Verwaltungsorganisation erfolgte bereits im November 1803 eine Armenzählung, um den Armenstand eruieren und auf Grundlage dieser listenmäßigen Erfassung künftig den Fortbestand der Bedürftigkeit in Abständen überprüfen zu können[451]. Dem Armenstand zugerechnet und als „konskripierte Arme" erfasst wurden 1.918 Personen, davon 333 Männer, 761 Frauen und 824 Kinder, die als ganz oder teilweise arbeitsunfähig oder über keine andere Einnahmequelle verfügend galten. Diese wurden in der Regel mit Hilfe des Almosen, also einer einmaligen oder regelmäßigen Hilfe zum Lebensunterhalt in Form von Geld- oder Sachleistungen, unterstützt[452], wobei die anfängliche Geldunterstützung im Jahre 1805 wegen Missbrauchsvorwürfen von der Naturalunterstützung in der „Suppenanstalt" abgelöst wurde[453]. Wie schon die vorgenannten Zahlen belegen, stellten Kinder und Jugendliche einen erheblichen Teil der zu unterstützenden Personen. Auch diese Gruppe erhielt ein regelmäßiges, an die (Pflege-)Eltern ausbezahltes Almosen, wobei Kindern bis zum zehnten Lebensjahr ein geringerer Bedarf als Jugendlichen zugesprochen wurde. Mit

448 Kick, Soziale Fürsorge, S. 75.

449 Vgl. Albrecht, Fürst von Regensburg, S. 73-82 (78); vgl. auch Dalberg, Armenpolizei, S. 183-215 (insb. 197).

450 Vgl. StAA, Regierung des Regenkreises, Kammer des Innern, Nr. 882; Kick, Städtische Sozialpolitik, S. 348-370 (355).

451 RIB, 46. Stück v. 16.11.1803, Bekanntmachung der Armendirektion v. 15.11.1803; Kick, Armenpflege, S. 86/87; Albrecht, Fürst von Regensburg, S. 73-82 (79).

452 RIB, 46. Stück v. 16.11.1803, Bekanntmachung der Armendirektion v. 15.11.1803; Kick, Armenpflege, S. 86/87.

453 StAA, Ft. Regensburg, Geheime Kanzlei 354, Kurze Übersicht der Geschäftsbehandlung bey der Armenversorgungs-Anstalt zu Regensburg v. 01.08.1804 (insb. Punkt 7. b., S. 19); RIB, 52. Stück v. 26.12.1804, „Bekanntmachung. Die Einführung der Rumfordischen Suppe betreffend" v. 23.12.1804, S. 561-565, insb. § 16, S. 564; vgl. RIB v. 09.02.1805, Beylage zum VI. Stück v. 08.02.1805 („Bekanntmachung. Die Rechnung des Kurfürstl. Armen-Instituts vom Jahre 1804 betreffend"); Kick, Armenpflege, S. 88/91; Albrecht, Fürst von Regensburg, S. 73-82 (79); vgl. auch Hausenstein, S. 124; Hömig, S. 311.

dem 15. Lebensjahr, dem gleichzeitigen Ende der Schulpflicht, wurde die Unterstützung in Erwartung der künftigen Eigenversorgung eingestellt[454].

Bemerkenswert in diesem gesamten Kontext ist die Tatsache, dass der Bezug von Armenhilfe einschneidende rechtliche Einschränkungen nach sich zog. Neben der fehlenden Zuerkennung des Wahlrechts waren die Empfänger nicht nur verpflichtet, den Armenpflegern hinsichtlich ihrer persönlichen Verhältnisse uneingeschränkt Auskunft zu erteilen; vielmehr schuldeten sie diesen auch entsprechenden Gehorsam. In ihrer Freizügigkeit eingeschränkt konnten sie des Weiteren zu jeder Arbeitstätigkeit gezwungen werden. Aufgrund dieser politischen wie gesellschaftlichen Ächtung war es für die Unterschicht der Bevölkerung deshalb entscheidend, erst gar nicht in den Armutsstatus zu gelangen. Angesichts der Tatsache, dass nur wenige Einrichtungen des städtischen Sozialwesens präventiv wirkten, war dies jedoch oftmals nicht zu vermeiden[455].

Die Frage des Unterstützungswesens verband sich für Dalberg gleichzeitig mit der Sorge für das Volksschulwesen, der Ausbildung einer hoch qualifizierten Geistlichkeit und der Beschaffung von Arbeits- und Erwerbsgelegenheiten für die Masse der Untätigen[456].

Ausgehend von seiner Ansicht, dass der Staat durch eine Förderung der Armenbeschäftigung und der dadurch bedingten Möglichkeit der Armen, ihren individuellen Verhältnisse entsprechend primär selbst für sich zu sorgen[457], auch Hilfe zur Selbsthilfe leisten müsse, ließ Dalberg daher eine „Versorgung mit Arbeit" installieren, um Arme als Leiharbeiter an private Arbeitgeber zu vermitteln oder sie bei öffentlichen Bauvorhaben einzusetzen. Die Bezahlung richtete sich nach der individuellen Qualifikation, lag aber, da von den Löhnen die Kosten für die Verpflegung in der Suppenanstalt an die Armenkasse zurückgeführt wurden, niedriger als die damals üblichen. Als weitere Arbeitsmöglichkeiten dienten staatliche oder städtische Unternehmen wie beispielsweise das 1806 gegründete „Ziegelinstitut", die, geführt wie moderne Beschäftigungsgesellschaften, Arbeitslose in Lohn und Brot nahmen und für die öffentliche Hand billig produzierten[458]. Um der großen Zahl unverheirateter Mütter Arbeit zu ermöglichen, wurde 1804 eine Kinderkrippe wiedereingerichtet. Trotz großzügiger Ausstattung wurde sie allerdings nicht angenommen[459].

454 Kick, Städtische Sozialpolitik, S. 348-370 (360).

455 Kick, Städtische Sozialpolitik, S. 348-370 (367).

456 Hausenstein, S. 121; Probst, S. 27-31 (30). Zum Schulwesen siehe V.3.b.cc.(4).

457 Kick, Soziale Fürsorge, S. 71-75 (71); vgl. ders., Amenpflege, S. 51/52/93; vgl. auch Albrecht, Fürst von Regensburg, S. 73-82 (78).

458 Kick, Soziale Fürsorge, S. 71-75 (73); ausführlich ders., Armenpflege, S. 93-98; Probst, S. 27-31 (30); siehe auch Hömig, S. 46/311.

459 Kick, Soziale Fürsorge, S. 71-75 (73); ausführlich ders., Armenpflege, S. 98/99.

Im Rahmen der bereits 1801 in Regensburg eingeführten und von Dalberg forcierten Pockenschutzimpfung gewann die Armenpflege an öffentlicher Bedeutung. Denn trotz skeptischer Stimmen seitens der Bürgerschaft wurde diese Impfung zuerst bei den Kindern der Armen eingeführt und konnte sich so in der Folgezeit auch allgemein durchsetzen. Im eigens zu diesem Zweck unter Dalberg eingerichteten „Schutz-Pocken-Institut" wurden die Impfmaßnahmen bei den dort für einige Zeit verköstigten und gepflegten Kindern systematisch durchgesetzt[460].

(b) Waisen- und Findelkinder

Als traditionellem Kernbereich der Fürsorge wurde der Versorgung der Waisen und Findelkinder[461] besondere Aufmerksamkeit geschenkt.

Während für die katholischen Waisen, worunter lediglich die ehelich geborenen Waisen bzw. die vaterlosen Halbwaisen fielen[462], bereits seit dem Jahre 1731 ein vom Domkapitel verwaltetes Waisenhaus existierte[463], wurden die evangelischen Waisen im Zucht- und Arbeitshaus untergebracht. Erst im November 1809 konnte für Letztere mit Hilfe von Mitteln der vom Almosenamt verwalteten Waisenhausstiftung ein neues Heim eröffnet werden, das die Waisen dem schlechten Einfluss ihrer ehemaligen Mitinsassen entzog und ihnen annehmbare Lebensbedingungen ermöglichte[464]. Für die unehelich geborenen katholischen Waisen und Findelkinder wiederum bestanden weiterhin die im Jahre 1780 eingerichteten Findelfonds[465].

Zur Gruppe der Waisen und Findelkinder zählten auch die sogenannten Sozialwaisen – beispielsweise Kinder, deren Mütter ledig, geschieden oder verlassen worden waren, Kinder von Strafgefangenen oder von herumziehenden, aber in Regensburg beheimateten Bettlern sowie Kinder, deren Pflegeeltern verstor-

460 Vgl. RIB, 5. Stück v. 02.02.1803, Aufforderung v. 31.01.1803; 7. Stück v. 16.02.1803, Einladung v. 14.02.1803, und 9. Stück v. 02.03.1803, Mitteilung über Eröffnung des Schutz-Pocken-Instituts v. 28.02.1803; Kick, Städtische Sozialpolitik, S. 348-370 (366); ders., Soziale Fürsorge, S. 73.

461 Kick, Städtische Sozialpolitik, S. 348-370 (360).

462 Vgl. StAA, Regierung der Oberpfalz, Kammer des Innern, Nr. 2129; Kick, Städtische Sozialpolitik, S. 348-370 (360).

463 Vgl. StAA, Regierung der Oberpfalz, Kammer des Innern, Nr. 2129; Kick, Städtische Sozialpolitik, S. 348-370 (360); zum Gründungsprozess vgl. ausführlich Hausberger, Gottfried Langwerth von Simmern, S. 63-370 (296-312); Kick, Soziale Fürsorge, S. 74.

464 StadtAR, Almosenamt A 115; Kick, Städtische Sozialpolitik, S. 348-370 (360); ders., Soziale Fürsorge, S. 74; Hömig, S. 311.

465 Vgl. StAA, Regierung der Oberpfalz, Kammer des Innern, Nr. 2129; Kick, Städtische Sozialpolitik, S. 348-370 (360).

ben waren oder ihre Aufgabe nicht mehr erfüllen wollten[466]. Diese ließ der Armenpflegschaftsrat bei fremden Eltern gegen Kostgeld versorgen, was allerdings oftmals als Erwerbsquelle missbraucht wurde. Da sich die Fürsorgebehörden des infolge Vernachlässigung entstehenden Teufelskreises von Armut und Verelendung für die Kinder der untersten sozialen Schicht durchaus bewusst waren, wurde seit dem Ende des 18. Jahrhunderts die präventive Armenpflege bei Kindern als neuer, bedeutsamer Aspekt des Fürsorgewesens verfolgt. Jedoch ist in diesem Zusammenhang nicht zu vergessen, dass dem 19. Jahrhundert der Gedanke von Chancengleichheit noch vollkommen fremd war. Infolgedessen beschränkten sich die Bemühungen auf das Ziel, die Kinder und Jugendlichen auf die Lebensverhältnisse ihrer Schicht vorzubereiten und sie dem Milieu der Bettler und Gauner zu entziehen[467].

(c) Die Krankenversorgung

Neben dem Waisenhausbau sollte auch der Krankenhausbau im Speziellen bzw. die Krankenversorgung im Allgemeinen die öffentliche Wohlfahrt fördern[468]. Insbesondere für die Entwicklung einer modernen medizinischen Versorgung nahm wiederum die Armenpflege eine bedeutende Rolle ein. Denn ursprünglich als Einrichtungen zur Aufnahme von kranken Armen etabliert, entwickelten sich die Krankenhäuser und Spitäler erst im Laufe des 19. Jahrhunderts zu Häusern, die Kranke aufnahmen, obwohl sie arm waren. Erst durch diesen Wandel verlor das Krankenhaus seinen Charakter als Einrichtung der Armenpflege[469].

Da die häufigste Ursache für Armut die zum Verdienstausfall führende Krankheit darstellte[470], lag in der medizinischen Versorgung der Armen – neben Armenbeschäftigung und Almosen – die dritte Form der ambulanten Armenfürsorge[471]. So waren in jeder Wacht mindestens ein Arzt sowie ein Wundarzt oder Chirurg und eine Hebamme tätig. Während die Ärzte unentgeltlichen Dienst leisteten, wurden die Kosten der Anderen von der Armenkasse getragen. Gleichfalls wurden die Kosten für die Medikamente, die aus den Armenapotheken bezogen und von diesen an die Armen ausgegeben wurden, durch die Armenkasse

466 Zahlreiche Beispiele hierzu in StadtAR, Zentralregistratur 6267, Acten des Stadt-Magistrats Regensburg. Betreff. Aufsicht auf Pflege- und Kost-Kinder (1855/89); Kick, Städtische Sozialpolitik, S. 348-370 (361).

467 Kick, Städtische Sozialpolitik, S. 348-370 (361/362).

468 Kick, Soziale Fürsorge, S. 73.

469 Kick, Soziale Fürsorge, S. 73; ders., Städtische Sozialpolitik, S. 348-370 (363).

470 Kick, Städtische Sozialpolitik, S. 348-370 (362).

471 Kick, Soziale Fürsorge, S. 73.

rückerstattet[472]. Ein für die damalige Zeit moderner Sanitätsrat, gebildet von den universitär ausgebildeten Ärzten und den Apothekern der Stadt, übernahm unter anderem die gesetzliche Leichenschau und traf die Anordnungen zur Vorbereitung einer gesetzlichen Pockenschutzimpfung[473]. Die Armenkrankenpflege im engeren Sinn umfasste die Versorgung der konskribierten Armen im Krankheitsfalle[474], wobei der organisatorische Aufbau die Leitung durch den Stadtgerichtsarzt, der als Mitglied der Armenkommission eine Verbindung zur Armenpflege herstellen konnte, und die Tätigkeit zweier Armenärzte – je einer für die obere und die untere Stadt – vorsah[475]. Eine vollumfängliche Versorgung durch die Armenpflege wurde denjenigen Kranken zuteil, die alleinstehend waren und die täglichen Verrichtungen nicht mehr selbständig ausführen konnten[476].

Wenngleich – ähnlich den Waisenhäusern – ein vom Domkapitel verwaltetes katholisches Krankenhaus existierte, fehlte ein solches für die Angehörigen der evangelischen Konfession. Angesichts knapper finanzieller Mittel ließ die Armenkommission – unter strikter Trennung von Krankenzimmern und Verwaltungen nach Konfessionen – im Jahre 1806 im Rahmen der Erweiterung des katholischen Krankenhauses aber einen evangelischen Krankentrakt anbauen[477]. Trotz entsprechender Stimmen, die eine städtische „allgemeine Krankenanstalt" im Stadtgebiet für alle Konfessionen, also auch für Juden und Muslime, und alle Arten von Kranken, auch die bisher ausgeschlossenen, forderten, wurde ein solches während der Regierungszeit Dalbergs nie realisiert[478].

(d) Die Altenversorgung

Die Altenversorgung, konkreter die Versorgung der alten, geisteskranken, invaliden oder ansteckend kranken Menschen des Fürstentums, nahm einen weiteren Bereich der Fürsorge ein.

Während die bürgerlichen Alten in traditionellen Einrichtungen, wie zum Beispiel dem St.-Katharinenspital, untergebracht waren, stand für die nichtbür-

---

472 „Vorläufige Instruktion für die exekutive Armen-Direktion, für das Clinicum und die Krankenversorgung bei dem Armenwesen, für die Wachtdeputationen", Regensburg, 01.08.1803 (insgesamt 4 Teile), StAA, Ft. Regensburg, Geheime Kanzlei 354; Kick, Soziale Fürsorge, S. 73.

473 Färber, Fürstentum, S. 33-56 (38/39); Hömig, S. 332.

474 Kick, Städtische Sozialpolitik, S. 348-370 (364).

475 Kick, Städtische Sozialpolitik, S. 348-370 (364).

476 Kick, Städtische Sozialpolitik, S. 348-370 (361/362).

477 Kick, Städtische Sozialpolitik, S. 348-370 (363); ders., Soziale Fürsorge, S. 73.

478 Vgl. StAA, Ft. Regensburg, Geheime Kanzlei 111; Kick, Städtische Sozialpolitik, S. 348-370 (363/364); ders., Soziale Fürsorge, S. 74.

gerlichen Alten, sowie die invaliden und behinderten Personen der Pfründhof am Sterzenbach zur Verfügung. Wenngleich Dalberg diesbezüglich bereits im Jahre 1804 einen dringenden Reformbedarf feststellte, konnte angesichts konfessioneller Streitigkeiten um das Stiftungsvermögen und des Übergangs Regensburgs an Bayern erst im Jahre 1833 eine Lösung gefunden werden[479].

(e) Das Bettelwesen

Das in Regensburg überhand nehmende Bettelwesen konnte mit Hilfe eines äußerst strikten Verbots des Straßen- und Hausbettels, das im Falle wiederholter Verstöße durch eine Tracht „leibesconstitutionsmäßige[r] Schläg[e]“ geahndet werden sollte[480], nicht nur eingedämmt, sondern sogar ausgerottet werden[481].

(f) Fazit

Beim Übergang Regensburgs an Bayern hatten die Reformen der dalbergischen Regierung bereits einige Teile der Selbstverwaltung im Kommunal- und Stiftungswesen, die in Bayern erst schrittweise eingeführt werden und schließlich in der Verfassungsurkunde von 1818 ihren Abschluss finden sollten, vorweggenommen[482]. Für eine Beurteilung, ob Dalbergs Reformansätze, die jedenfalls als zeitgemäß, in gewisser Weise sogar als modern bezeichnet werden könnten, von dauerhaftem Erfolg gekrönt gewesen wären, währte seine Regierungszeit zu kurz. Gleichwohl stellt das Fürstentum Regensburg gerade in sozialpolitischer Hinsicht keine bloße Episode, sondern vielmehr eine Epoche zwischen ihrer Eigenschaft als Reichsstadt und bayerischer Bezirksstadt dar[483].

(4) Schul- und Bildungswesen

Ein besonderes Augenmerk legte Dalberg Zeit seines Wirkens auf die Bildung und die Förderung von Bildungsanstalten[484] - standen beide Aspekte für ihn doch mit dem Fürsorgewesen in Verbindung[485].

---

479 Kick, Soziale Fürsorge, S. 74.

480 RIB, 30. Stück, „Verordnung, das Verbot des Bettelns betr.“ v. 22.07.1803, II.c.; Hausenstein, S. 123.

481 Hausenstein, S. 124.

482 Kick, Städtische Sozialpolitik, S. 348-370 (352); vgl. ausführlich ders., Armenpflege, S. 142-148.

483 Kick, Soziale Fürsorge, S. 75.

484 Vgl. hierzu ausführlich z.B. Scherg, Theodor Josef, Das Schulwesen unter Karl Theodor von Dalberg, besonders im Fürstentum Aschaffenburg (1803-1813) und im Großherzog-

So setzte er sich bereits ab dem Zeitpunkt seiner Regierungsübernahme im Jahre 1802 für eine Straffung und Neugliederung der Schulverwaltung ein[486] und schuf zu diesem Zweck durch Dekret vom 2. Mai 1803 eine Schulkommission. Eingerichtet für das katholische Schulwesen des Fürstentums, umfasste diese unter der Leitung des Scholastikus des Domkapitels neben zwei weltlichen und zwei geistlichen Mitgliedern eine weitere Person zur Beratung des Schulplans[487]. Das evangelische Konsistorium mit dem Superintendent Richter an der Spitze blieb weiterhin für die evangelischen Schulen zuständig[488]. Allgemein sollte in den Schulen den Mitgliedern aller christlicher Konfessionen die gleiche Förderung zuteil werden. Auch wurde die jüdische Bevölkerung ausdrücklich „gegen Beleidigung und beschimpfende Behandlung in Schutz genommen“[489].

Nach modernen Gesichtspunkten geordnet wurde das gesamte Schulwesen schließlich durch das Schuledikt von 1805. In diesem Zusammenhang lässt sich allgemein bemerken, dass das Schulwesen selbst zwar zunehmend auf den Staat ausgerichtet war, die Betonung jedoch zugleich darauf lag, dass neben der christlichen Ausrichtung stets der liberale Geist herrschen sollte. Die Schule selbst wurde in den Dienst des Lebens gestellt[490]. Der geltende Schulzwang wurde streng durchgesetzt[491] und am 10. April 1805 der verpflichtende Besuch einer Sonntagsschule eingeführt. Diese war von Mädchen und Knaben, welche die Volksschule bereits abgeschlossen hatten, zur „Aufhellung der Begriffe“ zu besuchen[492].

Wenngleich sich der Volksschulunterricht offensichtlich als etwas verwildert präsentierte[493], hatte der Benediktiner Joseph Benedikt Puchner, der alsdann in die oben angesprochene Schulkommission übernommen wurde, die Grundlagen für das Volksschulwesen doch bestens bereitet. Dalbergs Aufgabe bestand nun darin, die bestehenden Bildungseinrichtungen zusammenzufassen, finanziell

---

tum Frankfurt (1810-1813), 2 Teile, München-Solln 1939; vgl. allgemein Kraus, Zirngibl, 103 (1963), Nr. 52 v. 07.01.1803, S. 104-106 (104/105); Nr. 62 v. 14.06.1803, S. 120-121 (120); Schwaiger, Fürstentum, S. 42-65 (54).

485 Hausenstein, S. 124/127; Probst, S. 27-31 (30).

486 Klose/Spies, Carl von Dalberg, S. 196-198 (197).

487 Schwaiger, Fürstentum, S. 42-65 (55); Klose/Spies, Carl von Dalberg, S. 196-198 (197); vgl. auch RIB, 48. Stück v. 30.11.1803, S. 1-12 (12), siehe Anhang II (S. 218).

488 Schwaiger, Fürstentum, S. 42-65 (55); Probst, S. 27-31 (30); Färber, Übergabe Regensburgs, S. 33-56 (40); vgl. auch RIB, 48. Stück v. 30.11.1803, S. 1-12 (12), siehe Anhang II (S. 218).

489 Klose/Spies, Carl von Dalberg, S. 196-198 (197).

490 Klose/Spies, Carl von Dalberg, S. 196-198 (197).

491 Hausenstein, S. 127; vgl. auch unter Färber, Fürstentum, S. 33-56 (38).

492 Schwaiger, Fürstentum, S. 52-65 (56).

493 Vgl. RIB, 44. Stück v. 02.11.1803, Bekanntmachung v. 30.10.1803; Hausenstein, S. 127.

zu sichern und sinnvoll zu fördern[494]; dazu betrieb er energisch die Errichtung örtlicher und staatlicher Schulfonds[495]. Da Dalberg allerdings auch eine gesicherte Bezahlung der Lehrer als eine Grundvoraussetzung für das gesamte Bildungswesen erachtete, setzte er diese durch und gewährte zugleich Gehaltszulagen, insbesondere für die schlecht besoldeten Volksschullehrer protestantischer Konfession[496]. Die Volksschulen selbst wurden stärker als bisher auch für Mädchen zugänglich gemacht und deren Unterricht den beiden Regensburger Frauenklöstern der Dominikanerinnen und der Klarissen anvertraut[497].

Während das Volksschulwesen also erweitert und vertieft wurde[498], bedurften die höheren Schulen, sprich die beiden Gymnasien, darunter das alte reichsstädtische Gymnasium Poeticum, keiner merklichen Umformung und konnten unverändert bestehen bleiben. Nur die beiden „Lateinischen Schulen" wurden verschmolzen und als Lateinschule der Alten Kapelle bis zum Jahre 1811 wietergeführt[499]. Nach anfänglichen Misserfolgen gelang es Dalberg im Jahre 1807 schließlich auch, eine Realschule zu gründen. Diese – als völlig neuer Schultypus durch die Aufklärung geschaffen – diente dazu, dass „Knaben, die einer höhern Bildung fähig sind, von der Zeit des Austrittes aus der gewöhnlichen Schule bis zum Antritt einer Berufsart oder Erwählung eines Standes sich noch mehr vervollkommnen und mit höheren Kenntnissen bereichern können"[500].

Um besondere Begabungen entsprechend fördern zu können, ließ Dalberg in Regensburg mehrere Fachschulen einrichten, in denen sich neue Ausbildungsmöglichkeiten eröffneten. Neben einer für Mädchen und Jungen zugänglichen Industrieschule für größere Handarbeiten und einer Italienischen Schule zur Erlernung der italienischen Sprache wurden 1808 eine Zeichenschule und 1809 eine Stickschule ins Leben gerufen[501].

Gekrönt wurden Dalbergs Bemühungen um das Bildungswesen durch die am 22. Dezember 1808 verfügte Verlegung der Mainzer Universität nach Aschaffenburg. Diese Universität, die allen Anforderungen der Zeit entsprach,

---

494 Schwaiger, Fürstentum, S. 42-56 (55); Probst, Dalberg, S. 27-31 (30).

495 Schwaiger, Fürstentum, S. 42-65 (55).

496 Klose/Spies, Carl von Dalberg, S. 196-198 (197); Hausenstein, S. 127; vgl. auch Schwaiger, Fürstprimas, S. 11-27 (22); siehe auch Hömig, S. 332.

497 Klose/Spies, Carl von Dalberg, S. 196-198 (197); Probst, S. 27-31 (30); vgl. RIB, 44. Stück v. 02.11.1803, Bekanntmachung v. 30.10.1803.

498 Klose/Spies, Carl von Dalberg, S. 196-198 (197).

499 Schwaiger, Fürstentum, S. 42-65 (56/57); vgl. auch Klose/Spies, Carl von Dalberg, S. 196-198 (197).

500 Hollweck, S. 140; Schwaiger, Fürstentum, S. 52-65 (57); Probst, S. 27-31 (30).

501 Schwaiger, Fürstentum, S. 42-65 (56); Klose/Spies, Carl von Dalberg, S. 196-198 (197); Beaulieu-Marconnay, Bd. 2, S. 146.

sollte nicht nur die höheren Wissenschaften, „sondern auch die Gründung und Verbesserung sämmtlicher untern Schulen, an welchen so Vieles gelegen ist, mit einem Worte, alle Lehr-Anstalten in sich fa[ssen]“[502].

(5) Steuer- und Finanzwesen

(a) Schuldentilgung

Eines der drängendsten Probleme, denen sich die neue Regierung zu stellen hatte, war die Verschuldung der ehemaligen Reichsstadt Regensburg und damit einhergehend die erforderliche Neuordnung des gesamten Finanzwesens[503]. Denn während die Klöster und Stifte durchweg geordnete Finanzen präsentieren konnten[504], hatte sich in der Reichsstadt durch Kriegsgeschehnisse, unglückliche Umstände und nicht zuletzt die Nachlässigkeit und Misswirtschaft der reichsstädtischen Verwaltung ein Schuldenstand in Höhe von 1.463.751 fl. aufgebaut[505].

Der erste und einer der wesentlichsten Eingriffe in die Finanzverwaltung der ehemaligen Reichsstadt lag daher in Dalbergs Schuldentilgungspolitik[506]. Nachdem sich der neue Landesherr mit dem Stand der Finanzen eingehend auseinander gesetzt hatte[507], ernannte er aus den Reihen seiner Finanzbeamten eine Schuldentilgungskommission[508] und ließ bereits im September 1803 eine Schuldentilgungskasse einrichten, die die bestehenden Verbindlichkeiten tilgen, verzinsen und verwalten sollte[509] und ihre Tätigkeit am 1. Dezember des gleichen Jahres antrat[510].

---

502 Beaulieu-Marconnay, Bd. 2, S. 146-148; Klose/Spies, Carl von Dalberg, S. 196-198 (197). Vgl. zur Universität bereits unter V.2.b.bb.(4).

503 Nemitz, Zwischen Reich und Bayern, S. 285-298 (291); Beaulieu-Marconnay, Bd. 2, S. 4; Färber, Kaiser und Erzkanzler, S. 51/54; ders., Reichsverräter, S. 153-175 (170).

504 Nemitz, Zwischen Reich und Bayern, S. 285-298 (291).

505 Vgl. StAA, Ft. Regensburg, Geheime Kanzlei 296; Nemitz, Zwischen Reich und Bayern, S. 285-298 (291); Hausenstein, S. 106.

506 Nemitz, Die direkten Steuern, S. 547.

507 RIB, 37. Stück v. 14.09.1803, Verordnung v. 01.09.1803; Hausenstein, S. 106.

508 Hausenstein, S. 107; Schlaich, S. 291; Zugschwert, S. 116.

509 Nemitz, Zwischen Reich und Bayern, S. 285-298 (291); ders., Die direkten Steuern, S. 547; vgl. RIB, 44. Stück v. 02.11.1803, Verordnung v. 26.10.1803; Schönfeld, S. 5-148 (126/127); StAA, Geheime Kanzlei 292 (Reg. KdI 6383), „Status des Schuldentilgungsfonds“, Kapitalstand v. 28.12.1803.

510 Vgl. RIB, 37. Stück, 14.09.1803, Verordnung v. 01.09.1803; vgl. RIB, 44. Stück v. 02.11.1803; Nemitz, Zwischen Reich und Bayern, S. 285-298 (291).

Während ab dem Sommer des Jahres 1803 ärmeren Gläubigern, die günstigere Anlagen suchten, ansehnliche Abschlagszahlungen gewährt wurden[511], wurden die bestehenden hypothekarischen Sicherheiten garantiert und die Forderungen drängender Gläubiger durch Dalberg unter Selbsteintritt in deren Rechte sofort befriedigt[512].

Ein spezieller Amortisationsplan vom 26. Oktober 1803[513] legte schließlich das weitere Prozedere fest. Die Gesamtschuld erfuhr eine Aufteilung in 5.782 nummerierte, verzinsliche und steuerbare Namensschuldverschreibungen zu einem Wert von je 250 Gulden, welche ihrerseits nach dem zugrundeliegenden festen Tilgungsplan bis zum Jahre 1844 rückbezahlt werden sollten[514]. Über die Rückzahlung der seitens der Gläubiger gekündigten Obligationsnummern entschied dabei jeweils das Los[515].

Um die Schuldentilgungskasse selbst auf eine sichere Grundlage zu stellen, musste die Finanzverfassung vollkommen neu organisiert werden. Diese neue Verfassung, welche die Stadt Regensburg nahezu ihrer gesamten Finanzautonomie beraubte, trat am 1. Januar 1804 in Kraft. Die wesentlichen Finanzquellen, die nunmehr als landesherrliche Einkünfte galten[516], wurden direkt von der kurfürstlichen Stadtobereinnahme eingezogen oder aber vom Maut- und Ungeldamt an diese abgeführt. Da der Tilgungskasse jährlich die Hälfte der städtischen Jahreseinnahmen, mindestens aber 75.000 fl. als garantierte Jahreseinnahmen, zur Tilgung und Verzinsung der Stadtschuld zugewiesen wurden, überwies die Stadtobereinnahme in der Folge die Hälfte der Einkünfte, mindestens aber die 75.000 Gulden, an den Schuldentilgungsfonds[517], die andere Hälfte hingegen als ordentliche Steuereinnahme an das Hauptrentamt. Der Stadt selbst verblieben dadurch lediglich ihre privatwirtschaftlichen Einkünfte, welche wiederum von der Stadtobereinnahme eingezogen und je zur Hälfte an den Schuldentilgungsfonds sowie die Stadtkämmerei überwiesen wurden. Da diese Einkünfte allerdings viel zu gering waren, um die kommunalen Aufgaben erfüllen

511 Hausenstein, S. 107.

512 Hausenstein, S. 106.

513 RIB, 44. Stück v. 02.11.1803, Verordnung v. 26.10.1803; Hausenstein, S. 107; Schlaich, S. 291.

514 RIB, 44. Stück v. 02.11.1803, Verordnung v. 26.10.1803, § 3; vgl. StAA, Ft. Regensburg, Geheime Kanzlei 292; Nemitz, Zwischen Reich und Bayern, S. 285-298 (291); ders., Die direkten Steuern, S. 547; Hausenstein, S. 107/108; Schlaich, S. 291.

515 Nemitz, Zwischen Reich und Bayern, S. 285-298 (291); vgl. Hausenstein, S. 108.

516 Vgl. StadtAR, MR 145; Nemitz, Zwischen Reich und Bayern, S. 285-298 (292).

517 Vgl. RIB, 37. Stück v. 14.09.1803, Einführung nöthiger Sparsamkeit, § 2; 44. Stück v. 02.11.1803, § 1; Nemitz, Zwischen Reich und Bayern, S. 285-298 (292); ders., Die direkten Steuern, S. 547; Schönfeld, S. 5-148 (126).

zu können, musste das Hauptrentamt dieses Defizit ausgleichen, weshalb die Stadt letztlich zum Kostgänger der Landesregierung degradiert wurde[518]. Um allgemein Vertrauen in sein Schuldentilgungsprojekt zu gewinnen, ließ Dalberg sein gesamtes Tilgungsunternehmen auch publizieren und über den Fortgang der Schuldentilgung jährlich Bericht erstatten[519].

Die Strategie der dalbergischen Regierung erwies sich insgesamt als äußerst erfolgreich, da allein bis zum Ende des Jahres 1807 fast 30.000 fl. mehr rückbezahlt werden konnten, als zuvor veranschlagt worden waren[520]. Insgesamt betrug die Stadtschuld am Ende der Dalbergzeit noch 1.278.749 fl., der Zinsbedarf lag bei 59.144 fl. 16 kr.[521]. Dies kann darauf zurückgeführt werden, dass Dalberg neben größtmöglicher Sparsamkeit alle verfügbaren städtischen Mittel durch alle Ressorts hindurch zur Schuldentilgungskasse führte und aus den Geldern des Hauptrentamtes Zuschüsse gewähren ließ[522]. Zumal trotz der infolge des Reichsdeputationshauptschlusses einheitlichen Regierungsverhältnisse keine direkte Verrechnung mit den vorhandenen Überschüssen der ehemals kirchlichen Herrschaften erfolgte, konnten die Schulden der Reichsstadt somit ausschließlich durch städtische Einnahmen gedeckt und abgetragen werden[523].

Der Erfolg dieser Politik zeigt sich schließlich insbesondere auch darin, dass die bayerische Regierung nach der Übernahme Regensburgs die Finanzpolitik des Dalbergstaates anerkannte und den Tilgungsplan deshalb mit nur geringfügigen Modifikationen aufrecht erhielt[524].

(b) Finanzverwaltung und Steuerreform

In die Phase des Versuchs, der Schuldenlast der ehemaligen Reichsstadt Herr zu werden, fiel auch die Steuerreform, die eine der wichtigsten Leistungen der dalbergischen Regierung darstellte. Da diesbezüglich jedoch bereits einige ausführliche Publikationen existieren, darf sich die vorliegende Arbeit auf die Grundzüge und markantesten Regelungen beschränken.

---

518 Nemitz, Zwischen Reich und Bayern, S. 285-298 (292); vgl. hierzu ausführlicher S. 116/117.

519 Hausenstein, S. 107/Fn. 2, S. 107; vgl. RIB, 44. Stück v. 02.11.1803, § 6.

520 Nemitz, Zwischen Reich und Bayern, S. 285-298 (291); Hausenstein, S. 108 (Vergleich 1809).

521 Hausenstein, S. 109, Fn. 1 mit Quelle; Färber, Fürstentum, S. 33-56 (40).

522 Hausenstein, S. 108; vgl. Schlaich, Reichsstifte, S. 163-376 (291).

523 Nemitz, Die direkten Steuern, S. 547; vgl. Schlaich, Reichsstifte, S. 163-376 (244).

524 Hausenstein, S. 109; Färber, Reichsverräter, S. 153-175 (171); ders., Übergabe Regensburgs, S. 33-56 (40).

Alsbald nach seinem Regierungsantritt erkannte Dalberg die Notwendigkeit einer völligen Reorganisation des Steuer- und Finanzwesens der Stadt Regensburg, um zum einen eine größere Steuergerechtigkeit und zum anderen eine gleichmäßige Verteilung der Steuerlasten zu erreichen[525]. Als Mittel hierzu diente vornehmlich die Besteuerung des Haus- und Grundbesitzes mit Hilfe eines Katastersystems für die gesamte Stadt, welches zugleich erstmals eine durchgehende Nummerierung der Häuser nach Buchstaben und Zahlen im sog. Litera-System ermöglichte[526]. Per Erlass vom 1. Januar 1804 wurde ein Kataster über die Häuser in Regensburg angelegt und eine Steuerperäquation durchgeführt. Beide Maßnahmen erstreckten sich auch über die Felder und Wiesen im Burgfrieden, so dass schließlich das ganze unmittelbare Gebiet des Fürstentums Regensburg von Katastern umfasst war[527].

War der erste einschneidende Eingriff in die Kassenverfassung der vormaligen Reichsstadt in der – wie unter Punkt (a) bereits erläutert – dalbergischen Schuldentilgungspolitik zu sehen[528], erfolgte die entscheidende Umgestaltung der Kassenorganisation selbst durch das Organisationsreskript vom 20. November 1803[529]. In Ergänzung zum Organisationsreskript vom 18. Juli desselben Jahres wurde dem kurfürstlichen Landesdirektorium hierdurch schließlich endgültig zu Lasten des Stadtrats[530] die Verantwortung für das gesamte Steuer- und Abgabewesen im Fürstentum Regensburg zugewiesen[531]. Die Befugnis zur Kassen- und Rechnungsprüfung aber wurde dem Landesdirektorium mit der Gründung der Dalberg direkt unterstellten „Rechnungsaufnahmedeputation" vom 17. April 1804 entzogen[532]. Zur zentralen Einnahme- und Ausgabekasse des Fürstentums Regensburg, an welches die Stifte, Klöster und Landämter mehr oder weniger große Anteile ihrer Einnahmen abliefern mussten, wurde das kurfürstli-

---

525 Nemitz, Die direkten Steuern, S. 547; ders., Grund- und Haussteuer, S. 144/145; Albrecht, Fürst von Regensburg, S. 73-82 (80/82).

526 Ausführlich Nemitz, Grund- und Haussteuer, S. 166-204; Albrecht, Fürst von Regensburg, S. 73-82 (82); Färber, Übergabe Regensburgs, S. 33-56 (40); siehe auch Hömig, S. 310.

527 Schlaich, Reichsstifte, S. 163-376 (260).

528 Nemitz, Die direkten Steuern, S. 547.

529 Siehe bereits unter V.2.b.aa.(2); RIB, 48. Stück v. 30.11.1803, S. 1-12, siehe Anhang II (S. 208-212); Nemitz, Die direkten Steuern, S. 547.

530 Nemitz, Die direkten Steuern, S. 9, Fn. 40; siehe bereits V.3.a.

531 RIB, 48. Stück v. 30.11.1803, S. 1-12 (4), siehe Anhang II (S. 209/210); Nemitz, Die direkten Steuern, S. 547.

532 BayHStA, Hofkommission Regensburg 28 (StAA, Kgl. Hofkommission für Rgbg. 57); Nemitz, Die direkten Steuern, S. 548.

che Hauptrentamt bestimmt[533]. Da dieses die (Personal-)Ausgaben und Einnahmen des Fürstentums zentral verwaltete[534], fungierte die ab Januar 1804 installierte kurfürstliche Stadtobereinnahme, anders als das reichsstädtische Steueramt als ihr Vorgänger, als bloße Einnahmebehörde. Sie erhob alle direkten städtischen Steuern und Abgaben[535] und leitete die Einnahmen, nach Abzug der der Schuldentilgungskasse vorbehaltenen Hälfte, an das Hauptrentamt weiter[536]. Aus der städtischen Verwaltung ausgegliedert und als Landesbehörde direkt dem Landesdirektorium unterstellt[537], hatte die Stadtobereinnahme selbst – anders als das reichsstädtische Steueramt mit nur einer jährlichen Gesamtabrechnung[538] – dem Landesdirektorium monatlich Rechenschaft ab- und jährliche Gesamtabschlüsse vorzulegen[539]. Auch das Ungeld-, Maut- und Salzamt sowie andere Einnahmestellen hatten ihre Einnahmen in bar an die Stadtobereinnahme abzuliefern. Hierdurch fand auch die selbständige Ausgabetätigkeit des Ungeldamtes – einer der Missstände der reichsstädtischen Verwaltung – ihr definitives Ende[540].

Personell und funktional betrachtet fand das ehemals reichsstädtische Steueramt eine nahtlose Fortsetzung in der Stadtobereinnahme, so dass das gesamte steueramtliche Personal der reichsstädtischen Zeit auch unter der Herrschaft Dalbergs im Dienst verblieb[541]. Die Stadtobereinnahme setzte sich demnach aus dem Kämmerer als der Behördenspitze[542], einem Zahlmeister, einem (später zwei) Rentmeister, einem Sekretär, einem Gegenschreiber und zwei Amtsdie-

---

533 Vgl. StAA, Ft. Regensburg, Hauptrentamt 1; Nemitz, Die direkten Steuern, S. 547; siehe auch RIB, 48. Stück v. 30.11.1803, S. 1-12 (6), siehe Anhang II (S. 211); siehe bereits unter V.3.a.cc.

534 RIB, 48. Stück v. 30.11.1803, S. 1-12 (6), siehe Anhang II (S. 211); StAR, MR 145; Nemitz, Die direkten Steuern, S. 547.

535 Nemitz, Die direkten Steuern, S. 8/548/551; vgl. zur Stadtobereinnahme bereits unter V.3.a.cc.

536 RIB, 48. Stück v. 30.11.1803, S. 1-12 (6), siehe Anhang II (S. 211); StAR, MR 145; Nemitz, Die direkten Steuern, S. 548.

537 RIB, 48. Stück v. 30.11.1803, S. 1-12 (6), siehe Anhang II (S. 211); Nemitz, Die direkten Steuern, S. 547.

538 Nemitz, Die direkten Steuern, S. 548.

539 StBR, Rat.civ. 307, Dekret v. 14.07.1806 (zur äußeren Form der monatlichen Rechnungen); vgl. StAA, Hauptrentamt 1; Nemitz, Die direkten Steuern, S. 547-549. Die monatlichen Kassenabschlüsse sind verschollen, vgl. Nemitz, Die direkten Steuern, 551/S. 551, Fn. 85.

540 Nemitz, Die direkten Steuern, S. 547/548.

541 Nemitz,. Die direkten Steuern, S. 551/552.

542 Nemitz, Die direkten Steuern, S. 551.

nern zusammen[543]. In diesem Zusammenhang erfolgte eine bemerkenswerte Personalergänzung: der Zahlmeister des kurfürstlichen Hauptrentamtes wurde zugleich zum Rentmeister der Stadtobereinnahme und der Zahlmeister der Stadtobereinnahme zugleich zum Rentmeister im Hauptrentamt berufen [544]. Diese Verschränkung der beiden Behörden – jeweils ein Angehöriger der vorgesetzten Dienststelle leistete im nachgeordneten Amt Dienst und umgekehrt – diente offensichtlich deren wechselseitiger Kontrolle[545]. Eine gewisse Umstrukturierung erfuhr die Stadtobereinnahme insofern, als unterhalb der Rentmeister zwei Assessores installiert wurden, wovon der eine gleichzeitig Sekretär dieser Behörde war[546]. Wenngleich sich – angesichts nicht erhaltener Dienstanweisungen oder Amtsanordnungen aus der Dalbergzeit – Aufgabenbereich bzw. Kompetenzen der verschiedenen Amtsträger nicht mehr rekonstruieren lassen, ist doch mit großer Wahrscheinlichkeit davon auszugehen, dass sich an der hergebrachten Aufgabenverteilung zwischen den Steuerherren, nunmehr Rent- bzw. Zahlmeistern, und den Steuerschreibern bzw. Substituten, nunmehr Sekretäre, Assessoren und Gegenschreiber, wenig geändert hat[547].

Der Stadt Regensburg beließ die neue Finanzverfassung lediglich einen eng beschränkten Rest finanzieller Eigenständigkeit und ein bescheidenes, auf kommunalen Abgaben basierendes Abgabewesen. Die so erhaltenen Gelder zog die Stadtobereinnahme ein und führte sie an die für die Verwaltung der kommunalen Mittel neu geschaffene Stadtkämmerei ab[548]. Im Rahmen des Einnahmewesens an sich wurde künftig zwischen landesherrlichen und munizipalen Einnahmen unterschieden[549]. Beide Einnahmegruppen wurden noch unterschiedslos von der kurfürstlichen Stadtobereinnahme und damit einer landesherrlichen Behörde erhoben. Anschließend wurde je die Hälfte jedes einzelnen Zahlungseingangs beider Gruppen unmittelbar an die als Zwischenkasse dienende und gesondert verwaltete „schuldentilgungsfonds manualkasse“ abgeführt, die ihren Inhalt zum Ende eines jeden Monats an den Schulden-

543 Kurfürstlicher Staats- und Adreßkalender, Regensburg 1805, S. 46; Nemitz, Die direkten Steuern, S. 551/552.

544 Kurfürstlicher Staats- und Adreßkalender, Regensburg 1805, S. 43/46; Nemitz, Die direkten Steuern, S. 552.

545 Nemitz, Die direkten Steuern, S. 552.

546 Kurfürstlicher Staats- und Adreßkalender, Regensburg 1809, S. 34; Nemitz, Die direkten Steuern, S. 552.

547 Nemitz, Die direkten Steuern, S. 552.

548 RIB, 48. Stück v. 30.11.1803, S. 1-12 (6), siehe Anhang II (S. 211); 37. Stück v. 14.09.1803, Verordnung v. 01.09.1803, Finanz-Ordnung § 1; Nemitz, Die direkten Steuern, S. 548; siehe bereits unter V.3.a.cc.

549 StAR, MR 145, Abschrift eines kurfürstlichen Inskripts v. 04.12.1803 und Folgeverordnung v. 01.01.1804; Nemitz, Die direkten Steuern, S. 548.

tilgungsfonds überweisen musste[550]. Die andere Hälfte dagegen floss in die gewöhnliche Stadtobereinnahmskasse, woraus jeweils am Monatsende die landesherrlichen und munizipalen Einnahmen ausgesondert und die entsprechenden Anteile von der Stadtobereinnahme an das kurfürstliche Hauptrentamt bzw. die Stadtkämmerei abgeführt wurden[551]. Eine exakte Bestimmung erfuhr diese Abgabenscheidung am 31. Dezember 1803 durch landesherrliche Verordnung[552], wodurch fast alle vormals reichsstädtischen Einnahmen inklusive aller direkten und indirekten Steuern künftig als landesherrliche Abgaben galten[553]. Der Stadt wiederum verblieben nur einige eher unbedeutende Zinsen, Gebühren und privatwirtschaftliche Einkünfte[554]. Insgesamt umfassten die munizipalen Einnahmen 27 Einzelposten, wobei ihr allerdings mehrere Einnahmegruppen verblieben; so die Pachteinnahmen aus städtischem Grundbesitz und vom Weißbierbrauhaus, Erträge des städtischen Eigenbesitzes oder Einnahmen aus städtischen Realrechten, wie z.B. Wasser- und Grundzinsen, sowie weitere Abgaben zur „Erreichung guter Absichten", sprich Gebühren zur Aufrechterhaltung der städtischen Infrastruktur wie Wegegeld oder die „Feuerrüstungs Abgabe"[555]. Angesichts der geringen Höhe der städtischen Einkünfte beschränkte sich die selbständige Ausgabetätigkeit der Stadt Regensburg auf wenige Bereiche, darunter den Unterhalt des evangelischen Kirchen- und Schulwesens und das öffentliche Bauwesen als die zwei Hauptschwerpunkte. Zudem hatte, da die Munizipaleinnahmen selbst für diese wenigen Aufgaben offensichtlich nicht ausreichen konnten, das Hauptrentamt an die Stadtkämmerei so viel Geld, wie „zu Bestreitung aller nöthigen und wahrhaft nützlichen Ausgaben erforderlich ist", zu überweisen[556]. Letztlich wurde die Stadtkämmerei somit – wie Jürgen Nemitz es formuliert – aus der kurfürstlichen Zentralkasse alimentiert[557].

---

550 StAR, MR 145, Abschrift eines kurfürstlichen Inskripts v. 04.12.1803; Nemitz, Die direkten Steuern, S. 548.

551 StAR, MR 145, Abschrift eines kurfürstlichen Reskripts v. 04.12.1803; Nemitz, Die direkten Steuern, S. 548/549.

552 StAR, MR 145, Urkunde zur Scheidung städtischer und landesherrlicher Einnahmen und Ausgaben v. 31.12.1803; Nemitz, Die direkten Steuern, S. 549.

553 Nemitz, Die direkten Steuern, S. 549/550. Direkte Steuern waren beispielsweise Wacht- und Beisitzgelder sowie Vermögenssteuern.

554 Nemitz, Die direkten Steuern, S. 549; siehe hierzu bereits S. 112/113.

555 Nemitz, Die direkten Steuern, S. 549, Fn. 73.

556 RIB, 37. Stück v. 14.09.1803, Verordnung v. 14.09.1803, Finanz-Ordnung § 1; Nemitz, Die direkten Steuern, S. 549/550.

557 Nemitz, Die direkten Steuern, S. 550.

Die neue Kassenverfassung, die – wie bereits angesprochen – am 1. Januar 1804 in Kraft trat[558], besiegelte zugleich das Ende der bisherigen Rechnungslegung in Form der steueramtlichen Hauptrechnung. Denn ab dem Jahre 1804 hatten die kurfürstliche Stadtobereinnahme und das kurfürstliche Hauptrentamt, wie oben bereits erwähnt, monatliche Kassenabschlüsse zu fertigen[559].

Wichtig in diesem Zusammenhang ist die Tatsache, dass sich die Umgestaltung des Kassen- und Rechnungswesens im Jahre 1804 nur auf die Organisation der mit dem Steuereinzug befassten Behörden, nicht dagegen auf das materielle Steuerrecht als solches bezog[560], und die reichsstädtischen Steuerbestimmungen selbst deshalb fortgalten[561]. Gleichwohl wurden bereits zu Beginn von Dalbergs Regierungsantritt Bemühungen unternommen, die mit dem geltenden Steuerrechtssystem verbundenen Probleme zu lösen und Missstände zu verbessern. So wurde noch am 1. Dezember 1802 mit der Instruktion zur Einrichtung des provisorischen Landeskommissariats dieses angewiesen, die Verbesserung des Regensburger Steuerwesens in die Wege zu leiten, wobei als primäres Ziel die Errichtung eines einheitlichen Grund- und Haussteuersystems im gesamten Fürstentum Regensburg galt[562]. Infolgedessen versuchte zunächst das provisorische Landeskommissariat, und in der Folge das Landesdirektorium, die Steuerverhältnisse im Gebiet der Stadt Regensburg zu vereinheitlichen[563]. Alsbald wurden die geltenden steuerlichen Immunitäten für die ortsansässigen geistlichen Korporationen, die im Gegensatz zur hohen Steuerlast der Regensburger Bürger keine entsprechenden Abgaben zu leisten hatten, als fiskalisches Problem und als Hindernis einer echten staatlich-politischen Integration der einzelnen Bestandteile des Fürstentums erkannt[564], weshalb man sich in der Folge vornehmlich den ansehnlichen Grund- und Hausbesitz der Stifte und Klöster fiskalisch nutzbar machte[565]. Um eine bayerische Reaktion und eine daraus resultierende Steuererhöhung bezüglich des in Kurbayern gelegenen Mediatbesitzes der entsprechenden Korporationen zu vermeiden, wurde der Weg zur Besteuerung

558 StAR, MR 145, Abschrift eines kurfürstlichen Inskripts v. 04.12.1803; Nemitz, Die direkten Steuern, S. 551.

559 Nemitz, Die direkten Steuern, S. 551; vgl. zur Steueramtshauptrechnung StAR, Cam. 229. Die monatlichen Kassenabschlüsse sind verschollen, vgl. Nemitz, Die direkten Steuern, S. 551, Fn. 85.

560 Nemitz, Die direkten Steuern, S. 553.

561 Vgl. Nemitz, Die direkten Steuern, S. 553/554, mit zahlreichen Beispielen.

562 StAA, Ft. Regensburg, Geheime Kanzlei 6, Instruktion vom 01. Dez. 1802, Abschn. 18; Nemitz, Die direkten Steuern, S. 555/569; vgl. hierzu ausführlich Nemitz, Grund- und Haussteuer.

563 Nemitz, Die direkten Steuern, S. 555.

564 Nemitz, Die direkten Steuern, S. 556.

565 Nemitz, Die direkten Steuern, S. 555.

schließlich vermittels einer Veräußerung der stiftischen und klösterlichen Immobilien durchgesetzt[566]. Da gemäß des auch weiterhin geltenden Stadtrechts der Erwerb von Grund und Boden innerhalb des Burgfriedens nur städtischen Bürgern zustand[567], gelangten die bis dato steuerfreien Immobilien in steuerpflichtige Hände und folglich unter städtische Steuerhoheit. Allerdings wurden die fraglichen Immobilien nicht als freies Eigentum veräußert, sondern vielmehr auf Erbrecht verliehen, um so das Obereigentum (Dominium directum[568]) unveräußerlich in staatlicher Hand zu behalten und den Besitzstand des Fürstentums zu wahren. Die Käufer selbst erhielten damit lediglich das Dominium utile, das Nutzeigentum, zugestanden[569].

Um zugleich das primäre Ziel einheitlicher Besteuerungsverhältnisse innerhalb des Regensburger Stadtgebiets zu erreichen[570], machte sich die Regierung die städtischen Steuerbestimmungen nutzbar. Da sich die Steuerbarkeit einer Immobilie nach der (Nicht-) Steuerpflichtigkeit ihres Inhabers richtete[571], diente das eben beschriebene Nutzeigentum als entscheidender Faktor: Jeder Bürger, der an einer stiftischen Liegenschaft Nutzeigentum erwarb, hatte diese als Eigentümer gegenüber der Stadt zu versteuern, wobei der steuerbare Kapitalwert die Kaufsumme darstellte, um die das Nutzeigentum erworben wurde. Das kurfürstliche Hauptrentamt profitierte davon in dreierlei Hinsicht; denn zum einen erhöhte sich dadurch die Anzahl der steuerbaren Immobilien und damit auch das Steueraufkommen, und zum anderen konnte das Amt die Erbrechtskaufsummen, sprich die Veräußerungserlöse, einkassieren, während sich gleichzeitig aufgrund künftiger Fälligkeit des Laudemiums beim Wechsel des Nutzeigentums, etwa im Falle der Vererbung, eine zusätzliche Einnahmequelle auftat[572].

Doch auch reichsstädtisches Gut, welches als Eigenbesitz der ehemaligen Reichsstadt als von der Dalbergdotation umfasst angesehen wurde[573], führte die Regierung durch die beschriebene Vererbrechtung oder aber durch Verkauf zu freiem Eigentum der Besteuerung zu[574]. Ab dem Jahre 1804 wurden dabei neben

566 StAA, Ft. Regensburg, Geheime Kanzlei 50; Nemitz, Die direkten Steuern, S. 559; vgl. zu dieser Problematik ausführlich ders., S. 557-561.

567 Nemitz, Die direkten Steuern, S. 559; siehe auch Schlaich, S. 163-376 (290).

568 Nemitz, Die direkten Steuern, S. 207.

569 StAA, Ft. Regensburg, Geheime Kanzlei 50; Nemitz, Die direkten Steuern, S. 559/560/562.

570 Vgl. Schmidbauer, S. 64-73 (67); Nemitz, Die direkten Steuern, S. 555/560.

571 Nemitz, Die direkten Steuern, S. 206/558/560; vgl. Schmidbauer, S. 206/207.

572 Vgl. Schmidbauer, S. 64-73 (67); Nemitz, Die direkten Steuern, S. 560; vgl. auch Schlaich, Reichsstifte, S. 163-376 (254-264).

573 Vgl. StAA, Ft. Regensburg, Geheime Kanzlei 50, Gutachten von Gebraths; Nemitz, Die direkten Steuern, S. 560.

574 Nemitz, Die direkten Steuern, S. 560.

Gebäuden auch stadteigene Grundstücke wie Stadtgräben und Zwingerflächen veräußert[575]. Die Vererbrechtungspolitik Dalbergs bediente sich dabei des kurfürstlichen Regierungs- und Intelligenzblatts, in welchem die zum Verkauf stehenden Immobilien öffentlich ausgeschrieben wurden[576]. Die städtische Liegenschaft selbst wurde dann in einer öffentlichen Versteigerung an den Meistbietenden veräußert[577]. Die Veräußerung stand allerdings unter der Aufsicht des kurfürstlichen Landesdirektoriums, das jede Eigentumsübertragung einzeln genehmigte, bevor das Geschäft besiegelt werden konnte[578]. Die aus dem Verkauf erzielten Erlöse dienten der Tilgung der durch die französische Besatzung im Jahre 1800 entstandenen Kontributionsschulden in Höhe von rund 50.000 fl.[579].

Mit dieser Mobilisierung des Bodens und der Liberalisierung des Grundstücksverkehrs griff Dalberg zu einem Instrument, das wichtige wirtschaftspolitische Tendenzen der Zeit widerspiegelte und die wirtschaftliche Entwicklung der Stadt förderte. Ergänzend zu diesem seinem Nahziel, die Einnahmen der Stadt rasch zu steigern, und zum Zwecke einer längerfristigen Steigerung der Wirtschafts- und Steuerkraft des Fürstentums überhaupt, verfolgte Dalberg konkrete Maßnahmen der Industriebeförderung in Form merkantilistischer Maßnahmen im Stil des 18. Jahrhunderts, wie der Subventionierung von Ausfuhren, der Qualitätssteigerung durch Förderung von Wissenschaft und Lehranstalten, niedrige Preise für Handwerksarbeiten und Rohstoffe, der Einführung neuer landwirtschaftlicher Methoden sowie einer verbesserten Ausbildung und beruflichen Qualifizierung der Bevölkerung[580].

Insgesamt konnte diese Politik jedoch nur einen begrenzten Erfolg verbuchen, da einerseits die Regierungszeit von lediglich sieben Jahren zu kurz war, während andererseits die Wirren des Kriegs mit der Beschießung Regensburgs im Jahre 1809 und insbesondere die ökonomische Einschnürung durch den wirtschaftlich wie flächenmäßig überlegenen bayerischen Staat das größte Entwicklungshindernis darstellten[581].

Aus steuer(recht)licher Sicht problematisch erwies sich indes nicht nur die Regensburger Besteuerung im Allgemeinen, sondern insbesondere auch die auf

575 Nemitz, Die direkten Steuern, S. 564.

576 Schlaich, Reichsstifte, S. 163-376 (256); Nemitz, Die direkten Steuern, S. 562.

577 Nemitz, Die direkten Steuern, S. 562.

578 Nemitz, Die direkten Steuern, S. 564.

579 RIB, 45. Stück v. 05.11.1806, S. 523; Nemitz, Die direkten Steuern, S. 566.

580 Albrecht, Fürst von Regensburg, S. 73-82 (76/77); vgl. ders., Regensburg im Wandel, S. 75; Kick, Armenpflege, S. 54/55; Schmid, Regensburg im Umbruch, S. 81-101 (92).

581 Kick, Armenpflege, S. 56; Albrecht, Fürst von Regensburg, S. 73-82 (77); (allgemein) Hausenstein, S. 109/117/118; vgl. StAA, Ft. Regensburg, Geheime Kanzlei 60, Zustand des Fürstentums im Jahre 1808, § 5.

liegendes und fahrendes Vermögen der Bürger erhobene Vermögenssteuer, letztere hauptsächlich mit Blick auf die Abgabenhöhe[582].

Im Zuge seiner Reformbemühungen setzte Dalberg deshalb eine Steuerperäquationskommission ein, welche die teilweise sehr verwickelten Fraugestellungen lösen sollte. Wie auch andere derartige Sondergremien stand dieser spezielle Ausschuss unter der direkten Aufsicht des Landesherrn selbst und sicherte sich damit eine gegenüber dem Landesdirektorium unabhängige Position[583]. Da Mängel insbesondere im Bereich der Besteuerung des liegenden Vermögens kritisiert wurden, konzentrierten sich die Verbesserungsbemühungen zunächst ausschließlich hierauf[584]. Angesichts der Tatsache, dass sich die Kritik im wesentlichen auf die ungleiche Verteilung der Grund- und Hausbesteuerungslast und die zu hohen Steuersätze fokussierte, die prozentuale Besteuerung des Gebäudewerts als das eigentliche Grundprinzip der Abgabe dagegen nicht in Frage stand, konnte sich die Reform der Haus- und Grundsteuer auf die Frage der Wertermittlung beschränken[585]. Die Wertermittlung selbst erfolgte durch eine Häusernachschätzung. Der zukünftige Steuerwert sollte durch die Stadtobereinnahme (bis zum 31.12.1803 das Steueramt) anhand der Fassionsdaten unter Aufsicht der Steuerperäquationskommission ermittelt werden und zukünftig als unveränderlich fortbestehen[586]. Dieses Prozedere war in zwei Schritte gegliedert: Zunächst fertigte das Steueramt bzw. die Stadtobereinnahme auf Grundlage der Fassionen und damit nach Aktenlage eine vorbereitende Schätzung, bevor unter Zuziehung der jeweils zuständigen Vierziger, des Wachtverordneten und des zuständigen Wachtschreibers eine amtliche Nachmessung und Taxation der Gebäude vermittels Augenschein erfolgte, bei der schließlich der endgültige Katastral-Wert festgelegt wurde[587]. Dieser noch vor Ort festgelegte endgültige Steuerwert der Immobilie[588] bedurfte nach weiteren Zwischenschrit-

582 Nemitz, Die direkten Steuern, S. 570/571/575; vgl. zu diesem Komplex ausführlich ders., S. 569-617.

583 BayHStA Kommission für Regensburg 28 (StAA, Kgl. Hofkommission 57); Nemitz, Die direkten Steuern, S. 576.

584 Nemitz, Die direkten Steuern, S. 577.

585 Nemitz, Die direkten Steuern, S. 577/579.

586 RIB, 37. Stück v. 14.09.1803, Verordnung v. 01.09.1803, § 3 Gleichheit der Lasten; 29. Stück v. 17.07.1805, Bekanntmachung, die am 22. d. anfangende Nachschätzung der hiesigen Häuser und Grundstücke in Hinsicht der Steuerperäquation betr." v. 15.07.1805, S. 321/322; Nemitz, Die direkten Steuern, S. 577/579/580/582-584. Bei den Fassionen handelte es sich um die an jeden Hausbesitzer im Rahmen einer allgemeinen Erhebung über den privaten Haus- und Grundbesitz verteilten Fragebögen.

587 RIB, 37. Stück v. 14.09.1803, Verordnung v. 01.09.1803, § 3 Gleichheit der Lasten; 29. Stück v. 17.07.1805, S. 321/322; Nemitz, Die direkten Steuern, S. 584-587.

588 StadtAR, MR 1034; Nemitz, Die direkten Steuern, S. 587.

ten abschließend einer kurfürstlichen Ratifikation, bevor er definitiv in Kraft treten konnte[589]. Auf Grundlage dieser neuen Schätzwerte wurde die Häusersteuer erstmals ab dem Steuerjahr 1806 entrichtet[590]. Um den Bürgern die Sorge zu nehmen, dass ihr Haus höher veranschlagt wurde als es tatsächlich wert war, wurde jedem Eigentümer durch eine Art „Generalklausel" ein verbürgtes Veräußerungsrecht zugesprochen. Demgemäß konnte jeder Eigentümer sein Haus um den taxierten Wert „heim[..]schlagen", also verkaufen, und damit gegebenenfalls sogar einen Gewinn erzielen[591]. Nachdem ein erklärtes Ziel der Häusernachschätzung selbst ausdrücklich in der Beseitigung der Ungleichheiten der steuerlichen Belastung bestanden hatte, führte die nunmehr vorgenommene Steuerschätzung auf einer einheitlichen und damit vergleichbaren Grundlage zur Aufhebung der marktbedingten und damit „schwankenden Grundverfassung" der Immobilienbesteuerung. Im Ergebnis folgte daraus für die Bürgerschaft in ihrer statistischen Gesamtheit zwar keine finanzielle Mehrbelastung, aber auch keine steuerliche Entlastung. Der Verwaltung ging es aber auch nicht darum, insgesamt eine Steuersenkung zu erreichen; vielmehr sollte die individuelle Steuerlast möglichst gleichmäßig verteilt werden. Zwar kam es in der Folge zum Teil zu erheblichen Verschiebungen; extrem starke Senkungen oder Steigerungen des Steuerwerts blieben aber Ausnahmen[592]. Wenngleich es also gelungen ist, die Immobilienbesteuerung in Regensburg, die etwa die Hälfte aller Vermögenssteuereinnahmen ausmachte, auf eine neue, einheitliche und aufgrund ihres Ertragssteuergedankens im Verhältnis zum Münchner Modell (Steuerprovisorium) moderne Bemessungsgrundlage zu stellen[593], ergab sich dennoch nach der Nachschätzung ein gravierender Mangel des Regensburger Häusersteuersystems[594]. Denn im Gegensatz zu einer echten Ertragsbesteuerung war das dalbergische Steuersystem von Anfang an unflexibel gestaltet und konnte nur so lange funktionieren, als die Regensburger Wirtschaft einigermaßen blühte[595]; durch die Festsetzung der Häuserwerte auf Grundlage der Mieterträge der je-

589 RIB, 2. Stück v. 08.01.1806, „Verordnung, die neue Haussteuer-Matrikel und die Erlassung des halben Drittels betreffend." v. 01.01.1806, S. 29/30; Nemitz, Die direkten Steuern, S. 587.

590 RIB, 2. Stück v. 08.01.1806, S. 29/30; Nemitz, Die direkten Steuern, S. 587.

591 RIB, 37. Stück v. 14.09.1803, Verordnung v. 01.09.1803, § 3; Nemitz, Die direkten Steuern, S. 584.

592 Nemitz, Die direkten Steuern, S. 602-604; Ludewig zitiert bei Nemitz, Die direkten Steuern, S. 602 (ohne Quellenangabe).

593 Nemitz, Die direkten Steuern, S. 612/614. Zum Steuerprovisorium siehe S. 126.

594 Nemitz, Die direkten Steuern, S. 614/615.

595 Nemitz, Die direkten Steuern, S. 614/615.

weils letzten zehn Jahre[596] aber war eine Anpassung der Steuerwerte an veränderte Ertragslagen nicht vorgesehen. Die Problematik dieses Systems zeigte sich, als im Jahre 1806 durch die Auflösung des Reichstages und die allgemeine Wirtschaftskrise aufgrund des entstehenden Überangebots auf dem Wohnungsmarkt zwar die Mieterträge sanken, die Steueranschläge aber unverändert fortbestanden. Wenn es der dalbergischen Regierung, die personell wie steuerrechtlich an die Verwaltungstradition der Reichsstadt anknüpfte[597], trotz aller Widrigkeiten aber doch in beachtlicher Weise gelungen ist, die Regensburger Stadtschulden bis zum Jahre 1810 von anfänglich knapp 1,5 Millionen fl. auf 1.278,749 fl. zu senken, so ist dies sicherlich auch auf die Reorganisation der Immobilienbesteuerung zurückzuführen[598].

Die Häusernachschätzung ihrerseits wurde wiederum im Lagerbuch des Jahres 1806 katastriert, um ein zweckdienliches Nachschlagewerk für die steuereinnehmende Behörde zu erhalten[599]. So erging per kurfürstlichem Erlass vom Januar 1806 die Anordnung, dass die Häusersteuer künftig gemäß der im Liegenschaftsverzeichnis kodifizierten Angaben zu entrichten sei[600]. Die Einträge im Lagerbuch orientierten sich am Litera-System, dem 1803 eingeführten und bereits erläuterten System der Häusernummerierung nach Wachten[601]. Lediglich auf den amtlichen Siegelprotokollen bzw. der amtlichen Häusernachschätzung beruhend, besaß das Lagerbuch jedoch keinen Urkundencharakter, da es mangels Besiegelungen oder anderweitiger Bestätigungen die rechtsverbindlichen Siegelprotokolleinträge wohl nicht ersetzte[602].

Neben den Personal- und Vermögenssteuern wurde auch ein wöchentliches Realwachtgeld erhoben[603]. Dazu kamen noch privatrechtliche Verbindlichkeiten, namentlich Grundzinsen und das oben angesprochene Laudemium[604].

596 Nemitz, Die direkten Steuern, S. 538/614.

597 Nemitz, Die direkten Steuern, S. 614.

598 BayHStA, MF 22245, Stand vom 22.05.1810; vgl. auch Schwaiger, Fürstentum, S. 42-65 (45); Nemitz, Die direkten Steuern, S. 615.

599 Vgl. hierzu ausführlich Nemitz, Die direkten Steuern, S. 590-596; ders., Grund- und Haussteuer, S. 194-204.

600 RIB, 2. Stück v. 08.01.1806, S. 29/30; Nemitz, Die direkten Steuern, S. 591.

601 Vgl. Schmid, Regensburg, S. 261; StAA, Ft. Regensburg, Landesdirektorium 59, § 7 / vgl. auch „Plan der neuen Wachten Eintheilung und Häuser Bezifferung"; Nemitz, Die direkten Steuern, S. 591.

602 Nemitz, Die direkten Steuern, S. 595.

603 Das Realwachtgeld war eine Ablösezahlung, welche die Bürger vom persönlichen Dienst im städtischen Militär befreite und dem Unterhalt der Stadtgarnison diente. Unter den direkten Abgaben nahm es eine Sonderstellung ein; Nemitz, Die direkten Steuern, S. 562/623.

604 Nemitz, Die direkten Steuern, S. 563, Fn. 46.

Mit dem Inkrafttreten der Steuerreform im Jahre 1806 war auch eine Verbesserung der Steuerverwaltung verbunden. So legte die Stadtobereinnahme zehn Kontobücher (bis zum Jahre 1810 elf) an, die künftig als Steuereinschreibebücher fungierten[605]. Gedacht als Verzeichnisse der Steuerpflichtigen und ihrer Steuerleistungen über die Jahre, war jedem Steuerzahler eine Seite vorbehalten, auf welcher seine alljährlichen Steuerzahlungen eingetragen wurden. Dies ermöglichte einen schnellen und übersichtlichen Zugriff auf alle jemals von einer Person getätigten Steuerzahlungen und damit zugleich auch eine bessere Überwachung des Zahlungseingangs. Im Vergleich zu den vormaligen Steuersekreten, die, nach Wachten und Wohnhäusern gegliedert, zwar ein einheitliches Steuerregister für die ganze Stadt darstellten, aber jeweils nur den Zahlungseingang für ein Steuerjahr auswiesen, bedeutete dies demnach eine erhebliche Erleichterung[606].

Wie bereits erläutert, konzentrierten sich die Reformbemühungen unter Dalberg nahezu ausschließlich auf eine Reorganisation der Immobilienbesteuerung. Wenngleich auch starke Kritik an der gleichfalls zu leistenden Steuer auf fahrendes Vermögen, der fehlenden Steuerkontrolle sowie der hohen Steuerlast geäußert wurde, unterblieben mangels alternativer Einnahmequellen diesbezügliche Reformmaßnahmen. Denn die direkten Steuereinnahmen galten als hypothekarische Sicherheit der Schuldentilgungsobligationen und mussten deshalb nach Ansicht Dalbergs in ihrer bisherigen Form erhalten bleiben[607].

Gleichfalls eine Reform erfuhren die Strafbestimmungen über Steuerbetrug durch Verordnung vom 16. März 1807[608]. Unter Beseitigung der einschlägigen Bestimmung der Wachtgedingsordnung, die in einem solchen Fall die Konfiskation des verheimlichten Vermögens(-teils) vorgesehen hatte[609], hatten der De-

---

605 BayHStA, Kommission für politische Statistik Regensburg 16 (StAA, Kgl. Spezialkommission für politische Statistik 25); vgl. StAA, Ft. Regensburg, Landesdirektorium 899; Nemitz, Die direkten Steuern, S. 598.

606 Nemitz, Die direkten Steuern, S. 598/622.

607 StAA, Ft. Regensburg, Geheime Kanzlei 64: Bemerkungen über die Regensburger Vermögensverhältnisse, 18.09.1805, § 3; Nemitz, Die direkten Steuern, S. 605. In der Folge wurde nur die fiskalische Behandlung der Realgewerbegerechtigkeiten neu geregelt; vgl. hierzu ausführlich Nemitz, Die direkten Steuern, S. 606-608.

608 RIB, 12. Stück v. 25.03.1807, „Verordnung, wie es in der Zukunft bey pflichtwidrigen Versteuerungen gehalten werden soll." v. 16.03.1807, S. 133; Hausenstein, S. 110.

609 „Neu revidirte Regensburger Wachtgedings-Ordnung vom Jahre 1746, von neuem zum Druck befördert … durch Heinrich Schuhgraf (...)", S. 89-132 (100/101); Hausenstein, S. 110.

fraudant bzw. dessen Erben bei trügerischer Fassion[610] künftig die vorenthaltene Summe zu ersetzen, während ein Fünftel des verheimlichten Vermögens(-teils) der Konfiskation verfiel[611].

Die erste Steuer, die das gesamte Fürstentum Regensburg als steuerliche Einheit behandelte[612] und – trotz dezentraler Verwaltung durch die einzelnen Landesteile[613] - per inhaltsgleichem Erlass in Aschaffenburg und Wetzlar für den Gesamtstaat galt[614], war die Kriegssteuer des Jahres 1807, eine am 29. Dezember 1806 ergangene allgemeine Sondersteuer zur Bestreitung der Kriegsaufwendungen[615]. In Regensburg unterlag der Vollzug der Kriegssteuer einer Sonderkommission unter dem Vorsitz der Landesdirektorialräte Wagner und Müller[616]. Da die Verwaltung des Fürstentums die Feldarmee aus ordentlichen Mitteln nicht mehr unterhalten konnte, schrieb die Regierung eine Abgabe auf liegendes und fahrendes Vermögen in Höhe von ¼ Prozent des jeweiligen Kapitalwerts aus. Nachdem Passiva aller Art wie zum Beispiel Schulden und Reallasten auf Immobilien vom steuerbaren Gesamtwert abgezogen werden konnten, wurde im Ergebnis nur das „reine Vermögen“ besteuert[617]. Mit einigen Ausnahmen, wie beispielsweise den Dienstboten, traf die Steuer alle landesherrlichen Untertanen im gesamten Gebiet des Fürstentums Regensburg[618]. Durch ergänzenden landesherrlichen Erlass vom 9. März 1807 wurden neben den Vermögenswerten auch die Besoldungen und Pensionen der weltlichen und geistlichen Amtspersonen einer Besteuerung zugeführt[619]. Darin deutete sich eine wesentliche Weiterentwicklung der Steuersystematik an, da bei der Kriegssteuer,

610 Zu den Fassionen siehe bereits Fn. 586. „Fassion“ ist auch im Sinne von Steuererklärung zu verstehen.

611 RIB, 12. Stück v. 25.03.1807, S. 133; Hausenstein, S. 110.

612 Nemitz, Die direkten Steuern, S. 555, Fn. 2/609.

613 Nemitz, Die direkten Steuern, Fn. 245, S. 609.

614 BayHStA, MA 5888; Nemitz, Die direkten Steuern, S. 609; vgl. dazu auch die Ausführungen unter V.6.c.ee.(2).

615 RIB, 2. Stück v. 14.01.1807, „Verordnung, die ausserordentliche Vermögenssteuer betreffend.“, S. 11-16; Nemitz, Die direkten Steuern, S. 609; siehe auch unter V.6.c.ee.(2).

616 Bekanntmachung vom 12.01.1807, gedruckt in: RIB, 2. Stück v. 14.01.1807, S. 11-16 (§ 23, S. 16); Nemitz, Die direkten Steuern, S. 610.

617 RIB, 2. Stück v. 14.01.1807, S. 15 § 17; Nemitz, Die direkten Steuern, S. 609.

618 RIB, 2. Stück v. 14.01.1807, Vorwort und §§ 1-3, 7, S. 11-13; Nemitz, Die direkten Steuern, S. 609/610.

619 RIB, 11. Stück v. 18.03.1807, „Nachträglich höchste Verordnung zum Patent vom 29. Dec. a. pr. die Vermögensteuer betreffend.” v. 09.03.1807, S. 121-123; Nemitz, Die direkten Steuern, S. 611.

wenngleich noch eine einmalige Sonderzahlung, erstmals der moderne Gedanke einer einkommens- bzw. ertragsorientierten Besteuerung relevant wurde[620].

Im Ergebnis lässt sich feststellen, dass es mit Hilfe der Kriegssteuer zwar erstmals gelungen war, das gesamte Fürstentum Regensburg in steuerlicher Hinsicht einheitlich zu behandeln; da es sich allerdings nur um eine provisorische, sprich vorübergehende Steuer handelte, konnte man noch nicht von einem dauerhaften, nach einheitlichen Grundsätzen gestalteten Steuersystem für das gesamte Fürstentum sprechen[621]. Allgemein wurden die Steuerverhältnisse während der Regierungszeit Dalbergs nur in der Stadt Regensburg selbst zum Teil erneuert[622].

Eine Finanzkrise, die das gesamte Fürstentum Regensburg treffen sollte, wurde durch das sog. Steuerprovisorium eingeleitet. Seit Mai 1808 vom Königreich Bayern als eine flächendeckende Besteuerung des gesamten Grundvermögens eingeführt, erfasste es auch die Regensburger Mediatbesitzungen auf bayerischem Gebiet. Durch diesen fiskalischen Zugriff Bayerns auf die mittelbaren Regensburger Güter verbuchten die betroffenen Liegenschaften einen „große[n] minderertrag“, der das gesamte Fürstentum finanziell tangierte[623]. Diese Situation wurde zusätzlich durch die auch Regensburg treffende Kontinentalsperre, die schließlich zu einer allgemeinen Wirtschaftskrise führte, verschärft[624]. Der Versuch Dalbergs, mit Hilfe einer Kommerziendeputation das Regensburger Wirtschaftsleben und in der Folge die Ertragslage der Steuerzahler zu heben[625], scheiterte letztlich am Übergang Regensburgs an Bayern[626]. Durch die endgültige Umstellung auf das bayerische Steuerrecht in den Jahren 1811 bis 1814 ging auch die autonome Entwicklung des direkten Steuerwesens in Regensburg zu Ende, so dass Regensburg nicht nur in politischer, sondern auch in fiskalischer Hinsicht Bestandteil des neuen bayerischen Staates wurde[627].

Zusammenfassend lässt sich feststellen, dass die Steuerpolitik vermittels der landesherrlichen Souveränität der dalbergischen Landesregierung über Spielräume verfügte, die der alten reichsstädtischen Verwaltung noch fremd waren.

620 Nemitz, Die direkten Steuern, S. 611.

621 Nemitz, Die direkten Steuern, S. 611.

622 Nemitz, Die direkten Steuern, S. 612.

623 StAA, Ft. Regensburg, Geheime Kanzlei 60, 20. Dez. 1808, bes. § 1; Nemitz, Die direkten Steuern, S. 611/612.

624 StAA, Ft. Regensburg, Geheime Kanzlei 60, 20. Dez. 1808, bes. §§ 1und 21; Nemitz, Die direkten Steuern, S. 612; Färber, Fürstentum, S. 33-56 (50); zur Kontinentalsperre ausführlich auch Hömig, S. 490-492.

625 Schönfeld, S. 132; Nemitz, Die direkten Steuern, S. 615; Hömig, S. 336.

626 Nemitz, Die direkten Steuern, S. 615.

627 Nemitz, Die direkten Steuern, S. 617.

Insbesondere galt dies für die fiskalische Behandlung des Liegenschaftsvermögens der katholischen Klöster und Stifte im Regensburger Stadtgebiet, die zwar die städtische Infrastruktur nutzten, aber zu den städtischen Finanzen nichts beitrugen. So wurde nicht nur die Stadt Regensburg – nicht zuletzt durch die Lösung des Bürgerrechts aus seiner konfessionellen Bindung – zu einem weitgehend einheitlichen Steuergebiet umgestaltet, also organisatorisch reformiert, sondern auch versucht, das Steuerrecht inhaltlich weiterzuentwickeln[628]. Im Vergleich zur Steuerreform im Königreich Bayern, die sich zeitgleich vollzog, ist die Regensburger Steuerreform als modern und das dalbergische Regensburg insofern als Vorreiter zu beurteilen. Demgemäß konnte sich das Regensburger Ertragssteuersystem, insbesondere die zugrundeliegenden Vorarbeiten in Form der Kataster, in den Folgejahren auch im Königreich Bayern Geltung verschaffen[629].

4. Gesetzgebung und Verwaltung im Fürstentum Aschaffenburg im Vergleich zu Regensburg

Als weitere Bestandteile umfasste der Dalbergstaat – wie bereits ausgeführt – das Fürstentum Aschaffenburg und die Grafschaft Wetzlar. Um allzu häufige Wiederholungen zu vermeiden, soll in der Folge unter den Punkten 4. und 5. ein zusammenfassender Überblick über die Eigenheiten und Besonderheiten der beiden Territorien gegeben werden.

a. Allgemeines

Ausgehend vom Organisationspatent für den Erzkanzlerischen Kurstaat vom 18. Juli 1803[630], welches durch verschiedene erläuternde Reskripte und Instruktionen ergänzt wurde[631] und am 24. Juli in Aschaffenburg erschienen war[632], basierte die innere Verfassung des Fürstentums Aschaffenburg auf dem Bestreben, den künftigen Behördenapparat an die Verhältnisse dieses verkleinerten Territoriums anzupassen, und auf ersten Ansätzen zu einer Trennung von Justiz und Verwaltung[633]. Wie schon in Regensburg wurde dem Aufbau eines kollegialen

628 Nemitz, Die direkten Steuern, S. 625/626.

629 Albrecht, Fürst von Regensburg, S. 73-82 (82); vgl. auch Nemitz, Die direkten Steuern, S. 616/626.

630 RIB, 30. Stück v. 25.07.1803, Erlaß v. 18.07.1803, Anhang I; Christ, Aschaffenburg, S. 173.

631 Christ, Aschaffenburg, S. 173.

632 Hein, S. 59.

633 Christ, Aschaffenburg, S. 173.

Systems gegenüber dem später tatsächlich realisierten Prinzip der Einzelverantwortlichkeit der Vorzug gegeben[634]. Hinsichtlich der administrativen Binnenstrukturen wiederum konnte weitgehend auf diejenigen des durch die Reformen Erthals vom Jahre 1782 grundlegend modernisierten Mainzer Kurstaats zurückgegriffen werden[635].

b. Gemeinsame und eigene Einrichtungen

Um die räumliche Distanz zwischen den einzelnen Bestandteilen des Dalbergstaates zu überbrücken bzw. ein wenig abzumildern, wurden – wie bereits ausführlich dargelegt[636] – Zentralbehörden für das gesamte Staatsgebilde geschaffen.

Für das Fürstentum Aschaffenburg im Besonderen bestanden mit dem Gouvernement, der Landes- und Finanzdirektion, dem Oberappellationsgericht und dem Oberlandesgericht zwar Pendants zum Fürstentum Regensburg; ihr Geltungsbereich war jedoch – mit Ausnahme des Oberappellationsgerichts – auf das Fürstentum Aschaffenburg bezogen[637]. In den Bereichen der Verwaltung, Polizei und Justiz wurden mit dem Vizedomamt Aschaffenburg, dem Justizsenat Aschaffenburg und der Justizkanzlei Kreuzwertheim Mittelbehörden[638] und mit den Stadt- und Vogteiämtern Unterbehörden gebildet[639].

c. Das Gouvernement

Parallel zum Gouvernement in Regensburg wurde auch im Fürstentum Aschaffenburg ein Gouvernement etabliert, das aus dem an der Spitze stehenden Staatsminister von Erthal und einem Geheimen Staatsrat, der ihn bei der Verwaltung unterstützen sollte, bestand[640].

Von Erthal zeichnete – im Gegensatz zu seinem Pendant Albini in Regensburg – im Wesentlichen für die inneren Angelegenheiten, nicht aber auch für

634 Vgl. Christ, Aschaffenburg, S. 179.

635 Christ, Säkularisation, S. 137-151 (146/147).

636 Siehe V.2.b.bb.

637 Siehe bereits unter V.2.b.bb.; vgl. Christ, Aschaffenburg, S. 215/216.

638 Vgl. §§ 8 und 12 der Verfassung v. 18.07.1803, siehe Anhang I; vgl. Christ, Aschaffenburg, S. 216/217.

639 Vgl. Christ, Aschaffenburg, S. 217/218.

640 § 9 der Verfassung v. 18.07.1803, siehe Anhang I; Hein, S. 44; Schwaiger, Fürstentum, S. 42-65 (51).

alle übrigen Geschäfte des Kurstaats verantwortlich[641]. Hinsichtlich der allgemeinen Funktion wiederum darf nach oben verwiesen werden[642].

d. Das Oberappellationsgericht

Da das Ministerium, eigentlich eine Zentralbehörde, durch das Bestehen zweier getrennter Gouvernements für Regensburg und Aschaffenburg faktisch gespalten war[643], und sowohl für das Fürstentum Regensburg wie für das Fürstentum Aschaffenburg je ein eigenes Landesdirektorium als eigentliche Regierungsbehörde existierte[644], kann als Zentralstelle im engeren Sinn lediglich das in Aschaffenburg ansässige Oberappellationsgericht bezeichnet werden[645]. Mit Beginn seiner Tätigkeit am 1. Dezember des Jahres 1803[646] fungierte dieses nicht nur – wie bereits geschildert[647] – als höchster Lehenhof und Appellationsinstanz für das gesamte Staatsgebiet, sondern auch als oberste Justizstelle des Fürstentums Aschaffenburg selbst; dies galt ebenso für die bei den Reichsgerichten anhängigen Prozesse[648].

e. Das Landesdirektorium

Ebenso wie Regensburg erhielt auch das Fürstentum Aschaffenburg mit dem Landesdirektorium eine eigene Regierungsbehörde, was die von Anfang an getrennte Administration der beiden dalbergischen Landesteile deutlich unterstrich[649].

Wie auch in Regensburg[650] führte diese aus einem Präsidenten, einem Direktor, sechs Direktorialräten, einem Sekretär, einem Protokollisten, einem Kanzlisten und einem Aufwärter bestehende Behörde ab dem 1. Dezember 1803 die

641 Hein, S. 44.

642 Siehe unter V.3.a.aa.

643 Siehe bereits unter V.2.b.bb.(1) und (3); vgl. §§ 3, 9 und 14 der Verfassung v. 18.07.1803, siehe Anhang I; Christ, Aschaffenburg, S. 173/215.

644 Siehe bereits §§ 8, 10, 13, 15 der Verfassung v. 18.07.1803, siehe Anhang I; Christ, Aschaffenburg, S. 173/215.

645 Vgl. bereits unter V.2.b.bb.(3); Christ, Aschaffenburg, S. 173.

646 A. Arch.R. 130 XI, 3 fol. 14; Christ, Aschaffenburg, S. 173.

647 Siehe V.2.b.bb.(3).

648 MRA L 474, Erklärung zum Org.Pat. v. 11.11.1803; Christ, Aschaffenburg, S. 173/215; Hein, S. 45.

649 Vgl. Hein, S. 31; vgl. auch Christ, Aschaffenburg, S. 173.

650 Siehe V.3.a.bb.

Aschaffenburger Regierungsgeschäfte im engeren Sinn[651]. Die Aufgaben der Landesdirektion, die sich aus denen der bisherigen kurfürstlichen Regierung, des Hofkriegsrats und der Hofkammer zusammensetzten[652], wurden im Anschluss an die Verfassung vom 18. Juli 1803 durch kurfürstliche Reskripte und Instruktionen vom 19. Dezember 1802[653] sowie vom 11. November[654] und 3. Dezember 1803[655] näher geregelt. Zunächst für die Regierungs-, Finanz-, Jagd-, Lehens- und Forstgeschäfte zuständig[656], unterstand ihr nach der Auflösung der mainzischen Zentralbehörden als „Landes- und Finanzdirektion" auch das Kameralwesen des Fürstentums Aschaffenburg und der Grafschaft Wetzlar, mithin die Leitung des Finanzwesens[657]. Ebenfalls hatte die Landesdirektion die Oberaufsicht über die weiterhin als „Minorennen", d.h. nicht von sich aus rechtsfähig, geltenden Gemeinden zu führen[658] und die für das Kurfürstentum erlassenen Gesetze zu entwerfen, zu begutachten, zu publizieren und anzuwenden, sowie das gemeindliche Rechnungs- und Chausseewesen zu kontrollieren[659]. So waren die Ämter künftig verpflichtet, dem Landesdirektorium in wirtschaftlichen, jurisdiktionellen, politischen und militärischen Angelegenheiten Bericht zu erstatten[660].

Über das Justizwesen führte sie ebenfalls die oberste Aufsicht und besaß bei Reichsgerichtsprozessen sowie Lehensachen von politischer Bedeutung ein Mitspracherecht[661]. Allerdings war damit kein Eingriffsrecht in Justizangelegenheiten im engeren Sinn verbunden[662] und genauso wenig durfte die Direktion in die Geschäftsführung bereits bestehender Behörden intervenieren[663].

Als Reaktion auf Probleme bei der Kompetenzabgrenzung und die Tatsache, dass die Landesdirektion in Kontakt mit dem Stadtamt und den Vogteiämtern zunehmend das Vizedomamt Aschaffenburg als Mittelinstanz, insbesondere bei

---

651 § 10 der Verfassung v. 18.07.1803, siehe Anhang I; A. Arch.R. 130 XI, 2; Christ, Aschaffenburg, S. 173; Hein, S. 45. Mit dem Domkapitular Graf von Eltz stellte ein geistlicher Würdenträger auch den Präsidenten des Landesdirektoriums.

652 Christ, Aschaffenburg, S. 173; Hein, S. 59.

653 MRA L 458; Christ, Aschaffenburg, S. 173.

654 MRA L 474; Christ, Aschaffenburg, S. 173.

655 A. Arch.R. 130 XI, 3 fol. 16; Christ, Aschaffenburg, S. 173.

656 § 10 der Verfassung v. 18.07.1803, siehe Anhang I; Christ, Aschaffenburg, S. 173.

657 MRA L 458; Christ, Aschaffenburg, S. 173/177.

658 MRA L 479; Christ, Aschaffenburg, S. 176/177; ähnlich zum Gemeindehaushalt Ketterer, S. 175.

659 A. Arch.R. 130 XI, 3 fol. 20; Christ, Aschaffenburg, S. 173/174.

660 Hein, S. 59.

661 MRA L 479, Protokollextrakt 15.02.1804; Christ, Aschaffenburg, S. 174/188.

662 Christ, Aschaffenburg, S. 174.

663 Christ, Aschaffenburg, S. 174.

Polizeistrafen, zum Teil auszuschalten vermochte[664], wurde ihr Geschäftsgang vermittels landesherrlicher Verordnung vom 11. Mai 1809 vereinfacht[665] und im Zuge dessen der Vizedomamtsdirektor als vortragender Rat und Referent für die Angelegenheiten des Vizedomamts in die Landesdirektion aufgenommen[666]. In Ausführung des § 47 der Verfassung des Großherzogtums Frankfurt vom 16. August 1810, welcher zur Auflösung aller mit der neuen Staatsverfassung nicht vereinbaren Instanzen verpflichtete, hatte die Landesdirektion ihre Geschäfte bis zum 31. Dezember des gleichen Jahres abzuschließen und wurde aufgelöst[667].

f. Das Oberlandesgericht

Entsprechend des oben angeführten Ziels, wenigstens auf der oberen Ebene des Staatsaufbaus eine Trennung von Justiz und Verwaltung durchzusetzen, wurde der Landesdirektion Aschaffenburg durch das Organisationspatent vom 18. Juli 1803[668] und durch Edikt vom 11. November desselben Jahres[669] gleichfalls ein Oberlandesgericht, besetzt mit einem Präsidenten, einem Direktor, sechs Oberlandgerichtsräten, einem Sekretär, zwei Kanzlisten und einem Aufwärter[670], zur Seite gestellt[671].

Auf dessen Funktionen soll nun im Folgenden im Rahmen der Organisations- und Rechtsprechungsthematik näher eingegangen werden.

g. Organisation des Justizwesens und der Rechtsprechung

aa. Das Oberlandesgericht

In Kriminalsachen trat das Oberlandesgericht an die Stelle des ehemaligen Mainzer Kriminalsenats und als zweite Instanz für Zivilprozesse an die des kur-

664 Vgl. MRA L 1613 für 1805/07 „Beschwerde des Vizedomamts Aschaffenburg gegen das Stadtamt Aschaffenburg (...) 1806-1808“; Christ, Aschaffenburg, S. 174. Das Vizedomamt Aschaffenburg wird bereits in §§ 8 und 12 der Verfassung vom 18. Juli 1803 (siehe Anhang I) erwähnt.

665 Vgl. MRA L 470; Christ, Aschaffenburg, S. 174.

666 Christ, Aschaffenburg, S. 174.

667 MRA L 486 (19.12.1810); Christ, Aschaffenburg, S. 174.

668 §§ 8 und 11 der Verfassung v. 18.07.1803, siehe Anhang I; Christ, Aschaffenburg, S. 174.

669 A. Arch.R. 130 XI, 3; Christ, Aschaffenburg, S. 174.

670 § 11 der Verfassung v. 18.07.1803, siehe Anhang I; Christ, Aschaffenburg, S. 216, der insofern von sieben Räten spricht.

671 Christ, Aschaffenburg, S. 174.

fürstlichen Hofgerichts[672]. In dieser letztgenannten Funktion zeichnete es zunächst für alle erstinstanzlichen Zivilurteile zuständig[673]. Die in der Folgezeit anlässlich widersprüchlicher Regelungen[674] entflammten Kompetenzstreitigkeiten mit dem Vizedomamt wurden in der kurfürstlichen Entschließung vom 13. Juni 1804[675] zugunsten der althergebrachten Regelung gelöst, und dem Vizedomamt und den Oberämtern somit die Revisionszuständigkeit in Sachen von 30 bis 100 fl.[676] sowie in Bau-, Aliment- und Vaterschaftsangelegenheiten zugewiesen[677]. In primatialstaatlicher Zeit wurde das Oberlandesgericht zudem dritte Zivilinstanz für Frankfurter Revisionssachen von 500 bis 1.500 fl.[678]. Nachdem der Justizsenat durch kurfürstliche Verordnung vom 18. Januar 1807 als eigene und selbständige Behörde aufgelöst und dem Oberlandesgericht als besonderer Senat angegliedert worden war[679], erhielt das Oberlandesgericht fortan auch dessen Aufgaben als erste Instanz für Privilegierte übertragen. Ein eigener Senat wurde schließlich auch für die auf das Oberlandesgericht verlagerte Pupillarbehörde für Privilegierte geschaffen[680], nachdem dem Oberlandesgericht bereits durch § 11 des Organisationspatents vom 18. Juli 1803 die Oberaufsicht über das Pupillarwesen zugeteilt worden war.

Mit Ausnahme von Polizeiexzessen, die bis zu 15 Taler Geldstrafe oder acht Tage Gefängnis in die Aburteilungskompetenz des Stadtamts oder der Vogteiämter fielen, zeichnete das Oberlandesgericht als Strafinstanz für alle Delikte zuständig[681]. In allen Straftaten betreffenden Fällen stand das Oberlandesgericht in unmittelbarem Kontakt mit dem Stadtamt und den Vogteiämtern[682], die ihrerseits zudem für den Vollzug der Urteile zuständig waren[683]. Eine Berufung gegen Strafurteile war grundsätzlich nicht vorgesehen[684].

---

672 Vgl. § 11 der Verfassung v. 18.07.1803, siehe Anhang I; Christ, Aschaffenburg, S. 174.

673 Christ, Aschaffenburg, S. 175.

674 § 11 des Organisationspatents: OLG gesamte zweite Instanz - § 12 des Organisationspatents: Feststellung des Fortbestehens der bisherigen Verfassung von Vizedomamt und Oberämtern; Christ, Aschaffenburg, S. 175.

675 A. Arch.R. 130 XI, 3 fol. 62 (April 1804) und 88 ff.; Christ, Aschaffenburg, S. 175.

676 Zuletzt MRA L 1610 § 8; Christ, Aschaffenburg, S. 175.

677 A. Arch.R. 130 XI, 3 fol. 38 ff./62; Christ, Aschaffenburg, S. 175.

678 Christ, Aschaffenburg, S. 216.

679 A. Arch.R. 130 XI, 3 fol. 102 ff.; MRA L 825; Christ, Aschaffenburg, S. 189/175/217; siehe zum Justizsenat auch S. 128.

680 A. Arch.R. 130 XI, 3 fol. 102 ff.; MRA L 825; Christ, Aschaffenburg, S. 175/217.

681 Christ, Aschaffenburg, S. 174/175.

682 Christ, Aschaffenburg, S. 175.

683 MRA L 474; Christ, Aschaffenburg, S. 175.

684 Vgl. Christ, Aschaffenburg, S. 185.

Im Zuge der Justizreform des Jahres 1812 hatte das Oberlandesgericht seine Tätigkeit mit Wirkung vom 1. Januar 1813 schließlich einzustellen[685].

bb. Mittel- und Unterbehörden

Wie bereits angedeutet, fanden sich unter anderem im Bereich der Justiz Mittel- und Unterbehörden. Im Gegensatz zur oberen Ebene wurde auf der mittleren und unteren Ebene im System der Oberämter und Ämter jedoch keine Trennung von Verwaltung und Justiz verfolgt[686].

Eine der Mittelbehörden stellte dabei das oftmals benannte Vizedomamt Aschaffenburg dar, das neben dem Stadtamt Aschaffenburg auch die fünf Vogteiämter Kaltenberg, Schweinheim, Großostheim, Kleinwallstadt und Rothenbuch umfasste[687]. Mit seinem Vizedom als Präsidenten, dem Vizedomamtsdirektor, zwei Beisitzern und Kanzleipersonal fungierte dieses bis zum Jahre 1810 als Verwaltungs- und Justizbehörde zweiter Instanz[688]. Denn ebenso wie den Oberämtern Lohr, Orb und Klingenberg war auch dem Vizedomamt infolge § 12 des Organisationspatents vom 18. Juli 1803, der den Fortbestand der bisherigen Amtsverfassung garantierte[689], die Doppelfunktion als Verwaltungs- und Gerichtsinstanz weiterhin zugebilligt worden[690].

Der Justizsenat Aschaffenburg dagegen war bis zu seiner Auflösung und Eingliederung im Oberlandesgericht in seiner Eigenschaft als Mittelbehörde wiederum für Berufungen in Angelegenheiten von 30 bis 100 fl. zuständig[691].

Die oben angesprochene Justizkanzlei Kreuzwertheim, die sich aus einem Direktor, fünf Räten und Kanzleipersonal zusammensetzte[692] und unter der Aufsicht der Landesdirektion Aschaffenburg geführt wurde[693], fungierte als korrektionelles Gericht und bis zu seiner Auflösung am 31. Dezember 1812 als Appellationsinstanz in Zivilsachen über 100 fl. für die vier standesherrlichen

685 Ausführlich „*Höchste Verordnung, die künftige Gerichtsverfassung des Großherzogtums Frankfurt betreffend*", v. 05.12.1812, in: GFRB, Bd. 2 (1812), S. 121-168; Christ, Aschaffenburg, S. 176.

686 Vgl. Christ, Aschaffenburg, S. 180/181; ders., Säkularisation, S. 137-151 (147).

687 Ketterer, S. 173/174.

688 Christ, Aschaffenburg, S. 216; Ketterer, S. 174.

689 § 12 der Verfassung v. 18.07.1803, siehe Anhang I; Christ, Aschaffenburg, S. 176.

690 Christ, Aschaffenburg, S. 176. Zu Zusammensetzung und Aufgaben vgl. ausführlich Ketterer, S. 173-176.

691 Christ, Aschaffenburg, S. 217/vgl. auch S. 187.

692 Christ, Aschaffenburg, S. 217.

693 Christ, Aschaffenburg, S. 187.

mediatisierten Ämter Eschau, Kreuzwertheim, Rothenfels und Triefenstein[694]. Für jene agierte sie zudem als Kriminalinstanz[695]. Während die Justizkanzlei in Fällen der dem Souverän vorbehaltenen hohen peinlichen Gerichtsbarkeit[696] nach den Weisungen des Oberlandesgerichts lediglich Hilfestellung zu leisten hatte, oblag ihr gleichzeitig die Aburteilung aller sonstigen, der mittleren und niederen Gerichtsbarkeit unterfallenden Straftaten[697].

Ebenso eine bedeutende Rolle im Organisations- und Justizgefüge spielten das Stadtamt Aschaffenburg und die Vogteiämter als Unterbehörden[698].

Das Stadtamt Aschaffenburg, bestehend aus Stadtschultheiß, Stadtschreiber und Gerichtsdiener[699], sowie die auch als Amtsvogteien bezeichneten Vogteiämter Kaltenberg, Obernburg, Rothenbuch und Schweinheim[700], dienten bis zum Jahre 1810 auch weiterhin als Verwaltungs-, Polizei- und erste Zivilgerichtsinstanz[701]; in dieser Funktion hatten sie Delikte bis zu 15 Taler Geldstrafe oder acht Tage Gefängnis abzuurteilen[702]. Ferner oblag ihnen der Vollzug der ergangenen Urteile[703].

Neben diesen Funktionen war den Vogteiämtern durch das bereits angesprochene Edikt vom 11. November 1803 zusätzlich das grundsätzliche Recht zur Durchführung der Spezialuntersuchung bei schweren Kriminalfällen zugesprochen worden; mangels geeigneter Haftanstalten musste diese Aufgabe allerdings in der Praxis vom Aschaffenburger Stadtschultheißen in seiner Eigenschaft als

694 Christ, Aschaffenburg, S. 176/187/217.

695 Christ, Aschaffenburg, S. 188.

696 Siehe §§ 9 und 11 (mit Anführung der Fälle) *„Fürst Primatische Deklaration die Zivil- und Kriminal-Gerichtsbarkeit in den Souverainitäts-Landen betreffend“*, abgedruckt in: Der Rheinische Bund, 11. Band, 1809, S. 292-300 (296-298); Christ, Aschaffenburg, S. 188.

697 Christ, Aschaffenburg, S. 188. Der mittleren und niederen Gerichtsbarkeit unterfielen beispielsweise Injurien, Schlägereien ohne schwere Verletzung, Selbstmord, Vermögensbeschädigung in böser Absicht, ausgenommen Religionsvergehen, und Verbrechen der Kinder gegen die Eltern, siehe §§ 9 und 10 *„Fürst Primatische Deklaration die Zivil- und Kriminal-Gerichtsbarkeit in den Souverainitätslanden betreffend“*, Der Rheinische Bund, 11. Band, S. 292-300 (296/297); Christ, Aschaffenburg, S. 188, Fn. 150.

698 Christ, Aschaffenburg, S. 217/218.

699 Christ, Aschaffenburg, S. 217.

700 Vgl. Christ, S. 176/218.

701 Christ, Aschaffenburg, S. 176/217/218; vgl. hierzu ausführlicher Ketterer, S. 174-176.

702 Vgl. bereits unter V.4.g.aa.; Christ, Aschaffenburg, S. 175.

703 MRA L 474; Christ, Aschaffenburg, S. 175; vgl. Ketterer, S. 175.

Stadtvogt erfüllt werden[704], wobei dessen ursprüngliche Bindung an das Vizedomamt bei der Untersuchung von Kriminalfällen[705] aufgegeben wurde[706].

Des Weiteren existierten mit den sechs Mediatämtern Kreuzwertheim, Eschau, Triefenstein, Rothenfels, Krombach und Rieneck sowie den Patrimonialämtern Niedersteinbach, Unterhausen, Sommerau, Fechenbach und Hobbach auch sogenannte Untergerichtsbehörden[707]. Denn entsprechend Dalbergs grundsätzlicher Regierungspraxis, die hergebrachten Verhältnisse möglichst zu schonen, wurden die im Jahre 1806 angefallenen standesherrlichen und ritterschaftlichen Herrschaftsgebiete zum großen Teil als eigene Justiz- und Verwaltungsbezirke bzw. -ämter weitergeführt – mit dem einzigen Unterschied, dass dies künftig unter der Regie des Fürstprimas geschah[708]. Als grundherrliche Instanzen stellten somit das Mediatamt Krombach bis zum Jahre 1810 einen Justiz- und Verwaltungsbezirk und das in Aschaffenburg ansässige, aus einem Patrimonial-Amtmann, Aktuar und Amtsdiener bestehende Patrimonialamt Unterhausen das Justiz- und Verwaltungsamt[709].

Im Bereich der Zivilgerichtsbarkeit lag die Zuständigkeit für Bagatellsachen bei den Ortsgerichten[710]; die freiwillige Gerichtsbarkeit wurde von den Friedensrichtern wahrgenommen[711].

Unbeschadet aller Veränderungen in der Strafrechtspflege bestanden die sogenannten Centdistrikte - auch später im Primatialstaat - weiter. Trotz der Einhebung von Beiträgen von den Centuntertanen kam ihnen gleichwohl kaum mehr praktische Bedeutung zu[712].

Aus Sicht des materiellen Rechts war die Peinliche Halsgerichtsordnung Karls V., wenn auch in der Praxis stark abgemildert, noch immer gültig und fanden die mainzische Hof- und Untergerichtsordnung bzw. der gemeine deutsche Kriminalprozeß als Bestimmungen über den Zivil- und Kriminalprozess weiter Verwendung[713].

704 A. Arch.R. 130 XI, 3 fol. 58; Christ, Aschaffenburg, S. 175/vgl. auch S. 184.

705 MRA L 1610, Instruktion vom 04.04.1796, Artikel 4 § 13; Christ, Aschaffenburg, S. 175.

706 A. Arch. R. 130 XI, 3 fol. 58; Christ, Aschaffenburg, S. 175.

707 Christ, Aschaffenburg, S. 176.

708 Vgl. ausführlicher Christ, Aschaffenburg, S. 187-189/219; ders., Säkularisation, S. 137-151 (147).

709 Christ, Aschaffenburg, S. 219.

710 Vgl. Darmstädter, S. 155; vgl. Christ, Aschaffenburg, S. 183.

711 Vgl. Christ, Aschaffenburg, S. 183; Darmstädter, S. 155.

712 Christ, Aschaffenburg, S. 175.

713 Vgl. Christ, Aschaffenburg, S. 184.

cc. Die Gerichtsbarkeit im Überblick

Im Folgenden soll nunmehr detaillierter auf die Gerichtsbarkeit und den Instanzenzug eingegangen werden. Hinsichtlich der Zivilgerichtsbarkeit ist hierbei insbesondere auf einc Unterscheidung zwischen Privilegierten und Nichtprivilegierten zu achten[714].

(1) Die Gerichtsbarkeit der Nicht-Privilegierten

Für Nichtprivilegierte wurde die Zivilgerichtsbarkeit in erster Instanz vom Stadtamt Aschaffenburg, den Vogteiämtern Kaltenberg, Obernburg, Rothenbuch, Kleinwallstadt und Schweinheim sowie den Patrimonialämtern Unterhausen, Niedersteinbach, Krombach und Sommerau wahrgenommen. In zweiter Instanz entschied dagegen bei einem Streitwert von 30 bis zu 100 fl. das Vizedomamt Aschaffenburg, ab einem Streitwert von 100 fl. das Oberlandesgericht. Als dritte Instanz schließlich fungierte ab einem Streitwert von 150 fl. und für sämtliche Gerichte des Dalbergstaates das Oberappellationsgericht in Aschaffenburg[715]. Die peinliche und korrektionelle Gerichtsbarkeit lagen beim Oberlandesgericht Aschaffenburg[716].

(2) Die Gerichtsbarkeit der Privilegierten

Bei der Gruppe der Privilegierten wiederum wurde zwar zwischen den Standes- und Grundherren einerseits und den sonstigen Privilegierten andererseits unterschieden[717]. Beide Untergruppen sahen sich jedoch unterschiedslos in erster Instanz dem Justizsenat Aschaffenburg, in zweiter Instanz dem Oberlandesgericht Aschaffenburg und in dritter Instanz dem Oberappellationsgericht Aschaffenburg gegenüber[718].

Da unter die Gruppe der sonstigen Privilegierten, wie zum Beispiel den landesherrlichen bzw. großherzoglichen Beamten und durchreisenden Adeligen, allerdings nicht das Militär und die Geistlichkeit zu fassen waren[719], bestanden für diese wiederum eigene Regelungen. So fungierte bis zum 31. Dezember 1810 in der Zivilgerichtsbarkeit des Militärs in Gestalt aller drei Instanzen das

714 Vgl. Christ, Aschaffenburg, S. 220-223.
715 Christ, Aschaffenburg, S. 221.
716 Christ, Aschaffenburg, S. 222.
717 Vgl. Christ, Aschaffenburg, S. 221.
718 Christ, Aschaffenburg, S. 189/221/222.
719 Christ, Aschaffenburg, S. 221.

Militärforum[720], während in der Zivilgerichtsbarkeit der Geistlichkeit zwei Instanzen gebildet wurden. In erster Instanz entschied, auch in Ehesachen von Laien, das Erzbischöflich Geistliche Gericht Aschaffenburg, in zweiter Instanz hingegen das Erzbischöflich Regensburgische Metropolitangericht mit Sitz in Aschaffenburg[721]. Zu Zeiten des Großherzogtums Frankfurt schließlich sollten in erster Instanz das erzbischöfliche Kommissariat und in zweiter Instanz das erzbischöfliche Generalvikariat für den katholischen Klerus verantwortlich zeichnen; die Privilegierung der katholischen Geistlichkeit bestand damit auch künftig fort[722].

Auch nach der Gründung des Primatialstaates im Jahre 1806 genossen die Privilegierten nicht nur in Bezug auf ihre eigene justizielle Behandlung, sondern auch in Bezug auf die selbständige Wahrnehmung und Ausübung der Gerichtsbarkeit vielfältige Vorteile.

Denn orientiert an dem Grundsatz, alle mit der Souveränität nicht notwendig verbundenen Berechtigungen den Mediatisierten weiterhin zu belassen, hatte Artikel 27 der Rheinischen Bundesakte den Inhabern reichsständischer Herrschaften die Erhaltung einer Reihe von Rechten zugesichert[723]. Demgemäß wurden zwar die oberste Gerichtsbarkeit (jurisdiction suprême), die Gesetzgebung (législation), die Konskription (conscription militaire ou recroutement), das Besteuerungsrecht (droit d'impôts) und die Oberpolizei (haute police) Dalberg als neuem Landesherrn zugeordnet[724]; andere Rechte, wie die mittlere und niedere

720 Christ, Aschaffenburg, S. 222.

721 Christ, Aschaffenburg, S. 222.

722 Vgl. GFRB, Bd. 2 (1812), S. 164; A. Arch.R. 130 XI, 3 fol. 122; vgl. Darmstädter, S. 239; Christ, Aschaffenburg, S. 190.

723 „*Grundvertrag zur Errichtung des Rheinischen Bundes, geschlossen zu Paris am 12. Julius und ratifizirt zu St. Cloud am 19. Julius 1806*", abgedruckt in: Der Rheinische Bund, Band 1, 1806, S. 9-44 (36/37 [Art. 27]); abgedruckt auch in Pölitz, „*Conföderationsacte des Rheinbundes vom 12. Juli 1806*", S. 3-9; Christ, Aschaffenburg, S. 187.
Wenngleich diese Regelungen in Zusammenhang mit dem Primatialstaat stehen, zu dem erst unter Punkt V.6. ausführlich Stellung genommen werden wird, spielen sie doch auch für das Fürstentum Aschaffenburg (als Teil des Primatialstaats) eine wesentliche Rolle, so dass auch an dieser Stelle kurze Ausführungen erfolgen sollen.

724 Art. 26 und 27 „*Grundvertrag zur Errichtung des Rheinischen Bundes*", abgedruckt in: Der Rheinische Bund, Band 1, 1806, S. 9-44 (36, Fn. 37/37, Fn. 38); Christ, Aschaffenburg, S. 187; Art. 26: „*Bestimmung der Souverainitätsrechte. Sie bestehen in der Gesetzgebung, der obersten Gerichtsbarkeit, der Oberpolizei, der Konskription oder dem Milizenzuge, und dem Rechte der Auflagen.*"; Art. 27: „*Bestimmung, was den wirklich dermalen regierenden Fürsten und Grafen bleibt, welche die Landeshoheit verlieren. Sie behalten als Patrimonial- und Privateigenthum alle ihre Domänen, so wie die herrschaftlichen und Lehnsrechte, welche nicht wesentlich der Souverainität ankleben, und zwar*

Gerichtsbarkeit sowie die Verfügung über das gesamte Privat- und Patrimonialeigentum und die Domänen, wurden dagegen den Mediatherren belassen[725].

Die Gerichtsbarkeit in den vormals reichsunmittelbaren Herrschaften selbst erfuhr erst durch einen Erlass vom 21. April 1809 eine entsprechende Regelung[726]. Diese unterschied klar zwischen der Behandlung standesherrlicher und der Behandlung reichsritterschaftlicher Gebiete. So verblieb den Standesherren die bürgerliche Gerichtsbarkeit in erster und grundsätzlich auch zweiter Instanz. Da sie als zweite Instanz jedoch eine Justizkanzlei errichten mussten, hatten in Sachen von 30 bis 100 fl. die herrschaftlichen Ämter oder Souveränitätskommissare, über 100 fl. hingegen die Justizkanzlei in Kreuzwertheim zu entscheiden[727]. Die letztinstanzliche Zuständigkeit in Zivilsachen lag wiederum beim Oberappellationsgericht Aschaffenburg. Wurde die erforderliche Appellationssumme nicht erreicht, konnte beim Oberlandesgericht Aschaffenburg oder beim Spruchkollegium in Wetzlar um Revision nachgesucht werden[728].

Im Rahmen der Strafgerichtsbarkeit hingegen bestand eine Privilegierung nur insofern, als für peinliche Vergehen der Standesherren gemäß Artikel 28 der Rheinbundakte Austrägalgerichte gebildet worden waren, um die Mediatherren von ihren Standesgenossen richten zu lassen[729]. Im Übrigen oblagen die hohe

---

namentlich die niedere und mittlere Gerichtsbarkeit in bürgerlichen und peinlichen Fällen, die forsteiliche Gerichtsbarkeit und Polizei, die Rechte der Jagd und Fischerei, das Berg- und Hüttenwesen, die Zehnten- und Lehngefälle, das Patronat und diesen ähnliche, so wie alle von den Domänen und besagten Rechten herfließende Einkünfte. Ihre Domänen und Güter werden in Rüksicht der Auflagen den Domänen und Gütern ihres Souverains gleich gehalten. Besitzt dieser keine unbewegliche Güter, so werden sie den Domänen und Gütern der privilegirtesten Klasse im Lande gleich behandelt. Sie dürfen ihre Domänen und Rechte an keinen dem Bunde fremden Souverain und überhaupt nie anders veräussern, als wenn sie solche zuvor ihrem Souverain angeboten haben."

725 Christ, Aschaffenburg, S. 187.

726 „*Fürst Primatische Deklaration die Zivil- und Kriminal – Gerichtsbarkeit in den Souverainitätslanden betreffend*", Der Rheinische Bund, Band 11, 1809, S. 292-300; Christ, Aschaffenburg, S. 187; Erlaß Dalbergs vom 21. April, abgedruckt in einer Bekanntmachung der Aschaffenburger Landes-Direktion vom 24. April 1809 in den „Frankfurter Ratsverordnungen von 1809" im SA Frankfurt; Hein, S. 108.

727 Christ, Aschaffenburg, S. 187; §§ 2 und 4 des Erlasses Dalbergs vom 21. April, abgedruckt in einer Bekanntmachung der Aschaffenburger Landes-Direktion vom 24. April 1809 in den „Frankfurter Ratsverordnungen von 1809" im SA Frankfurt; Hein, S. 108.

728 § 4 der Verordnung v. 21.04.1809, „Ratsverordnungen von 1809", SA Frankfurt; Christ, Aschaffenburg, S. 187/188.

729 Art. 28: „*In peinlichen Fällen genießen die itzt wirklich regierenden Fürsten und Grafen und ihre Erben das Recht der Austrägalinstanz. Ihre Güter können nicht konfiszirt, wohl aber während der Lebenszeit der Verurtheilten sequestrirt werden.*", abgedruckt in: Der

peinliche und korrektionelle Gerichtsbarkeit, wie beispielsweise Hochverrat, Mord, Ehebruch oder Vergewaltigung, dem Oberlandesgericht in Aschaffenburg und die Fälle der „basse et moyenne jurisdiction criminelle" der Justizkanzlei Kreuzwertheim. Die Zuteilung der niederen und mittleren Gerichtsbarkeit, wozu zum Beispiel Selbstmord oder einfacher Diebstahl zählten, basierte auf der Verordnung vom 21. April 1809[730]. Bei Urteilen, die vier Wochen Haft oder aber eine Geldbuße von 20 Talern überschritten, war hingegen Rekurs an das Oberlandesgericht Aschaffenburg zulässig[731]. Das Recht der Begnadigung und der Strafwandlung hatte sich Dalberg auch bei den Justizkanzleien vorbehalten, die Oberaufsicht über die Handhabung der Justiz hingegen die Landesdirektion[732].

Hinsichtlich der Grundherren galt dagegen keine so großzügige Regelung. Während sie in Zivilsachen lediglich die erste Instanz ausüben durften[733], kam ihnen im Bereich der Strafgerichtsbarkeit nur die Befugnis zur Verhängung von Polizeistrafen bis zu zehn Reichstaler und drei Tage Haft zu. Die mittlere und niedere Gerichtsbarkeit wiederum durften sie nicht ausüben[734]. Auch Entscheidungen im Rahmen der Kriminalgerichtsbarkeit lagen nicht in der Kompetenz der Grundherren, sondern in der des Oberlandesgerichts. Die Grundherren selbst assistierten lediglich[735].

Die gerichtliche Sonderstellung der Privilegierten fand, mit Ausnahme des katholischen Klerus, der seine Rechte ungeschmälert behalten konnte[736], durch die neue Justizverfassung des Großherzogtums Frankfurt ab dem 1. Januar 1813

Rheinische Bund, Band 1, 1806, S. 9-44 (37/38, Fn. 39); Christ, Aschaffenburg, S. 189/222; vgl. § 8 der Verordnung v. 21.04.1809, „Ratsverordnungen von 1809", SA Frankfurt. Zu den Austrägalgerichten vgl. zum Beispiel Merzbacher, F., in: Erler/Kaufmann, HdR, Bd. I, Sp. 273/274.

730 §§ 9-11 des Erlasses Dalbergs vom 21. April, abgedruckt in einer Bekanntmachung der Aschaffenburger Landes-Direktion vom 24. April 1809 in den „Frankfurter Ratsverordnungen von 1809" im SA Frankfurt; Hein, S. 108; Christ, Aschaffenburg, S. 222.

731 § 16 der Verordnung v. 21.04.1809, „Frankfurter Ratsverordnungen von 1809", SA Frankfurt; Christ, Aschaffenburg, S. 188.

732 § 17 der Verordnung v. 21.04.1809, „Frankfurter Ratsverordnungen von 1809", SA Frankfurt; Christ, Aschaffenburg, S. 188.

733 Christ, Aschaffenburg, S. 188; vgl. § 6 des Erlasses v. 21.04.1809, „Ratsverordnungen von 1809", SA Frankfurt.

734 GFRB, Bd. 2 (1812), S. 154/155; Christ, Aschaffenburg, S. 188; vgl. § 14 des Erlasses v. 21.04.1809, „Frankfurter Ratsverordnungen 1809", SA Frankfurt.

735 *„Fürst Primatische Deklaration die Zivil- und Kriminal-Gerichtsbarkeit in den Souverainitäts-Landen betreffend"*, abgedruckt in: Der Rheinische Bund, Band 11, 1809, S. 292-300 (§ 14, S. 299); Christ, Aschaffenburg, S. 188; vgl. auch § 14 des Erlasses v. 21.04.1809, „Ratsverordnungen von 1809", SA Frankfurt.

736 Darmstädter, S. 153/154; Christ, Aschaffenburg, S. 190.

ein Ende[737]. Neben der Auflösung des Justizsenats war fortan nicht mehr der Adelsstand das für die Frage der gerichtlichen Zuständigkeit maßgebliche Kriterium, sondern ausschließlich der Streitwert[738].

(3) Polizeigerichtsbarkeit

Die Polizeigerichtsbarkeit bzw. die Ausübung polizeilicher Funktionen nahmen bis zum 26. Oktober 1810 der Stadtschultheiß und die für die Aburteilung kleinerer Straffälle zuständigen Amtsvögte wahr[739]. Ausgehend vom damaligen Polizeibegriff, der nicht nur die Wahrung der öffentlichen Sicherheit im engeren Sinn und damit die moderne Bedeutung, sondern auch die Aufgaben der inneren Verwaltung im weiteren Sinn umfasste[740], nahm die Polizeigemeinde im Aschaffenburger Staatsgebilde allgemein eine Doppelstellung als Organ staatlicher Exekutive einerseits und gemeindlicher Selbstverwaltung andererseits ein[741]. Die Polizeigerichtsbarkeit besaß allerdings weder für die Defraudation öffentlicher Gefälle, noch für Jagd- und Forstfrevel, Konkurse aus eigenem Verschulden oder Verbal- und Realinjurien, bei denen die zivilrechtliche Seite überwog, irgendwelche Kompetenzen[742]. Ein eigenes Polizeigesetz existierte nicht[743].

(4) Ausblick

Die Verwaltungsordnung des Großherzogtums vom 27. Oktober 1810[744] sollte sowohl der Landesdirektion, dem Vizedomamt als auch den Oberämtern und Ämtern schließlich ihre Verwaltungs-, nicht aber ihre Rechtsprechungsbefugnisse, entziehen und sie auf die neu geschaffenen Distriktmairien,

737 „*Höchste Verordnung, die künftige Gerichtsverfassung des Großherzogtums Frankfurt betreffend*“ v. 05.12.1812, in: GFRB, Bd. 2 (1812), S. 121-168; „*Höchstes Organisations-Patent der Verfassung des Großherzogtums Frankfurt*“ v. 16.08.1810, in: GFRB, Bd. 1 (1810), S. 10-24 (14, § 11); Christ, Aschaffenburg, S. 189/190.

738 Darmstädter, S. 155; Christ, Aschaffenburg, S. 189.

739 Christ, Aschaffenburg, S. 185/223.

740 Darmstädter, S. 129; Christ, Aschaffenburg, S. 185.

741 Vgl. Christ, Aschaffenburg, S. 180.

742 Christ, Aschaffenburg, S. 223.

743 Vgl. Christ, Aschaffenburg, S. 185.

744 „*Verwaltungsordnung für das Großherzogtum Frankfurt, enthält die Auseinandersetzung der Attribute und Functionen*“, vom 27.10.1810, in: GFRB, Bd. 1 (1810), S. 113-149; Christ, Aschaffenburg, S. 176.

Unterpräfekturen und Präfekturen übertragen[745]. Neben der oben bereits beschriebenen Beseitigung der gerichtlichen Sonderstellung der Privilegierten brach die neue Justizverfassung des Großherzogtums noch mit einem zweiten Grundsatz – dem Dreiinstanzenzug, der infolge der Angleichung des Gerichtswesens an das französische Vorbild keine Zukunft hatte[746].

h. Steuerwesen

Im Bereich des Steuerwesens ergaben sich folgende Regelungen: Das kameral verfasste Finanzwesen des Fürstentums Aschaffenburg stand – wie schon ausgeführt – unter der Leitung der Landes- und Finanzdirektion[747] und gliederte seine einzelnen Ressorts nicht nach sachlichen, sondern vielmehr nach territorialen Aspekten[748]. Das bislang gültige Kellereisystem bestand auch unter Dalberg mit den durch die Auflösung des Oberamtes Miltenberg verursachten Modifikationen fort[749], während das ehemalige Hofkammerzahlamt zum Oberrentamt umgebildet wurde[750].

In den im Zuge der Primatialstaatsgründung des Jahres 1806 angegliederten adeligen Bezirken Eschau, Krombach, Rothenfels, Kreuzwertheim und Triefenstein wurden in der Folge Souveränitätsrezepturen errichtet, wodurch die Mediatherren die Staatssteuern selbst erheben konnten[751].

Gleichfalls im Rahmen des Finanzwesens im weiteren Sinne bewegte sich die eigens für das Fürstentum Aschaffenburg gegründete Landesverbesserungs-Kommission unter der Präsidentschaft des neuen Landesherrn[752]. Zum Zwecke der Belebung verschiedener Wirtschaftsbereiche, wie zum Beispiel des Ackerbaus, der Industrie, der Fabriken und Manufakturen, des Handels und der Künste, sollte diese zweimal wöchentlich tagende Kommission Prämien und andere Mittel aus einer eigenen Kasse, deren Fonds vornehmlich aus den Forststrafgefällen bestehen sollte, ausbezahlen[753]. Neben den Präsidien der Landesstellen und einigen Räten waren in der vom Landesdirektorium geleiteten Kommissi-

745 Vgl. GFRB, Bd. 1 (1810), § 38, S. 19 und §§ 145/147, S. 149; Christ, Aschaffenburg, S. 176/179; vgl. dazu ausführlicher Christ, Aschaffenburg, S. 179-190.

746 Christ, Aschaffenburg, S. 183; vgl. ausführlicher Darmstädter, S. 152-157.

747 MRA L 458; Christ, Aschaffenburg, S. 177; siehe unter V.4.e.

748 Vgl. Christ, Aschaffenburg, S. 182.

749 Christ, Aschaffenburg, S. 177. Zum Kellereisystem vgl. zum Beispiel Werkmüller, D., in: Erler/Kaufmann, HdR, Bd. II, Sp. 696-699.

750 A. Arch.R. 130 XI, 3 fol. 34; Christ, Aschaffenburg, S. 173.

751 Böhl, S. 89; Christ, Aschaffenburg, S. 177.

752 Hein, S. 36.

753 Hein, S. 36.

on[754] auch Graf von Beust, zuständig für Handel, Fabriken und Manufakturen, sowie Hofrat und Leibarzt Pauli, zuständig für das Sanitäts- und Schulwesen, angestellt[755].

Auch die Finanzbehörden sollten von der Umbildung der gesamten Staatsverwaltung im Großherzogtum Frankfurt in den Jahren 1810 und 1812 nicht verschont bleiben[756].

Vor dem Hintergrund, dass §§ 77 und 78 des Reichsdeputationshauptschlusses[757] denjenigen Staaten, die für ihre linksrheinischen Besitzverluste geistliche Länder als Entschädigung erhalten hatten, die Verpflichtung auferlegte, im Gegenzug die auf diesen Ländern lastenden Schulden zu übernehmen, war Dalberg, der neben dem oberen Amt Aschaffenburg noch sechs andere Ämter erhalten hatte, bestrebt, die auf Aschaffenburg entfallenden Schulden zu begleichen.

Von den Kammerschulden in Höhe von ursprünglich 453.342 fl. 12 kr. und Staatsschulden von anfänglich 454.060 fl. 24 ½ kr. konnten teils durch Barzahlungen, teils durch Kompensation zunächst ansehnliche Summen getilgt werden, weshalb sich die Kammerschulden auf 266.753 fl. 21 ½ fr. und die Staatsschulden auf 221.099 fl. 12 ½ kr. reduzierten, bevor es in der Folgezeit gelingen sollte, sämtliche Schuldenmassen unter den Beteiligten zu repartieren. Hierzu diente ein Patent vom 1. September 1809, welches die Abtragung der verbliebenen

754 A. Arch.R. 130 XI, 3 fol. 20; Christ, S. 173.

755 Hein, S. 36.

756 Christ, Aschaffenburg, S. 177. Vgl. dazu ausführlicher u.a. ders., Aschaffenburg, S. 182; Böhl, 85-91.

757 § 77 des Reichsdeputationshauptschlusses: „*Da auch wegen der, auf den Entschädigungslanden haftenden Schulden zur Beruhigung so vieler Gläubiger Vorsehung geschehen muß, so versteht sich zuförderst von selbst, daß bei solchen Landen, welche ganz von einem geistlichen Regenten auf einen weltlichen übergehen, letzterer alle sowohl Kameral- als Landesschulden eines solchen Landes mit zu übernehmen, mithin solche respective aus seinen neuen Kammer-Einkünften und Steuern eben so zu verzinsen und abzuführen habe, wie es der geistliche Regent würde haben thun müssen.*“; § 78 des RDH: „*Bei solchen geistlichen Landen hingegen, welche unter Mehrere vertheilt werden, kann sich zwar der Gläubiger, wenn ihm ein Specialunterpfand verschrieben ist, an dieses Specialunterpfand allerdings dergestalt halten, daß diejenigen Theilhaber eines solchen Landes, welche die Specialhypothek besitzen, ihm einstweilen die Zinsen fort entrichten müssen; es sind aber hiernächst diese Schulden eben so, wie diejenigen, welche nur eine Generalhypothek, oder auch nur versionem in rem für sich, oder endlich, die ihre bisher gehabte Specialhypothek, z.B. die Zölle, verloren haben, als allgemeine Landesschulden unter sämmtlichen Theilhabern eines solchen Landes in verhältnismäßige Theile, und zwar die Kammerschulden nach dem Domainenertrage, die Landesschulden aber nach dem Steuercapitale zu vertheilen.*“, Huber/Huber, S. 24.

Schuldenlasten vermittels sukzessiver Zahlungen detailliert regelte, dabei allerdings auf eine neue Belastung der Bürger verzichtete. So wurden zur endgültigen Tilgung jährlich 40.000 fl. bestimmt und im Übrigen folgende Verordnung getroffen: Bei gleichbleibendem Zins sollten die älteren Obligationen in neue, inhaberbezogene Obligationen umgewandelt und zu einem Wert von jeweils 1.000, 500 und 250 fl. ausgefertigt und mit Coupons versehen werden. Als Zeitpunkt der Ausfertigung und der daran anknüpfenden Laufzeit der Zinscoupons wurde der 1. Februar 1810 festgesetzt. Zinsen, die bis zu diesem Datum fällig wurden, sollten bei der Auswechslung in bar berichtigt werden. Gleiches galt für diejenigen Kapitalreste, die in den neuen Obligationen nicht aufgehen konnten, und für kleinere Depositen. Am 1. Juni eines jeden Jahres sollten schließlich 20.000 fl. Steuerschulden und 20.000 fl. Kammerschulden ausgelost werden und dadurch sämtliche Schulden innerhalb von 12 bzw. 13 Jahren getilgt sein[758].

Zur Tilgung der Kriegs(amts)lasten war bereits am 29. Juli desselben Jahres ein neues Steuer-Reglement erlassen worden, das aus Rechts- und Verhältnismäßigkeitsgesichtspunkten nicht nur den Souverän selbst, sondern alle bisher Befreiten zu entsprechenden Zahlungen heranzog[759].

i. „Juridische Lehranstalt"

Zur Förderung der juristischen Kenntnisse und Fertigkeiten sowie zur Vorbereitung einer Einführung des Code Napoléon ließ Dalberg eine „Juridische Lehranstalt" errichten – das Pendant der im Jahre 1808 gleichfalls durch den Souverän gegründeten Rechtsschule in Wetzlar [760].

5. Gesetzgebung und Verwaltung in der Grafschaft Wetzlar im Vergleich zu Regensburg

a. Verfassung und Organisation

aa. § 18 der Verfassung vom 18. Juli 1803

In einer besonderen Beziehung zum Fürstentum Regensburg stand die gleichfalls neu hinzugewonnene Grafschaft Wetzlar. Denn während Regensburg den Sitz des Immerwährenden Reichstags darstellte, beherbergte Wetzlar mit dem dort ansässigen Reichskammergericht die zweite wesentliche Institution des Heiligen Römischen Reiches. Wollte man also das Reich über die Ereignisse der

758 Beaulieu-Marconnay, Bd. 2, S. 127/128.
759 Beaulieu-Marconnay, Bd.2, S. 151/152.
760 Hein, S. 151; Scheurmann, S. 141-156 (144).

Jahre 1802/03 hinaus retten, so folgte die Verquickung der beiden Städte und Territorien in einem Gesamtstaat unter der Souveränität des Reichserzkanzlers im Grunde nur einer inneren Logik.

bb. Ausgangsbasis allgemein

Die administrative Ausgangsbasis in Wetzlar war angesichts der geltenden Wetzlarer Zunftverfassung durch eine konsensgestützte Herrschaft des Rats, also des Magistrats der Reichsstadt geprägt. Als konsensgestützt ist diese Herrschaft deshalb zu bezeichnen, weil der Rat aufgrund der verfassungsrechtlich festgeschriebenen Mitregierungsrechte der bürgerschaftlichen Organe in Form der Zünfte und der Zwölfer und des daraus resultierenden Selbstverständnisses der Bürger maßgeblich auf deren Unterstützung angewiesen war, um erfolgreich handeln zu können[761]. Demnach hatte der als Legislativorgan fungierende Rat seine Normen auch selten aktiv als vielmehr in Reaktion auf die Ansprüche der verschiedenen Interessengruppen der Reichsstadt erlassen. Und wenngleich er von der Bürgerschaft als solche akzeptiert worden war, stellte der Rat angesichts der Wetzlarer Zunftverfassung tatsächlich keine absolutistische Obrigkeit, sondern aus Sicht der Zwölfer ein Organ der Bürgerschaft dar, das die städtischen Angelegenheiten im Sinne einer Gemeinwohlmaximierung zu verwalten hatte[762]. Zudem stellten die Kameralen, d.h. die Mitglieder des Reichskammergerichts, und deren Angehörige einen eigenen, nicht der Herrschaft des Rates unterstehenden Rechtskreis[763].

Bereits in diesem Zusammenhang lässt sich im Vorgriff feststellen, dass nicht nur Wetzlar selbst seinen bisherigen Status als Reichsstadt verlor, sondern auch die bürgerliche Selbstverwaltung ihr Ende fand, als sämtliche städtische Behörden dem neuen Souverän untergeordnet wurden[764]. Wie schon in Regensburg und Aschaffenburg setzte Dalberg dabei auch in Wetzlar primär auf eine schonende Umgestaltung der ehemaligen Verhältnisse und versuchte dabei, die bisherigen Führungsschichten mit einzubeziehen[765].

Die Stadt selbst erfuhr in der Folge eine Aufteilung in insgesamt vier Distrikte, denen jeweils ein Viertelmeister vorstand. Je zwei dieser Distrikte bilde-

761 Schieber, S. 387.
762 Schieber, S. 383/384.
763 Schieber, S. 387.
764 Schieber, S. 275/390.
765 Schieber, S. 276.

ten zusammen einen Polizeidistrikt; zwei Ratsherren wurden diesbezüglich zu zuständigen Polizeikommissaren ernannt[766].

cc. Die Ober-Polizei- und Finanzdirektion

In Ergänzung zu § 18 der Verfassung vom 18. Juli 1803, welcher der Grafschaft Wetzlar als der dritten Säule des Dalbergstaates einen eigenen Abschnitt gewidmet hatte[767], wurde die künftige Organisation der Grafschaft mit Erlass der landesherrlichen Verordnung vom 29. November 1803 endgültig geregelt[768]. Damit endete die Tätigkeit des kurfürstlichen Kommissariats, das unter der Leitung von Adam Joseph Mulzer die Grafschaft als provisorische oberste Behörde verwaltet hatte[769], und wurden alle Behörden der neuen, an die Stelle des Kommissariats tretenden „Ober-Polizei- und Finanzdirektion" unterstellt, deren Leitung Mulzer als Ober-Polizei- und Finanzdirektor übernahm[770]. Diese von einem Aktuar unterstützte[771] Direktion hatte entweder eigene Verordnungen zu erlassen oder vom Landesherrn zu bestätigende Verordnungsentwürfe zu fertigen[772]. Im Gegensatz zum bisherigen Gesetzgebungsorgan, das sich beim Normerlass als eher reaktiv präsentiert hatte, zeigte sich die neue Regierung beim Normerlass deutlich aktiver – sowohl im Hinblick auf die Quantität der Vorschriften als auch hinsichtlich der Eigendynamik[773]. Auch die Verwaltung der Stadt selbst, die sich bislang kaum trennscharf von der Exekutive hatte abgrenzen lassen[774], erfuhr eine professionelle Gestaltung[775]. So wurde beispielsweise das exekutive Personal, das bislang zahlenmäßig unzureichend gewesen war[776], um zwei Ar-

766 Vgl. zur Einteilung der Stadt auch die Verordnung v. 29.11.1803, SCOTTI, Nr. 121, S. 2150-2156 (2151, Punkt 4); Schieber, S. 280.

767 § 18 der Verfassung v. 18.07.1803, siehe Anhang I.

768 Verordnung vom 29.11.1803, SCOTTI, Nr. 121, S. 2150-2156; Hein, S. 54; Schieber, S. 275.

769 Hein, S. 54; Schieber, S. 275.

770 Vgl. § 18 der Verfassung v. 18.07.1803, siehe Anhang I; Verordnung v. 29.11.1803, SCOTTI, Nr. 121, S. 2150-2156 (2150, Punkt 1); Hein, S. 54; Schieber, S. 275.

771 Vgl. § 18 der Verfassung v. 18.07.1803, siehe Anhang I; Schieber, S. 275.

772 Schieber, S. 278.

773 Schieber, S. 383/390.

774 Vgl. Schieber, S. 71/72. Insofern werden die Ratsherren selbst, die städtischen Bediensteten ohne Exekutivfunktionen, die hauptamtlich die Stadtverwaltung bildenden Personen, die städtischen Bediensteten mit vorwiegend exekutiven Funktionen sowie die alle Bürger umfassende Bürgerwache als verschiedene Gruppen von Funktionsträgern aufgezählt (Schieber, S. 72).

775 Schieber, S. 390.

776 Schieber, S. 388.

menpolizeidiener aufgestockt, und wurden für die städtischen Bediensteten regulär Dienstinstruktionen eingeführt[777]. Auch das Forstwesen wurde unter der Leitung des Ober-Polizei- und Finanzdirektors Mulzer durch einen Forst-Kommissar verwaltet[778].

dd. Das Stadtamt

Dem Direktorium im Juli 1803 als zweite Ebene in der Verwaltungsstruktur nachgeordnet wurde das neue kurfürstliche Stadtamt, das sich aus dem Stadtschultheißen Münch und dem Stadtschreiber Büßer zusammensetzte[779], wobei der Stadtschultheiß als Verbindungsperson zwischen Direktorium und Magistrat fungierte[780]. Im Rahmen der regelmäßigen zweiwöchigen Zusammenkünfte mit dem Magistrat, die im Bedarfsfall auch öfter erfolgten, leitete der Stadtschultheiß Ersuchen des Ober-Polizei- und Finanz-Direktors um das Fertigen von Gutachten sowie Aufträge zur Bekanntmachung und Überwachung der Einhaltung neuer Verordnungen an den Rat weiter[781].

Gerade in der Schaffung des Stadtamtes aber lag die Beschneidung der Kompetenzen des Stadtmagistrats, auf die in der Folge näher einzugehen sein wird[782]. Denn mit der Exekutivgewalt, zu deren Ausübung dem Stadtamt verschiedene städtische Diener zur Verfügung standen[783], und den damit verbundenen Angelegenheiten sowie der Gerichtsbarkeit erster Instanz erhielt das Stadtamt eben die Funktionen übertragen, die in reichsstädtischer Zeit vom Magistrat wahrgenommen worden waren[784].

777 Schieber, S. 390.

778 Vgl. § 18 der Verfassung v. 18.07.1803, siehe Anhang I; Verordnung v. 29.11.1803, SCOTTI, Nr. 121, S. 2150-2156 (2153, Punkt 11); Hein, S. 44.

779 Verordnung v. 26.06.1803, SCOTTI, Nr. 111, S. 2115-2116 (2115, Punkt 1); vgl. Verordnung v. 29.11.1803, SCOTTI, Nr. 121, S. 2150-2156 (2151, Punkt 2); Schieber, S. 278.

780 Schieber, S. 278; vgl. Verordnung v. 29.11.1803, SCOTTI, Nr. 121, S. 2150-2156 (2150/2151, Punkt 1 und 2).

781 Schieber, S. 278/279.

782 Siehe unter V.5.a.ee.

783 Vgl. Schieber, S. 280, die verschiedene Personen näher aufzählt.

784 Vgl. die entsprechende Verordnung Dalbergs v. 26.06.1803, SCOTTI, Nr. 111, S. 2115-2116 (insb. 2115, Punkt 1); Schieber, S. 279; Hein, S. 54.

ee. Der Magistrat/Stadtrat

Wenngleich der Stadtrat bzw. Magistrat der ehemaligen Reichsstadt fortbestehen sollte[785], wurde er doch – wie oben bereits angedeutet – tiefgreifenden personellen und organisatorischen Änderungen unterworfen. So war einerseits eine stete Reduzierung seines Mitgliederbestands von 20 auf schließlich zwölf Personen dadurch vorgesehen, dass Stellen verstorbener Mitglieder nicht neu besetzt wurden; auch sollten die nach seiner Reduzierung künftig freiwerdenden Stellen zulasten der bisherigen Selbstergänzung durch den Landesherrn selbst besetzt werden, wobei der Rat zwei und der Ober-Polizei- und Finanzdirektor einen Kandidaten in Vorschlag bringen durfte[786].

Andererseits verlor der Magistrat zahlreiche Kompetenzen[787]; insbesondere wurde seine Doppelfunktion als Legislative und Judikative in Personalunion[788] aufgehoben. Als wichtigste Funktionen wurden dem Rat demzufolge neben der Gerichtsbarkeit erster Instanz und dem Hypotheken- und Darlehenswesen die Exekutive, d.h. insbesondere die gesamte städtische Polizei[789], und die Gesetzgebung zugunsten des neuen Stadtamtes weitgehend entzogen, weshalb sich gerade mit Blick auf die Gesetzgebung seine Befugnisse künftig im Wesentlichen auf beratende und gutachterliche Tätigkeiten sowie das Einreichen von Eingaben beschränkten[790]. Die Exekutivfunktion fand sich fortan – sofern keine ausdrückliche Einzelfallübertragung durch das Stadtamt erfolgte[791] – lediglich in der vom Stadtamt beauftragten Bekanntmachung neuer Verordnungen und der Überwachung deren Einhaltung[792]. Auch das Selbstversammlungsrecht wurde dem Magistrat entzogen[793], die jährlich an zwei Ratsmitglieder vergebenen[794] Ehrenämter als Bürgermeister entfielen[795].

785 Vgl. § 18 der Verfassung v. 18.07.1803, siehe Anhang I; Hein, S. 44; vgl. auch Verordnung v. 29.11.1803, SCOTTI, Nr. 121, S. 2150-2156 (2151, Punkt 3).

786 Vgl. Verordnung v. 29.11.1803, SCOTTI, Nr. 121, S. 2150-2156 (2151, Punkt 3); Schieber, S. 57/281; Hein, S. 54.

787 Hein, S. 54; Schieber, S. 276/281.

788 Schieber, S. 63/64.

789 Verordnung v. 26.06.1803, SCOTTI, Nr. 111, S. 2115-2116 (2115, Punkt 1); Verordnung v. 29.11.1803, SCOTTI, Nr. 121, S. 2150-2156 (2151, Punkt 2); Hein, S. 54; Schieber, S. 276/281.

790 Schieber, S. 276/281.

791 Schieber, S. 281.

792 Schieber, S. 279.

793 Vgl. Polizeiprotokoll v. 02.08.1803, § 48, fol. 61 (HAWZ IV b 14); vgl. Schieber, S. 283.

794 Schieber, S. 57; Hein, S. 54.

795 Hein, S. 54.

Gleichwohl erfolgte eine Einbeziehung auch des Magistrats in verschiedenen Bereichen. So standen zwei Ratsherren als zuständige Polizeikommissare den beiden Polizeidistrikten vor und erhielten die Stadträte insgesamt eigene Geschäftsbereiche. Außerdem stellte der Magistrat beispielsweise den Oberfeuerherrn und den Oberfeldgeschworenen sowie Deputierte zum Steuerwesen, und fungierten je zwei Stadträte als Obervorsteher einer Zunft[796].

ff. Die Vertreter der Bürgerschaft und die Zünfte

Da in der die Verfassung regelnden Verordnung vom 29. November 1803 nicht mehr erwähnt[797], galten die als Verfassungsorgan fest installierten Zwölfer[798] und die 24 Deputierten der Bürgerschaft[799], die bislang gemeinsam die städtischen Einnahmen kontrolliert hatten, trotz anfänglicher Einbeziehung zu verschiedenen Themen als aufgehoben[800]. Dies wiederum traf die Zünfte und die darin organisierten handwerklichen Mittelschichten[801], denen es gelungen war, sich gerade vermittels dieser Institutionen ein gewisses Mitspracherecht in der Reichsstadt zu erkämpfen. Fortan sollten die Zünfte dagegen unter Strafandrohung auf ihr Gewerbe als ihre originäre Aufgabe beschränkt bleiben[802], während ihnen zusätzlich zu ihren Zunftmeistern Obervorsteher aus dem Stadtrat zugeteilt wurden[803]. Gleichwohl wurden die Zünfte auch weiterhin, wenn auch vornehmlich in Angelegenheiten der Zünfte im engeren Sinn, als Bitt- und Antragsteller vorstellig[804]. Und trotz des Entzugs einiger Selbstverwaltungskompeten-

---

796 Schieber, S. 280/286.

797 Verordnung vom 29.11.1803, SCOTTI, Nr. 121, S. 2150-2156 (insb. 2155/2156, Punkt 17); Hein, S. 54; Schieber, S. 286; Hahn, Bürgertum, S. 229. Zu Aufbau und Struktur der Zwölfer vgl. ausführlich Schieber, S. 90-105.

798 Schieber, S. 83/90. Die Zwölfer, benannt nach der Anzahl ihrer Mitglieder, bestanden aus Vertretern der verschiedenen Zünfte und fungierten als „Kontrollgremium" der Wetzlarer Bürgerschaft; Schieber, S. 83.

799 Die 24 Deputierten der Bürgerschaft, ehrenamtlich agierend, stellten einen Bürgerausschuss dar, der nach einer entsprechenden Einigung zwischen Rat und Zwölfern gewählt worden war, um die städtische Rente künftig von Bürgerschaft und Rat gemeinsam verwalten zu lassen; Schieber, S. 85.

800 Hein, S. 54; vgl. Schieber, S. 286 mit Beispielen.

801 Hein, S. 337; Hahn, Bürgertum, S. 229.

802 Hein, S. 54; vgl. General-Jurisdictionalprotokoll v. 10.06.1803, § 468 (HAWZ IV b 1); Schieber, S. 287/290; vgl. auch Hahn, Bürgertum, S. 229.

803 Vgl. Verordnung v. 29.11.1803, SCOTTI, Nr. 121, S. 2150-2156 (2155, Punkt 17); Polizeiprotokoll v. 10.01.1804, § 23, fol. 13/14 (HAWZ IV b 15); Schieber, S. 286/287.

804 Schieber, S. 290.

zen, wie der Strafbefugnis über ihre Mitglieder[805], waren die Zünfte noch immer wichtige Ansprechpartner bei der Verbreitung von Verordnungen, die im Übrigen gegen ihren Willen nur schwerlich durchgesetzt werden konnten, weshalb bereits im Vorfeld die Interessen der Zünfte weitestgehend berücksichtigt wurden[806].

An die Stelle der Zwölfer traten de facto die bereits unter Punkt bb. Angesprochenen Viertelmeister[807]. Diese wurden weder von der Bevölkerung noch aus den Zünften gewählt, sondern vielmehr vom Ober-Polizei- und Finanzdirektor auf Vorschlag des Stadtrats ernannt. Im Jahre 1803 fiel dabei die Wahl auf vier Bürger aus der Mittelschicht, wovon drei wiederum Ratsherrenfamilien entstammten[808]. In Form der Weiterleitung von Verordnungen an die Bevölkerung, der Kontrolle der Einhaltung dieser Verordnungen sowie der Anzeige von Ordnungswidrigkeiten nahmen sie vornehmlich obrigkeitliche Funktion wahr[809]. Zur Unterstützung der Verwaltung hatten sie Bevölkerungslisten ihres jeweiligen Viertels zu fertigen[810]. Wenngleich also primär als „Erfüllungsgehilfen der neuen bürokratischen Stadtverwaltung" fungierend, dienten die Viertelmeister jedenfalls in Einzelfällen zugleich als Vertreter der Bürgerschaft gegenüber der Obrigkeit[811], die sie auch als solche erachtete[812].

Die Bürgerschaft selbst dagegen war künftig auf den allgemein üblichen Weg der Supplikation, also der Beschwerde bei Behörden oder dem Souverän selbst, verwiesen; die Kontrolle oder gar eine Beteiligung an der Regierung blieben ihr fortan versagt[813]. Dies stand in deutlichem Gegensatz zu den bisherigen politischen und sozialen Strukturen, die verschiedene Beziehungsgeflechte ermöglicht und auch die Bürger direkt in die politischen Geschehnisse eingebunden und damit zwei getrennte Lager in Form von Obrigkeit einerseits und Bürgerschaft andererseits ausgeschlossen hatten[814]. Dennoch setzte auch die kurfürstliche Direktion im Interesse einer möglichst effizienten Normdurchsetzung auf einen Konsens mit der Bürgerschaft und favorisierte allgemein das Zusam-

---

805 Vgl. Schieber, S. 290 mit Beispielen in Fn. 52.

806 Schieber, S. 290/291.

807 Siehe unter bb.; Schieber, S. 280 (zur Einteilung der Stadt vgl. Verordnung v. 29.11.1803, SCOTTI, Nr. 121, S. 2150-2156 (2151, Punkt 4)); vgl. auch Hahn, Bürgertum, S. 229.

808 Schieber, S. 287; Hahn, Bürgertum, S. 229.

809 Schieber, S. 287 mit dem Beispiel der Feuerordnung; vgl. auch Hahn, Bürgertum, S. 229.

810 Schieber, S. 287.

811 Hahn, Bürgertum, S. 229; Schieber, S. 287/288.

812 Vgl. Schieber, S. 288.

813 Vgl. General-Jurisdictionalprotokoll v. 10.06.1803, § 468 (HAWZ IV b 1); Schieber, S. 290.

814 Schieber, S. 385.

menwirken von Obrigkeit und Bürgerschaft bei der Normschaffung und -durchsetzung[815].

gg. Das Bürgerrecht

Gleichfalls in die bestehenden Rechte der Zünfte und damit in die alte Ordnung an sich griff die noch im Vorfeld erlassene Bürgerrechtsverordnung vom 15. Juni 1803 ein. Wie schon in Regensburg sollte die Vergabe des Bürgerrechts an Fremde erleichtert werden. Doch im Gegensatz zur bestehenden Wetzlarer Regelung, die dem Stadtrat und den Zünften diese Befugnis zugesprochen hatte, fiel die Entscheidung fortan dem Kommissariat bzw. der Ober-Polizei- und Finanzdirektion als deren Nachfolgerin[816] zu, während der Stadtrat und die Zünfte diesbezüglich nurmehr ein Gutachten abgeben durften. Tatsächlich an den Besitz des Bürgerrechts gekoppelt war künftig der Betrieb eines zünftischen Gewerbes[817].

hh. Die Rechtsstellung von Beisassen und Juden

In weiterem Zusammenhang mit dem Bürgerrecht stand die Rechtsstellung der Beisassen und der jüdischen Bevölkerung in Wetzlar. Mit all ihren Einschränkungen unverändert aufrecht erhalten, sollte sich an dieser nichts ändern[818].

b. Das Justizwesen

Während das Stadtamt als Zivilgericht erster Instanz und das Oberappellationsgericht in Aschaffenburg auch für Wetzlar als Revisionsinstanz fungierte[819], war das Justizwesen der Grafschaft Wetzlar in Form des Appellations- und Kriminalgerichts und des Reichskammergerichts im Wesentlichen durch zwei Einrichtungen geprägt.

815 Schieber, S. 390.
816 Vgl. Hein, S. 54.
817 Hein, S. 54.
818 Hein, S. 54.
819 Vgl. bereits oben; Verordnung v. 29.11.1803, SCOTTI, Nr. 121, S. 2150-2156 (2152, Punkt 5); Verordnung v. 26.06.1803, SCOTTI, Nr. 111, S. 2115-2116 (2115, Punkt 6).

aa. Das Appellations- und Kriminalgericht

Wie bereits durch § 18 der Verfassung bestimmt, wurde für die Grafschaft Wetzlar ein neues Appellations- und Kriminalgericht geschaffen, dessen Direktion der Ober-Polizei- und Finanzdirektor Mulzer übernahm[820]. Dieses aus drei Richtern gebildete Gericht hatte im schriftlichen Verfahren unter Bindung an die kurfürstliche Hofgerichtsordnung in zweiter Instanz in Rechtsstreitigkeiten mit einem Streitwert von 100 fl. und in solchen Angelegenheiten, die „Reallasten, Gerechtigkeiten und Injurien betreffen", zu entscheiden. Voraussetzung hierfür war unter anderem eine Berufungseinlegung binnen 10 Tagen[821]. In Fällen der peinlichen Gerichtsbarkeit entschied es als Kriminalgericht nach entsprechender Untersuchung durch den Stadtschultheiß; die Entscheidung unterlag jedoch dem Bestätigungs- und Begnadigungsvorbehalt des Souveräns[822].

bb. Das Reichskammergericht

Gemäß des Aufbaus der Reichsgerichtsbarkeit in der Zeit vor Dalberg hatte das Reichskammergericht neben dem Reichshofrat als Berufungsinstanz für die Entscheidungen der kaiserlichen Hofgerichte in Franken und Schwaben und der aus dem mittelalterlichen Standesrecht hervorgegangenen Austrägalgerichte fungiert, wobei sich die Kompetenzen dieser beiden höchsten Gerichte teilweise überschnitten[823]. Im Gegensatz zum Reichshofrat konfessionell paritätisch besetzt[824], stellte das Reichskammergericht ein ständisches Gericht dar[825], das streng nach Rechtsvorschriften urteilte und für die Erhaltung der inneren Sicherheit im Reich von großer Bedeutung war[826]. Die Leitung der Gerichtstätigkeit bestimmte sich im Einzelnen nach der Geschäftsverteilung. Während also der Kammerrichter und die beiden Präsidenten an der Spitze des Gerichts standen[827], zeichneten die Assessoren bzw. Beisitzer für die eigentliche Urteilsfindung verantwortlich. In einer Besetzung von vier Personen fällten sie ihre Urteile in An-

---

820 Vgl. § 18 der Verfassung v. 18.07.1803, siehe Anhang I; Verordnung v. 26.06.1803, SCOTTI, Nr. 111, S. 2115-2116 (2115, Punkt 4); Hein, S. 54/vgl. auch 110.

821 Verordnung v. 26.06.1803, SCOTTI, Nr. 111, S. 2115-2116 (2115, Punkt 3 und 4).

822 Verordnung v. 29.11.1803, SCOTTI, Nr. 121, S. 2150-2156 (2152, Punkt 6).

823 Aretin, Hl. Röm. Reich, Teil 1, S. 98; vgl. auch Schieber, S. 49; Düwel, S. 72; Burgdorf, S. 363-368 (365).

824 Aretin, Hl. Röm. Reich, Teil 1, S. 98; vgl. auch Düwel, S. 79/80; Schieber, S. 49.

825 Aretin, Hl. Röm. Reich, Teil 1, S. 98/100.

826 Aretin, Hl. Röm. Reich, Teil 1, S. 100; vgl. auch Düwel, S. 72 (Sicherung der Reichsfriedens- und Rechtsordnung sowie der Religionsfreiheit durch Reichshofrat und Reichskammergericht).

827 Düwel, S. 78.

gelegenheiten geringer Bedeutung, in einer Besetzung von acht Personen hingegen die wichtigeren Endurteile[828]. Zur Verhandlung kamen dabei Besitzstreitigkeiten von Reichsunmittelbaren, Angelegenheiten der Reichsacht und des Landfriedensbruchs sowie herkömmliche Untertanenprozesse; bei Reichsmittelbaren wiederum konnten auch Untersenate gebildet werden[829]. Als Ankläger in Strafsachen trat ein Fiskalprokurator auf, der die Interessen des Reichs und des Kaisers zu vertreten hatte. Vor Gericht selbst wurden die Parteien von Prokuratoren, also Anwälten, vertreten, die diesbezüglichen Schriftsätze hingegen von den Advokaten, gleichfalls Anwälten, allerdings ohne Vertretungsbefugnis vor Gericht, gefertigt[830]. Da dem Gericht in Angelegenheiten politischer Relevanz durch die Auswahl des Senats und des Referenten und insbesondere durch die Möglichkeit einer – je nach politischen Erwägungen – Beschleunigung oder aber Verzögerung der Entscheidung eine inoffizielle Gewalt eingeräumt wurde, welche ihrerseits die politische Haltung und Wirksamkeit des Gerichts wesentlich bestimmte, manifestierte sich darin der politische und repräsentative Charakter des Amtes[831]. Die Aufrechterhaltung der Ordnung am Gericht gelang – trotz unvermeidbarer persönlicher und vornehmlich konfessioneller Konflikte – nicht zuletzt durch die zugestandene Möglichkeit einer geregelten Tätigkeit. Insofern erwiesen sich allerdings der Mangel an selbständiger Disziplinargewalt und das – mit Ausnahme des Reichstages und der diesbezüglich wenig geeigneten Visitationen – Fehlen einer oberen Instanz als äußerst problematisch[832].

In Folge der Überführung der Grafschaft Wetzlar und damit auch des Reichskammergerichts in den Dalbergstaat übernahm Dalberg dessen gesamtes Personal, um die gerichtlichen Aktenbestände auf seine Kosten ordnen zu können[833]. Seit dem Jahre 1803 hauptsächlich mit der Regelung von aus dem Reichsdeputationshauptschluss resultierenden Entschädigungsansprüchen im mediatisierten und neutralisierten Wetzlar befasst, wirkte es insofern faktisch an der Auflösung und Liquidierung der alten Ordnung mit[834]. Doch mit dem Übergang Wetzlars auf den Dalbergstaat endete die privilegierte Stellung, die das

828 Düwel, S. 80.

829 Düwel, S. 81; vgl. auch Burgdorf, S. 363-368 (365); zu den Untertanenprozessen vgl. ausführlich Sailer.

830 Düwel, S. 80; Baumann, S. 1.

831 Smend, S. 256.

832 Smend, S. 255; vgl. zur Problematik der Visitationen Düwel, S. 81-86 (insb. S. 81).

833 Smend, S. 341.

834 Vgl. Aussagen Dalbergs in "*Beherzigung über das Schicksal verdienstvoller Männer, welche durch die neuen Ereignisse in der deutschen Verfassung aus ihrem Wirkungskreise gesetzt worden sind*", abgedruckt bei Beaulieu -Marconnay, Bd. 2, S. 360-363; Smend, S. 240.

Reichskammergericht als Reichsinstitution und damit auch dessen Angehörige im Rahmen der Wetzlarer Gerichtsbarkeit bis dato eingenommen hatten. So wurden die Kameralen, also die Mitglieder des Reichskammergerichts, sowie ihre Angehörigen, die vormals nicht der Macht des Rats unterstanden hatten[835], in ihrer Immunität beschränkt und in Polizeiangelegenheiten der städtischen Gewalt untergeordnet. Der schon damit verbundene Verlust an Einfluss wandelte sich mit dem Ende des Reichskammergerichts im Jahre 1806 schließlich zu weitgehender Bedeutungslosigkeit[836]. Getreu Dalbergs Grundsatz, Altes nur im Umfang des absolut Notwendigen zu verändern, wurde die alte Gerichtsverfassung aufrechterhalten, insbesondere die Unterscheidung zwischen Richtern und Urteilern bis zum Ende des Gerichts aufs Strengste fortgeführt[837]. Denn die Richter und Präsidenten einerseits und die Beisitzer andererseits standen sowohl in Funktion als auch dem Stande nach traditionell in schärfstem Gegensatz zueinander[838]. Während die Richter und Präsidenten, letztere ursprünglich Vertreter des Kammerrichters in dessen Abwesenheit, die Geschäfte des Kammergerichts leiteten[839] und dieses – ohne Beteiligung an der Rechtsfindung selbst – nach außen zu repräsentieren hatten[840], waren die Beisitzer, ursprünglich „Verteiler" bzw. „Urteiler", ausschließlich für das Referieren und Votieren[841] und die tatsächliche Urteils- bzw. Rechtsfindung zuständig. War die juristische Bildung bald das einzig zwingende persönliche Erfordernis für die Stellung als Beisitzer, mussten die Richter und Präsidenten ihrer Repräsentationsfunktion gemäß zwar „Standspersonen" sein, aber keine juristische Bildung aufweisen[842].

Sein Ende fand das Reichskammergericht schließlich durch die mit der Gründung des Rheinbundes vom 12. Juli 1806 endgültig besiegelte Auflösung des Reiches und des Reichstags[843], die nicht nur für Regensburg, das ja der gesamten Gesandtschaft verlustig ging, sondern gerade auch für die Stadt Wetzlar als Sitz des Reichskammergerichts angesichts der mit dem Wegzug vieler Kameralen verbundenen wirtschaftlichen Krise einen schweren Schlag bedeutete[844]. Wenngleich Dalberg weiter die Entrichtung der Kammerzieler sowie die

835 Schieber, S. 387.

836 Schieber, S. 387/390; vgl. dazu weiter unten.

837 Smend, S. 244.

838 Smend, S. 244.

839 Smend, S. 244/258; vgl. auch Düwel, S. 78/79.

840 Smend, S. 244/264; vgl. auch Düwel, S. 79.

841 Smend, S. 264; Düwel, S. 80.

842 Smend, S. 244/264; vgl. auch Düwel, S. 78-80.

843 Färber, Übergang, S. 429-452 (438); ders., Regensburgs langer Weg, S. 11-22 (20/21); Hein, S. 108/110.

844 Hein, S. 108-111; Schieber, S. 276/277.

Fortzahlung der bisherigen Gehälter der Kanzleipersonen und der Prokuratoren als Pensionen übernommen hatte, ordnete er das Reichskammergericht schließlich seinem für die Wetzlarer Bürger zuständigen Appellationsgericht unter[845].

cc. Rechtsordnung und Instanzenzug

Neben den in Wetzlar bestehenden „Privatrechten" und den „allgemeinen Rechten" diente die kurmainzische Gerichtsordnung aus dem Jahre 1755 auch unter Dalbergs Herrschaft als gültige Rechtsgrundlage[846].

Im Gegensatz zur bisherigen Doppelfunktion des Magistrats als Judikative und Legislative, die zu einer Personalunion der Ratsherrn als Richter und Gesetzgeber geführt sowie Entscheidungen in Form von Urteilen als Einzelfallentscheidungen oder aber neuen Verordnungen ermöglicht hatte[847], bestand nunmehr im Rahmen der von der Gesetzgebung abgetrennten Judikative ein klarer Instanzenzug. Während die Gerichtsbarkeit erster Instanz künftig vom Stadtamt versehen wurde[848], war die zweite Instanz nach der Höhe des Streitwerts aufgeteilt: Betrug dieser weniger als 100 fl., so fiel die Streitsache in die Zuständigkeit der kurfürstlichen Direktion, lag er darüber, so ging die Sache – wie bereits erläutert – an das neu gebildete und aus zunächst drei Richtern zusammengesetzte Wetzlarer Appellationsgericht[849]. Wie schon für Regensburg und Aschaffenburg galt als höchste Appellationsinstanz auch für Wetzlar das kurfürstliche Oberappellationsgericht in Aschaffenburg[850].

Im Bereich der Strafgerichtsbarkeit dagegen zeichnete für alle Vergehen, die mit einer Arreststrafe von mehr als einem Tag oder aber einer Geldstrafe von über fünf fl. geahndet wurden, das kurfürstliche Direktorium zuständig[851].

---

845 Hein, S. 110. Der zweimal im Jahr zu zahlende Kammerzieler stellte die einzige Reichssteuer der Reichsstände dar und diente der Finanzierung der Assessoren; Düwel, S. 80; siehe auch Baumann, S. 76. In Bezug auf das Personal des Reichskammergerichts siehe Hein, S. 110/111.

846 Verordnung Dalbergs v. 26.06.1803, SCOTTI, Nr. 111, S. 2115-2116 (2116, Punkt 7); Schieber, S. 279.

847 Schieber, S. 63/64 mit Beispiel.

848 Vgl. entsprechende Verordnung Dalbergs v. 26.06.1803, SCOTTI, Nr. 111, S. 2115-2116 (2115, Punkt 1); Verordnung v. 29.11.1803, S. 2150-2156 (2152, Punkt 5); Schieber, S. 279.

849 Verordnung v. 26.06.1803, S. 2115-2116 (2115, Punkt 3 und 4); Schieber, S. 279.

850 Verordnung v. 26.06.1803, S. 2115-2116 (2115, Punkt 5); Schieber, S. 279.

851 Siehe General-Jurisdictionalprotokoll v. 26.03.1803, § 259 (HAWZ IV b 1); Schieber, S. 281/282.

dd. Die allgemeine Rechtsschule

In Wetzlar selbst gründete Dalberg, wie bereits in seinem Dekret über eine baldige Übernahme des Code Napoléon vom 7. Juli 1808 angekündigt[852], eine neue Rechtsschule als Schwester der „Juridischen Lehranstalt" in Aschaffenburg. Die diesbezügliche Organisationsurkunde und ihre Statuten wurden am 27. September 1808 erlassen. Hierin wurde die neben der Vorbereitung der Einführung des Code Napoléon verfolgte Funktion der Schule – der Beitrag zur Behebung der durch die Auflösung des Kammergerichts entstandenen Probleme mittels einer Versorgung dessen Beamten – ausdrücklich betont. Die Einrichtung selbst, finanziert durch den ehemaligen Jesuiten-Fonds sowie einen Teil der Wetzlarer Steuereinnahmen, war hinsichtlich der inneren Verwaltung unmittelbar dem Primas und seinem Ministerium unterstellt. Beschränkungen sollte die gewährte Wissenschaftsfreiheit nur „durch das allgemeine Staatswohl, Religion und Moralität" erfahren. Alle studentischen Verbindungen waren verboten und Studieninteressierte mussten noch vor ihrer Einschreibung per Handgelöbnis eine eidesstattliche Versicherung „zu guter Ordnung, Fleiß, sittlichem Betragen, Achtung gegen den Kurator und die Lehrer, Gehorsam gegen die Landesgesetze und die Statuten der Rechtsschule sowie gegen die Obrigkeiten und öffentlichen Diener" abgeben. Die Disziplinarmaßnahmen sahen die Verhängung von bis zu dreitägigen Arreststrafen durch den Kurator sowie - bei wichtigeren Fällen - eine Beratung mit der gesamten Lehrerschaft und dem akademischen Senat vor[853]. Zeit ihres Bestehens fand die Rechtsschule nur geringe Akzeptanz[854] und wurde schließlich nach dem Übergang Wetzlars an Preußen am 24. September 1816 durch eine königliche Kabinettsordre aufgehoben[855].

c. Sozialer Bereich

Parallel zu Regensburg und Aschaffenburg wurde Dalberg auch in Wetzlar auf sozialem Gebiet tätig. So senkte er im Jahre 1803 nicht nur das Schulgeld um ein Drittel und ließ eine eigene Armen- und Industrieschule für die Kinder all

852 Verordnung zur Gründung der Rechtsschule in Wetzlar, OPAZ, Jg. 1808, Nr. 111 v. 11.07.1808 (07.07.1808) / Nr. 160 v. 07.11.1809.

853 Organisationsurkunde und Statuten der Rechtsschule zu Wetzlar, von Dalberg am 27.09.1808 erlassen, im: HHStA Wiesbaden, Abt. 372, Nr. 100; Frankfurter Staats-Ristretto Nr. 112 v. 12.07.1808, S. 558/559; Hein, S. 151/152; vgl. Beaulieu-Marconnay, Bd. 2, S. 146; vgl. auch ausführlich Scheurmann, S. 141-156 (insb. 143/144/146/150); siehe auch Hömig, S. 495; Hahn, Bürgertum, S. 223/224.

854 Scheurmann, S. 141-156 (152-154).

855 Scheurmann, S. 141-156 (154).

jener Eltern einrichten, die ganz vom Schulgeld befreit wurden, sondern gründete im folgenden Jahr auch eine Armenversorgungsanstalt[856]. Auf dem Bildungssektor erfuhren die Bürgerschulen eine völlig neue Organisation. Zudem wurde ein für Schüler aller Religionsbekenntnisse bestimmtes Lyzeum gestiftet[857].

Als soziale Maßnahme im weiteren Sinne ließ Dalberg gleichfalls die belastende Personalsteuer um ein Drittel reduzieren[858].

6. Der Primatialstaat

a. Definition und territoriale Zusammensetzung

Mit Gründung des sogenannten Rheinbundes im Jahre 1806 endete die – salopp formuliert – erste Phase des Dalbergstaates und begann die Zeit des „Fürstprimatischen Staates“[859].

Dalberg, der sich der Bedeutung der von ihm verlangten Entscheidung zugunsten der Ratifikation der Rheinbundakte – der Absage an das Reich[860] – vollkommen bewusst war, verweigerte zunächst seine Unterschrift[861]. Erst nach dem gegenseitigen Austausch der Ratifikationsurkunden am 25. Juli 1806 in München[862] entschloss sich Dalberg am folgenden Tag zur Unterzeichnung[863]. Wenngleich er dadurch seinen Kurstaat um die Stadt Frankfurt und einige mediatisierte Herrschaften erweitern konnte, ist darin sicherlich nicht der Grund für seinen Sinneswandel zu sehen[864], was er auch in einer bitteren Bilanz klar zum Ausdruck brachte: „Schon dadurch, daß der von Ew. K. M. und dem Reiche ratificirte Deputations-Hauptschluß vom Jahre 1803 großentheils unvollzogen geblieben ist, war die allgemeine Reichsversammlung gelähmt; Selbsthülfe und

856 Hein, S. 54; Hömig, S. 448.

857 Beaulieu-Marconnay, Bd. 2, S. 146; Hömig, S. 457.

858 Hein, S. 54.

859 Vgl. Probst, S. 27-31 (31). Der Text des Rheinbundes („*Conföderationsacte des Rheinbundes vom 12. Juli 1806*“) findet sich abgedruckt z.B. bei Pölitz, S. 3-10. Die drei ersten Artikel der Rheinbundakte finden sich abgedruckt auch bei Beaulieu-Marconnay, Bd. 2, Beilage IX, S. 359/360.

860 Vgl. Art. 3 der Rheinbundakte: „*Jeder der conföderirten Könige und Fürsten verzichtet auf jene seiner Titel, welche irgend eine Beziehung auf das teutsche Reich ausdrücken, und wird am ersten Tage des nächsten Monats August dem Reichstage seine Trennung vom Reiche bekannt machen lassen.*“; Pölitz, S. 3-10 (4); Beaulieu-Marconnay, Bd. 2, Beilage IX, S. 359/360 (360).

861 Luttenberger, S. 53-79 (73).

862 Beaulieu-Marconnay, Bd. 2, S. 96; Hömig, S. 400.

863 Luttenberger, S. 53-79 (73).

864 Luttenberger, S. 53-79 (73).

Anarchie, wogegen nirgends Hülfe zu finden war, nahmen immer mehr zu: ein neuer Krieg brach aus, das Reich ward mit Armeen überzogen, und durch den Preßburger Frieden, ohne daß er bis jetzt dem Reiche förmlich mitgetheilt wurde, ist vollends die ganze noch übrige Reichsverfassung zerrüttet worden. Mein Gewissen sagt mir, daß ich, so viel in meinen geringen Kräften war, alles versucht habe, um diesen Reichsverband zu erhalten. Meine Mühe war vergeblich; es ist nicht mehr möglich, der alten, ehemalen würksamen Reichsversammlung aufzuhelfen; es blieb mir daher nichts mehr übrig, als einer neuen Staaten-Verbindung beizutreten, welche diesen deutschen Landen Ruhe, Ordnung und Sicherheit gewährt"[865]. Ausschlaggebend für Dalbergs Entscheidung war vielmehr die Aussicht, in der Stellung als Fürstprimas an der Spitze des Rheinbundes[866] die Gestaltung der Rheinbundverfassung im Sinne einer von ihm favorisierten Aufrechterhaltung des Alten Reiches beeinflussen zu können[867]. In der Folge legte Dalberg, der, wie alle Mitglieder des Rheinbunds, seine alten Bindungen an das Reich aufgeben musste[868], am 1. August 1806 seine Würde als Erzkanzler vor dem Reichstag in Regensburg nieder[869]. Mit der Niederlegung der Kaiserkrone durch Franz II. am 6. August 1806 wurde das Heilige Römische Reich schließlich für beendet erklärt[870].

Neben der bislang Freien Reichsstadt Frankfurt am Main wurden dem Erzkanzlerischen Kurstaat am 9. September 1806 das gesamte Frankfurter Gebiet, die fortan ein aus zwei aneinanderstoßenden Gebieten bestehendes eigenes Amt[871] bildende Grafschaft Rieneck samt den eingeschlossenen reichsritterschaftlichen, Deutsch- und Malteser-Ordensbesitzungen und daran angrenzenden ritterschaftlichen Gütern[872], sowie die rechtsmainischen Gebiete des Fürsten und der Grafen von Löwenstein-Wertheim mit den Ämtern Kreuzwertheim, Triefenstein und Rothenfels[873] eingegliedert[874] und in den sogenan-

865 Dalberg an Kaiser Franz II., 31. Juli 1806, bei Beaulieu-Marconnay, Bd. 2, S. 97-99 (97/98); Luttenberger, S. 53-79 (73/74).

866 Art. 4 der Rheinbundakte, Pölitz, S. 3-10 (4); Abdruck auch bei Hein, S. 113; Freyh, S. 400; vgl. auch Probst, S. 27-31 (31); zu Bedeutung und Funktion des Fürstprimas siehe bereits IV.2.

867 Aretin, Hl. Röm. Reich, Teil I, S. 502; vgl. auch Luttenberger, S. 53-79 (74); Färber, Rheinbund, S. 146-150 (147).

868 Art. 3 der Rheinbundakte, siehe bereits Fn. 860; Aretin, Hl. Röm. Reich, Teil I, S. 502; Hömig, S. 410.

869 Luttenberger, S. 53-79 (74); Färber, Kaiser und Erzkanzler, S. 96; Hömig, S. 410.

870 Aretin, Hl. Röm. Reich, Teil I, S. 506; vgl. auch Beaulieu-Marconnay, Bd. 2, S. 99; vgl. auch Krämer, S. 140; Hömig, S. 408.

871 Hein, S. 87/107.

872 Beaulieu-Marconnay, Bd. 2, S. 114/115.

873 Hein, S. 87/106; Beaulieu-Marconnay, Bd. 2, S. 114.

nten Primatialstaat überführt[875]. Die Reichsstadt Frankfurt verfügte über eigenes Territorium, welches seinerseits wesentlich mehr als nur die Stadt selbst umfasste. So zählten hierzu nicht nur der eigentliche Stadtkern und der Stadtteil Sachsenhausen, sondern auch die Dörfer Nieder- und Oberrad, Hausen und Bornheim und der Stadtwald. Zudem befanden sich im Norden mit Bonames (mit der Hälfte von Niederursel) und der Gemeinde Obererlenbach zwei durch das Gebiet von Hessen-Kassel abgetrennte Exklaven. Folglich stellte auch das neue Fürstentum nicht nur eine weitere Exklave zwischen Aschaffenburg und Wetzlar dar, sondern war es selbst nochmals in drei Teile gegliedert[876]. Ebenso übernahm Dalberg die Oberhoheit über den Salzburger und Brixener Hof in Regensburg[877].

Die Verteilung der zwischen dem Großherzogtum Hessen-Darmstadt und dem Primatialstaat gelegenen reichsritterschaftlichen Besitzungen wurde am 23. September 1806 in einem eigenen Ausgleichsvertrag geregelt. So erhielt der Fürstprimas unter anderem das Amt Eschau, auch Wildenstein genannt, „mit allen Zubehörden, nebst den an dieses Amt und an die älteren Besitzungen des Fürst Primas angrenzenden, auf der rechten Main Seite gelegenen ritterschaftlichen Besitzungen" (Art. I), und – wie bereits angesprochen – die Hälfte des Orts Niederursel und das Dorf Ober-Erlenbach (Art. II). Zusätzlich zu einigen vorbehaltenen lehenherrlichen Rechten (Art. III, V) wurde Dalberg auch das Landgericht Krombach im Kahlgrund zugesprochen (Art. IV)[878]. In einem Vergleich mit Würzburg vom 19. August 1808 musste Dalberg jedoch für bestimmte strittige ritterschaftliche Orte sowie andere ihm eigentlich zugesprochenen Orte auf sämtliche Ansprüche verzichten[879]. Wie schon seine Bezeichnung zum Ausdruck brachte, definierte sich der Primatialstaat bzw. „fürstprimatische Staat" selbst erneut nicht nach einer Stadt, sondern nach der Geltung seines Fürsten in Deutschland[880].

Infolge Artikel 26 der Rheinbundakte stand dem Primas nicht nur die Souveränität über alle in seinen Gebieten gelegenen Besitzungen zu, sondern in Form von Gesetzgebung, hoher Jurisdiktion, hoher Polizei, der Aushebung von

---

874 Beaulieu-Marconnay, Bd. 2, S. 114/115.

875 Freyh, S. 400; Hein, S. 87; zu den einzelnen Bestandteilen vgl. auch Artikel 22 und 24 der Rheinbundakte, Pölitz, S. 3-10 (5/6).

876 Hein, S. 94.

877 Hein, S. 81.

878 Vertrag zwischen dem Primatialstaat und dem Großherzogtum Hessen vom 23. September 1806 im: HStA Darmstadt, A 6. Nr. 60; Hein, S. 89/90.

879 Vgl. Hein, S. 93; ausführlicher vgl. ders., S. 92/93.

880 Hein, S. 87; siehe bereits unter IV.

Rekruten und der Erhebung von Steuern auch alle damit verbundenen Souveränitätsrechte[881].

Von seinem neuen Teilstaat Frankfurt nahm Dalberg am 9. September des Jahres 1806 Besitz[882]. Unmittelbar anschließend an diesen öffentlichen Akt wurde ein Patent publiziert, welches nicht nur Forderungen und Vorstellungen, sondern auch ein Versprechen seitens des neuen Landesherrn manifestierte. Neben dem Befehl, die volle Souveränität und die entsprechenden Souveränitätsrechte über alle genannten Gebiete tatsächlich auszuüben, brachte Dalberg den Bürgern gegenüber seine Erwartung zum Ausdruck, dass sie ihm in Form von Treue, Anhänglichkeit und Gehorsam den sichersten Garanten für allgemeines und individuelles Glück zuteil werden ließen. Im Gegenzug versprach er, nicht nur für das Wohl seiner Bürger zu wachen, sondern auch in gleichem Maße Gerechtigkeit walten zu lassen[883].

b. Das „Organisationspatent für die Stadt Frankfurt und deren Gebiet" vom 10. Oktober 1806[884]

Die auf seine Ankunft am 25. September 1806 folgenden Monate verbrachte Dalberg vornehmlich damit, das erworbene Gebiet neu zu organisieren und sich hierbei an der Verfassung des früheren Kurstaats zu orientieren[885].

Dabei bestand die Schwierigkeit, dass die Stadt Frankfurt in politischer Hinsicht auf einem in jahrhundertelanger Entwicklung entstandenen „komplizierten Räderwerk politischer Selbstverwaltungsgremien"[886] basierte, die in der Folge zum Teil einen tiefgreifenden Wandel erfahren sollten. So stellte der Rat der Stadt Frankfurt als Selbstverwaltungsinstanz der Bürgerschaft[887] den eigentlichen Souverän, der für zahlreiche Fragestellungen des Gemeinwesens zuständig zeichnete[888]. Bestehend aus dem Stadtschultheiß und insgesamt drei Ratsbänken – den Schöffen und dem daraus entsandten Älteren Bürgermeister, den Senatoren und dem von diesen gestellten Jüngeren Bürgermeister und den Ratsherren – regelte der Rat die äußeren und inneren Angelegenheiten Frankfurts sowie

881 Siehe bereits Fn. 724, Pölitz, S. 3-10 (7); Hein, S. 81/113.

882 Beaulieu-Marconnay, Bd. 2, S. 113.

883 Beaulieu-Marconnay, Bd. 2, S. 114/115.

884 „*Organisationspatent für die Stadt Frankfurt und deren Gebiet*" (künftig: Organisationspatent 1806), abgedruckt in: Der Rheinische Bund, Bd. 1, 1806, S. 353-365.

885 Beaulieu-Marconnay, Bd. 2, S. 116.

886 Roth, S. 102.

887 Roth, S. 102.

888 Roth, S. 103.

Kriegs- und Friedensfragen. Neben dem Abschluss von das Gemeinwesen betreffenden Verträgen erfüllte er Repräsentationsaufgaben, regelte – oftmals sehr detailliert – die Sitten- und Moralordnung der Bürgerschaft und übte das Einbürgerungsrecht aus. Über die städtische Verwaltung kam ihm das Aufsichtsrecht zu, welches er durch die Entsendung von Deputierten der drei Ratsbänke als Vorsitzende eines jeden städtischen Amts ausübte. Darüber hinaus besaß ausschließlich er das Legislativ- und Judikativrecht, vereinte also die Gesetzgebungs- und Rechtsprechungsgewalt in sich. Im Übrigen legte der Rat die Besteuerung, die Wirtschaftsordnung und die Verwaltung des städtischen Eigentums fest[889]. Die Ratsangehörigen, einschließlich des Stadtschultheißen, wurden auf Lebenszeit gewählt und ersetzten sich im Falle des Ausscheidens eines ihrer Mitglieder selbst[890]. Neben dem Rat existierten vier Bürgerausschüsse, denen die Wahl-, Finanz- und allgemein die Korruptionskontrolle oblag[891]. Während das jährlich neu zu wählende Gremium der Dreier die Rats- und Ämterwahlen zu kontrollieren hatte[892], war das Kollegium der Neuner mit Hilfe des Materials der von in jedem städtischen Amt installierten „Gegenschreiber" für die Kontrolle von Unregelmäßigkeiten der Ämter und das Erstellen von Finanzberichten bezüglich der städtischen Verwaltung, dies unter Kontrolle von Belegen und dergleichen, verantwortlich[893]. Den Neunern gegenüber hatte der Rat eine Unterrichtungspflicht hinsichtlich neuer Ausgaben; Änderungen des Abgabewesens wiederum bedurften deren Zustimmung[894]. Zwei – im Gegensatz zu den Dreiern und Neunern – beständige Bürgerausschüsse bildeten dagegen die „Herren 51 und 28er"[895]. Der 51er-Ausschuss stellte dabei im Verhältnis der bürgerlichen Gremien zueinander das wichtigste Gremium dar[896], denn er hatte nicht nur die Interessen der Bürger gegenüber dem Rat, notfalls auf dem Klageweg, zu vertreten, sondern auch die Einnahmen und Ausgaben der Stadt zu überwachen. Wie bereits erwähnt, waren dazu in jedem Amt „Gegenschreiber" eingesetzt, um Datenmaterial für den von den Neunern zu fertigenden Finanzbericht zu liefern, der anschließend den Einundfünfzigern und „28ern", einem von den Quartiersvorständen gewählten Gremium, zur Verfügung gestellt wurde[897].

889 Roth, S. 102/103.
890 Roth, S. 103.
891 Roth, S. 105/106/115.
892 Roth, S. 105/116.
893 Roth, S. 105/116 mit näheren Quellenangaben zu Aufgaben und Befugnissen der Neuner und der Gegenschreiber.
894 Roth, S. 116 mit näheren Quellenangaben.
895 Roth, S. 105; zu den 51ern vgl. auch unter V.6.c.ee.(1).
896 Roth, S. 117/120.
897 Roth, S. 115/116.

So folgte Dalberg auch im Primatialstaat, der keine neue einheitliche Gesamtverfassung erhalten sollte, behelfs der neuen Verfassung, dem „*Organisationspatent für die Stadt Frankfurt und deren Gebiet*“ vom 10. Oktober 1806[898], dem Grundsatz möglichster Schonung der bestehenden Verhältnisse[899]. Angesichts der Tatsache, dass die städtischen Ämter und Stellen bis zum Übergang an Dalberg, einem katholischen Geistlichen, ausschließlich von Bürgern lutherischen Glaubens besetzt werden durften, zeugt dieses Vorgehen auch von entsprechender Umsicht des Landesherrn[900]. Insbesondere auch bei der künftigen Stellenvergabe sollten gebürtige Frankfurter bei gleicher Eignung stets den Vorzug gegenüber Auswärtigen erhalten[901]. Gleichwohl weist diese Verfassung insofern Unterschiede zu derjenigen des ehemaligen Erzkanzlerischen Kurstaates auf, als sie die notwendigen Änderungen ausdrücklich betonte und Bestimmungen, welche in Jenem noch besonderer Verfügungen bedurft hatten, bereits enthielt[902]. Insgesamt gesehen versuchte Dalberg – wie schon in seinem Kurstaat – Verwaltung und Gesellschaftsordnung auf dem Prinzip von Erfahrung aufzubauen[903].

Das Organisationspatent selbst, das diverse, sich bereits überlebte Regelungen abschaffte und den Geschäftsgang vereinfachte[904], war insgesamt in neun Abschnitte aufgeteilt: Während Abschnitt 1 dem Staatsverhältnis, insbesondere dem nach Art. 26 und 27 der Rheinbundakte bestehenden Verhältnis der Souveräne zu den von ihnen mediatisierten Fürsten und Reichsgrafen, Abschnitt 2 den Religionsverhältnissen und Abschnitt 3 dem Justizwesen gewidmet war, befasste sich der vierte Abschnitt mit der Gesetzgebung und der Ämterverwaltung, Abschnitt 5 hingegen mit der Polizei. Der sechste und siebte Abschnitt regelten das Finanzwesen und die Schuldentilgung, während Abschnitt 8 die Vollstreckung beinhaltete und der neunte Abschnitt schließlich mit der Ausführung des Organisationspatents endete[905]. Letztere setzte als Zeitpunkt des Inkrafttretens grundsätzlich den Beginn des Jahres 1807, für die Verfügungen zum Finanz- und Schuldenwesen dagegen das sofortige Inkrafttreten fest[906]. Die bereits bestehenden Verordnungen erfuhren bis zu einem eventuellen Neuerlass im

898 Organisationspatent 1806 (siehe bereits Fn. 884), S. 353-365; Freyh, S. 401; Hein, S. 95; Beaulieu-Marconnay, Bd. 2, S. 116.

899 Beaulieu-Marconnay, Bd. 2, S. 223; Freyh, S. 400.

900 vgl. Freyh, S. 400/401.

901 Organisationspatent 1806, Abschnitt 9, § 3, S. 364; Hein, S. 96.

902 Freyh, S. 401.

903 Freyh, S. 420.

904 Beaulieu-Marconnay, Bd. 2, S. 116.

905 Organisationspatent 1806, S. 353-365; Hein, S. 95/96.

906 Organisationspatent 1806, Abschnitt 9, § 1, S. 364; Hein, S. 96.

Rahmen der primatialstaatlichen Gesetzgebung eine ausdrückliche Bestätigung und galten damit fort[907]. Die Stellenbesetzung sollte künftig durch Dalberg selbst erfolgen[908].

Zur Ausführung und Handhabung der Verfassung für die Stadt und das Gebiet Frankfurt wurde eine Ministerial-Kommission eingesetzt[909]. Zum Innenminister des Primatialstaats wurde Albini ernannt, der zudem weiterhin Statthalter des Fürstentums Regensburg blieb[910].

Innerhalb der neuen Ordnung erfuhr die Stadt Frankfurt als solche eine besondere Bevorzugung, da hier tatsächlich diejenigen Verhältnisse eintraten, die gemäß der Artikel 26 und 27 des Bundesvertrages zwischen den Souveränen und den mediatisierten Fürsten und Grafen bestehen sollten[911]. So wurden durch Abschnitt 1 herrschaftliche Rechte, Lehenrechte, Domänen und dergleichen als unantastbares Eigentum garantiert und sämtlichen frommen und milden Stiftungen ihr Eigentumsrecht zugesichert[912].

In religiöser Hinsicht dagegen resultierte aus Abschnitt 2[913] folgende Regelung: Als landeshoheitliches Recht ging die ehemals dem Rat zustehende Ausübung der geistlichen und kirchlichen Regierungsrechte zwar auf den Fürstprimas über, blieb aber wie bisher vor allem dem Konsistorium Augsburger Konfession vorbehalten[914]. Die Reformierten wiederum erlangten gegen eine Entrichtung der Stolgebühren die gleichen Rechte wie die Lutheraner[915]. Überhaupt wurden den beiden reformierten Gemeinden der Stadt Frankfurt, die bislang in ihren bürgerlichen Rechten äußerst beschränkt und lediglich geduldet worden waren, am 24. Dezember 1806 einige wertvolle Rechte verliehen. Denn zum einen durften sie nunmehr ihre Kirchen mit Glocken und Türmen versehen und auch eigene Schulen errichten; zum anderen war es den Predigern künftig erlaubt, Taufen und Eheschließungen in ihren Kirchen vorzunehmen. Da hierdurch allerdings die Einkünfte der bislang zuständigen lutherischen Geistlichkeit reduziert wurden, setzte Letzteres die Zahlung einer Abfindungssumme in Höhe

907 Organisationspatent 1806, Abschnitt 9, § 4, S. 364.

908 Organisationspatent 1806, Abschnitt 9, § 2, S. 364; Hein, S. 96.

909 Hein, S. 97.

910 Hein, S. 124.

911 Beaulieu-Marconnay, Bd. 2, S. 116/117; vgl. auch Darmstädter, S. 24. Zu Artikel 26 und 27 der Rheinbundakte siehe bereits Fn. 724, Pölitz, S. 3-10 (7); vgl. zu Artikel 27 auch Beaulieu-Marconnay, Bd. 2, S. 150-152.

912 Beaulieu-Marconnay, Bd. 2, S. 117.

913 Organisationspatent 1806, Abschnitt 2, §§ 1-6, S. 354/355.

914 Organisationspatent 1806, Abschnitt 2, § 2, S. 354; Hein, S. 95/97; Beaulieu-Marconnay, Bd. 2, S. 117.

915 Organisationspatent 1806, Abschnitt 2, § 3, S. 354; Beaulieu-Marconnay, Bd. 2, S. 117; Hein, S. 97.

von 3.000 fl. an das lutherische Konsistorium voraus. Auch sollten die Angehörigen der beiden reformierten Gemeinden die Möglichkeit erhalten, alle sonstigen öffentlichen Ämter zu bekleiden und in alle Zünfte und Handwerksinnungen aufgenommen zu werden[916]. Anbahnung und Durchführung der Religionsfreiheit an sich erfuhren im Organisationspatent – ganz im Gegensatz zur Verfassung des Erzkanzlerischen Kurstaats von 1803 – bereits konkrete Regelungen. Neben der Zusicherung der politischen Gleichberechtigung für die drei christlichen Bekenntnisse, deren Mitgliedern die Befähigung für alle öffentlichen Ämter zugesagt wurde[917], wurde der Schutz der „jüdischen Nation" vor Beleidigungen und beschimpfenden Misshandlungen aufgenommen[918] – jener, worauf wieter unten näher eingegangen werden soll[919], ergänzt durch eine neue Stättigkeits- und Schutzordnung[920]. Zwar bedeutete die bürgerliche Rechtsgleichheit der christlichen Bekenntnisse als auch die Vorbereitung der Gleichberechtigung der Juden einen Bruch aller Frankfurter Traditionen, entsprach aber gleichzeitig, jedenfalls hinsichtlich der Religionsfreiheit, einer in Frankfurt überfälligen Reform. Für Dalberg dagegen erklärte sich der Bruch selbst aus einem Grundsatz, der dem Herkommen eindeutig überlegen war – „den Verhältnissen der Wahrheit und Sittlichkeit"[921].

c. Gesetzgebung und Verwaltung – Altes und Neues

Im Folgenden soll nunmehr auf die Neuorganisation von Gesetzgebung und Verwaltung des Primatialstaats, insbesondere seines Teilstaats Frankfurt, eingegangen werden.

aa. Die Generalkommission

Die Leitung der Stadt Frankfurt wurde nicht einer primatischen Zentralbehörde, sondern mit der Generalkommission vielmehr einer in Frankfurt selbst ansässi-

916 Beaulieu-Marconnay, Bd. 2, S. 120.

917 Organisationspatent 1806, Abschnitt 2, § 5, S. 355; Beaulieu-Marconnay, Bd. 2, S. 117.

918 Organisationspatent 1806, Abschnitt 2, § 6, S. 355; Hein, S. 95.

919 Siehe unter V.6.c.dd.(4).

920 *„Neue Stättigkeits- und Schutzordnung der Judenschaft zu Frankfurt am Main, deren Verfassung, Rechte und Verbindlichkeiten betreffend, wie solche von Seiner jetzt glorreich regierenden Hoheit des souveränen Fürsten Primas der rheinischen Konföderation festgesetzt und sanktioniert worden ist"* (künftig: Stättigkeitsordnung), abgedruckt in: Der Rheinische Bund, Bd. 5, S. 303-321 (im Auszug); vgl. hierzu Beaulieu-Marconnay, Bd. 2, S. 128-130; Freyh, S. 402/403; Hein, S. 104.

921 Freyh, S. 403.

gen Behörde anvertraut[922]. Bestehend aus drei Mitgliedern – einem Generalkommissar, einem Konkommissar und einem Referendar – diente sie der Wahrnehmung der dem Souverän zustehenden Rechte, insbesondere des fürstlichen Bestätigungsrechts im Gesetzgebungsverfahren[923]. In kurzer Zeit allerdings sollte sich dieses Verhältnis umdrehen, so dass im Grunde die Generalkommission und nicht der eigentlich zuständige Senat die Verordnungs- und Gesetzesentwürfe anfertigte und sie anschließend dem Senat und den bürgerlichen Ausschüssen zur Begutachtung zuleitete[924].

bb. Judikative

Änderungen im Primatialstaat erfuhr insbesondere der Bereich der Justiz, in welchem das Prinzip der Gewaltenteilung – mit Ausnahme des dem souveränen Fürsten vorbehaltenen und dem Senat entzogenen Urteilsbestätigungs- und Begnadigungsrechts[925] – durch eine Zuweisung der Rechtsprechungsfunktion ausschließlich an die Justizstellen vollständig umgesetzt wurde[926].

So setzte das Organisationspatent im Gegensatz etwa zur Regensburger Regelung das erst zu gründende Stadt- und Landgericht als untere Justizstelle in allen Zivilstreitigkeiten ein, wobei Ersteres die bislang von den verschiedenen Stadtämtern erstinstanziell ausgeübte Rechtsprechungsfunktion übernahm[927]. Ausgenommen hiervon blieben allerdings wiederum Klagen gegen privilegierte Standespersonen; auch in erster Instanz waren diese an das neue Schöffenappellationsgericht verwiesen[928], welches – parallel zu den in Regensburg und Aschaffenburg eingerichteten Oberlandesgerichten[929] – die sechs Obergerichte Frankfurts zusammenfasste[930]. Dieses von einem Direktor, vier Schöffen und fünf Syndicis gebildete Schöffenappellationsgericht fungierte daneben unter anderem nicht nur als Justizstelle zweiter Instanz bei Berufungen gegen Entscheidungen des Stadt- und Landgerichts, sondern entschied ferner

922 Darmstädter, S. 27.
923 Darmstädter, S. 27.
924 Darmstädter, S. 27/28.
925 Organisationspatent 1806, Abschnitt 3, § 5, S. 357; Freyh, S. 402; Hein, S. 96; Beaulieu-Marconnay, Bd. 2, S. 117; Roth, S. 191.
926 Vgl. Organisationspatent 1806, Abschnitt 3, §§ 1-5, S. 355-357; Freyh, S. 401/402; vgl. Hein, S. 97; vgl. auch Roth, S. 191; vgl. dazu auch die Rolle des Senats, S. 169.
927 Organisationspatent 1806, Abschnitt 3, § 4, S. 356; Freyh, S. 401; Hein, S. 96; Beaulieu-Marconnay, Bd. 2, S. 117; vgl. auch Koch, S. 34.
928 Organisationspatent 1806, Abschnitt 3, § 2 lit. a, S. 356; Freyh, S. 412.
929 Vgl. V.3.b.bb.(6) und V.4.f.; Freyh, S. 401.
930 Freyh, S. 401/402; Hein, S. 97.

über die vom Kriminalrat voruntersuchten Kriminalsachen[931]. Hingegen stellte das in Aschaffenburg ansässige Oberappellationsgericht – wie schon in den übrigen Teilen des Dalbergstaates – die oberste Gerichtsinstanz künftig auch für Frankfurt dar und war daher auch für Berufungen gegen die Entscheidungen des Schöffenappellationsgerichts in Frankfurt zuständig[932].

Erweiterungen und Ergänzungen erfuhr diese grundsätzliche Neuordnung, welche die Ablegung einer Probezeit und einer juristischen Prüfung zur Aufnahmevoraussetzung für neue Gerichtsmitglieder machte[933], zwischen Januar und März 1807 vermittels weiterer Verfügungen. Beispielsweise wurden dem Stadt- und Landgericht in Handelssachen einige erfahrene Kaufleute als Beisitzer zur Seite gestellt und diesen beratende Funktion zuerkannt. Auch in Kommerzsachen durfte zum Zwecke der Verhütung aller einseitigen Maßregeln erst nach einer Beratung mit dem Ausschuss der als „Börsenversteher" bezeichneten Kaufmannschaft Beschluss gefasst werden. Des Weiteren wurden die Einsetzung eines eigenen Handelsgerichts sowie die Bearbeitung einer Wechselordnung in nahe Aussicht gestellt[934].

Während die Gerichtsorganisation der Stadt Frankfurt demnach bereits durch die Verfassung selbst eine – nahezu – endgültige Regelung erfahren hatte[935], sollten die bürgerliche und peinliche Gerichtspflege in den Gebieten der vormaligen unmittelbaren Reichsglieder dagegen erst am 24. April 1809 per Verordnung geregelt werden[936]. Basierend auf Artikel 25 und 27 der Rheinbundakte verblieb die Ziviljurisdiktion erster und zweiter Instanz den bisherigen Inhabern und wurden lediglich zweckmäßige Anordnungen beispielsweise bezüglich der Befähigung und der Entlassung der Richter, der Gerichtsbesetzung und der Appellationen getroffen. Hinsichtlich der peinlichen Gerichtsbarkeit traf die Verordnung durch detaillierte Aufzählung der Vergehen und Verbrechen eine genaue Unterscheidung zwischen der Zuständigkeit der Standesherren bzw. der standesherrlichen Justizkanzleien und der ausschließlichen Gerichtsbarkeit des Souveräns. Unterfiel die Tat Ersterer, so zeichneten die Justizkanzleien für die Untersuchung und Bestrafung verantwortlich, unterfielen sie der Letzteren, so übernahmen die standesherrlichen Gerichte nur die vollständige Voruntersuchung sowie die Feststellung des corpus delicti und die Verhaftung des Be-

931 Organisationspatent 1806, Abschnitt 3, § 2, S. 355 / § 5, S. 357; Hein, S. 96/97.

932 Organisationspatent 1806, Abschnitt 3, §§ 1 und 2, S. 355; Freyh, S. 402; Hein, S. 96/97; vgl. auch Beaulieu-Marconnay, Bd. 2, S. 117.

933 Organisationspatent 1806, Abschnitt 3, § 3, S. 356; Freyh, S. 402.

934 Beaulieu-Marconnay, Bd. 2, S. 120.

935 Vgl. Organisationspatent 1806, Abschnitt 3, §§ 1-5, S. 355-357.

936 Beaulieu-Marconnay, Bd. 2, S. 150; siehe hierzu mit Blick auf Aschaffenburg bereits V.4.g.cc.(2).

schuldigten[937]. Ähnliches galt – mit Einschränkungen – für die Patrimonialrichter[938].

cc. Legislative und Exekutive – Der Senat

Im Bereich der Legislative wurde das Prinzip der Gewaltenteilung dagegen noch nicht vollständig vollzogen, da die Beratungs- und Initiativfunktion zwar primär dem Senat zukam[939], das Bestätigungsrecht und damit die eigentliche Legislativgewalt aber grundsätzlich allein beim Landesherrn lag[940].

Die Gesetzgebung im primatialstaatlichen Teil Frankfurt – der Stadt Frankfurt und dessen Gebiet – wurde im Vierten Abschnitt des Organisationspatents[941] geregelt. Entgegen dem bisherigen Recht, das die Legislativfunktion ausschließlich dem Rat zugewiesen hatte[942], sprach § 1 des Vierten Abschnitts dem Frankfurter Senat, der künftig im Wesentlichen die städtische Verwaltung übernehmen sollte[943], nurmehr die Befugnis zu, Verordnungen zu entwerfen und dem Souverän in Vorschlag zu bringen. Um in geltendes Recht zu erwachsen, bedurfte die Verordnung anschließend der Bestätigung des Landesherrn[944], der – bei wichtigen Gesetzen – in der Regel zunächst noch die Anhörung des bürgerlichen Ausschusses vorgeschaltet war[945]. Dieser bürgerliche Ausschuss war ein Relikt der ehemals Freien Reichsstadt Frankfurt, dessen Fortbestand das Patent in seinem Neunten Abschnitt in § 5 angeordnet hatte[946]. Nur in dringenden Fällen konnte der Senat die Verordnung provisorisch erlassen, musste dem Souverän diesbezüglich aber Bericht erstatten[947].

---

937 Artikel 25 der Rheinbundakte: „*Ein jeder der conföderirten Könige und Fürsten soll die in seinen Besitzungen eingeschlossenen ritterschaftlichen Güter mit voller Souverainetät besitzen. Die zwischen zwei conföderirten Staaten gelegenen ritterschaftlichen Güter sollen in Hinsicht auf Souverainetät so gleich als möglich getheilt werden, dergestalt jedoch, daß daraus weder eine Zerstückelung, noch eine Vermischung der Gebiete entstehe.*“, Pölitz, S. 3-10 (7); zu Artikel 27 Fn. 724; Beaulieu-Marconnay, Bd. 2, S. 150.

938 Artikel 27 der Rheinbundakte, vgl. bereits Fn. 724; vgl. insoweit ausführlicher Beaulieu-Marconnay, Bd. 2, S. 150/151.

939 Vgl. Organisationspatent 1806, Abschnitt 4, §§ 1 und 5, S. 357/358 / Abschnitt 5, § 2, S. 359.

940 Vgl. Organisationspatent 1806, Abschnitt 4, §§ 1 und 5, S. 357/358.

941 Organisationspatent 1806, Abschnitt 4, §§ 1-8, S. 357-359.

942 Vgl. unter V.6.b.; Roth, S. 103.

943 Roth, S. 191.

944 Organisationspatent 1806, Abschnitt 4, § 1, S. 357.

945 Organisationspatent 1806, Abschnitt 4, § 5, S. 358.

946 Organisationspatent 1806, Abschnitt 9, § 5, S. 364; vgl. dazu auch unter V.6.c.ee.(1).

947 Organisationspatent 1806, Abschnitt 4, § 1, S. 357.

Je nachdem welches Sachgebiet eine Verordnung berührte, ergaben sich folgende Regelungen: Für den Entwurf von Verordnungen in Justizsachen waren die Senatoren zusammen mit den Mitgliedern des Schöffenappellationsgerichts zuständig und hatten insofern in einer gemeinsamen Versammlung zu beraten[948]. Wurde dagegen Bedarf an einer Verbesserung der Verordnungen im Polizei- und Sicherheitsbereich gesehen, so hatte sich der hierfür zuständige zweite Bürgermeister[949] an den als erste Magistratsperson fungierenden[950] Stadtschultheißen zu wenden, der daraufhin sofort die Senatsmitglieder und das besondere Kollegium zur Prüfung des weiteren Vorgehens einberief[951]. Das besondere Kollegium, das nicht mit dem gerade angesprochenen bürgerlichen Ausschuss zu verwechseln ist, war eine Art Neuschöpfung, die sich aus den Mitgliedern der bisherigen dritten Ratsbank rekrutierte. Diese Vertreter bestimmter ratsfähiger Berufe nahmen künftig als Kollegium die untergeordnete Aufsicht über die Handwerkspolizei wahr und verfügten im Senat ausdrücklich über ein Beisitz- und Beratungsrecht, sofern dort Verordnungen beraten und entworfen wurden, die sich auf die Gewerbepolizei oder das Innungs- und Zunftwesen der von ihnen repräsentierten Professionen bezogen[952].

Im Falle eines Bedürfnisses nach neuen Verordnungen im Zuständigkeitsbereich des Oberpolizeidirektors, wie zum Beispiel auf dem Gebiet der Lebensmittelpreise oder des Salzhandels, musste sich dieser ebenfalls mit dem Stadtschultheiß ins Benehmen setzen[953].

Der Senat selbst, bestehend aus einer Art ersten Ratsbank und einer, nur untergeordnete Bedeutung[954] aufweisenden, zweiten Bank[955], setzte sich zusammen aus dem künftig vom Fürsten und nicht mehr vom Rat ernannten Stadtschultheiß[956] als erster Magistratsperson, zwei Bürgermeistern, von denen der erste das Direktorium zu leiten hatte, sowie vierzehn Senatoren, die auf Lebenszeit jeweils ein Stadtamt verwalteten[957]. Im Zuge der Verfassungsbestimmungen, die

948 Organisationspatent 1806, Abschnitt 4, § 3, S. 358.

949 Organisationspatent 1806, Abschnitt 5, § 2, S. 359.

950 Organisationspatent 1806, Abschnitt 4, § 2, S. 357 / Abschnitt 5, § 2, S. 359.

951 Organisationspatent 1806, Abschnitt 5, § 2, S. 359.

952 Organisationspatent 1806, Abschnitt 4, § 4, S. 358.

953 Organisationspatent 1806, Abschnitt 5, § 3, S. 360.

954 Die zweite Bank schloss sich auf Einladung des Älteren Bürgermeisters mit beratender Stimme dem Senat an, wenn dort Polizei-, Gewerbe- oder Innungssachen beraten wurden; Hein, S. 97.

955 Darmstädter, S. 25; Hein, S. 97.

956 Organisationspatent 1806, Abschnitt 4, § 2, S. 357; Hein, S. 96; Beaulieu-Marconnay, Bd. 2, S. 117.

957 Organisationspatent 1806, Abschnitt 4, § 2, S. 357; Hein, S. 96.

den Abbau von Privilegien einleiteten bzw. jedenfalls vorbereiteten[958], wurde bei Berufung der Senatsmitglieder fortan unabhängig von Stand und Rang entschieden, so dass lediglich die berufliche Qualifikation als maßgebliches Auswahlkriterium diente[959]. Erledigte sich also eine Senatsstelle, so wurde diese mit einem der drei vom Senat vorgeschlagenen und vom Souverän ausgewählten Kandidaten besetzt[960]. Daher wurde beispielsweise der bis dato bestehende Anspruch der beiden Frankfurter Stadtadel-Korporationen Alten-Limburg und Frauenstein auf freiwerdende Senatsstellen in der Verfassung nicht mehr erwähnt[961].

Trotz dieser Regelung wichen Theorie und Praxis voneinander ab. So berücksichtigte Dalberg bei der Stellenbesetzung gleichwohl den Frankfurter Stadtadel, insbesondere die Gesellschaft Alten-Limburg, stark, weshalb Koch sogar von einer „Rearistokratisierung" der Regierung sprach, welche die politische Potenz der Stadt aushöhlen und gleichzeitig den Adel dem neuen Landesherrn verpflichten sollte[962]. Auch die Großkaufleute, politisch bislang relativ bedeutungslos, erwuchsen nach dem Adel zur zweitmächtigsten Gruppe[963]. Diesem „Vorwurf" Kochs ist zwar zuzugeben, dass gebürtige Frankfurter ausweislich der „Landeskinderklausel" des § 3 des neunten Abschnitts der Verfassung bei gleicher Eignung stets bevorzugt zur Stellenbesetzung herangezogen werden sollten[964]. Kritisch ist dabei allerdings anzumerken, dass als „Frankfurter" nicht nur die aristokratische Schicht, sondern – jedenfalls grundsätzlich – die gesamte Frankfurter Bevölkerung mit Befähigung zur Ausübung öffentlicher Ämter und damit auch normale Bürger zu definieren sind, und sich die von Koch monierte Privilegierung der Aristokratie ausdrücklich nur in § 2 des dritten Abschnitts zeigte, der bei der Besetzung des Schöffenappellationsgerichts ausdrücklich je zwei Mitglieder der Häuser Limburg und Frauenstein verpflichtend vorschreibt[965]. Um also von einer „Rearistokratisierung" sprechen zu können, müsste man davon ausgehen, dass sämtliche Schlüsselpositionen in der Stadt ausschließlich durch Adelsvertreter besetzt wurden, die Eignungsklausel des § 3 des 9. Abschnitts also im Ergebnis schlicht übergangen und damit in realiter auf das

958 Freyh, S. 403.

959 Freyh, S. 404; vgl. auch Darmstädter, S. 25.

960 Organisationspatent 1806, Abschnitt 4, § 2, S. 357; Beaulieu-Marconnay, Bd. 2, S. 117; vgl. auch Roth, S. 191.

961 Freyh, S. 404.

962 Koch, S. 38; Hein, S. 98.

963 Hein, S. 98; Koch, S. 30-34/299-308/332/333; vgl. auch Roth, S. 191/195/196.

964 Organisationspatent 1806, Abschnitt 9, § 3, S. 364.

965 Organisationspatent 1806, Abschnitt 3, § 2, S. 355; siehe auch Freyh, S. 404.

Kriterium der Eignung verzichtet wurde. Diese Frage bedarf für die vorliegende Arbeit allerdings keiner näheren Aufklärung.

Neben der Legislative zeichnete der Senat bzw. Rat – wie bisher – für alle mit der Wahrung der Rechte und des Eigentums der Stadt zusammenhängenden Belange verantwortlich und diente somit als repräsentatives Kollegium in allen auf Polizei, Gewerbe-, Innungssachen und auf die kommunalen Belange bezogenen Angelegenheiten[966]. Insgesamt lässt sich seine Funktion folglich als eine Mischung aus städtischem Magistrat, Provinzialregierung und Parlament beschreiben[967]. Ferner nahm der Senat die Oberaufsicht über die auf die Zahl von elf reduzierten Stadtämter wahr und war weiterhin, unter Beachtung des dem Souverän vorbehaltenen Begnadigungsrechts[968], für die Entscheidung in Gnadensachen zuständig[969]. Unter fürstlichem Vorbehalt stand künftig allerdings die Genehmigung aller Veräußerungs- und Verpfändungsakte des Senats[970].

Um künftig eine als Anomalie angesehene Befassung mit dem Justizwesen zu vermeiden und so die Gewaltenteilung im Verhältnis zur Judikative durchzusetzen[971], unterstand dem Senat nurmehr die niedere und mittlere Gerichtsbarkeit in bürgerlichen und peinlichen Fällen, ohne allerdings weiterhin mit Rechtsprechungsbefugnis ausgestattet zu sein. Selbst die Besetzung der Gerichtsstellen wurde dem Senat entzogen. Die oberste gerichtliche Gewalt wiederum war – ebenso wie die Ausübung der geistlichen und kirchlichen Regierungsrechte[972] – als Teil der landeshoheitlichen Rechte auf Dalberg übergegangen[973].

Entsprechend der Regelung in Regensburg und Aschaffenburg ordnete Dalberg dem Senat jedoch eine fürstliche Generalkommission als Exekutivorgan zu[974].

Auch die bürgerlichen Kollegien hatten erhebliche Beschneidungen ihres bisherigen Selbstverwaltungsrechts hinzunehmen. Unter weitgehender Bestätigung ihrer Kompetenzen verloren sie mit Hilfe weniger Detailänderungen ihre eigentlichen politischen Funktionen[975]. Zwar übten sie auch weiterhin Kontrollfunktion aus – so kontrollierten die „Neuner“ immerhin noch die Stadteinnah-

966 Organisationspatent 1806, Abschnitt 4, § 1, S. 357; Hein, S. 96/97.

967 Darmstädter, S. 24/25.

968 Organisationspatent 1806, Abschnitt 3, § 5, S. 357.

969 Hein, S. 97.

970 Organisationspatent 1806, Abschnitt 4, § 1, S. 357; Beaulieu-Marconnay, Bd. 2, S. 117.

971 Vgl. Ausführungen zur Judikative unter V.6.c.bb.

972 Hein, S. 97.

973 Hein, S. 97; vgl. auch Darmstädter, S. 25.

974 Vgl. Organisationspatent 1806, Abschnitt 8, § 2, S. 364; Freyh, S. 402; Hein, S. 97.

975 Roth, S. 194.

men und den Schuldentilgungsfonds und die „Dreier“ die Ämterwahlen[976] – doch war die Qualität dieser Rechte in Frage zu stellen[977]. Denn zum einen sollten die Gegenschreiber und damit das eigentliche Fundament der bisherigen Kontrolltätigkeit in den relevantesten Ämtern entfallen[978]. Zum anderen scheiterte Widerspruch gegen die neue Verwaltung regelmäßig an den neuen Machtverhältnissen. So wurde beispielsweise dem Gremium der Einundfünfziger nach deren Widerstand im Finanzbereich eine neue Bürgerrepräsentation zur Seite gestellt, die fortan im Wesentlichen dessen Befugnisse ausüben sollte[979].

dd. Exekutive – Polizei- und Sicherheitswesen

(1) Geteilte Aufgaben

Im Polizeiwesen erfolgte eine Aufgabenteilung zwischen dem ersten und dem zweiten Bürgermeister[980]. Die Bürger- und Beisasseneide beispielsweise konnten beide Bürgermeister aber gleichberechtigt abnehmen[981].

Die öffentliche Sicherheit wurde dem ersten Bürgermeister unterstellt. In Gesundheitsangelegenheiten war dabei eine Zusammenarbeit mit dem Medizinalkollegium vorgesehen, bei Unterstützung der Notleidenden mit der Armenanstalt und den milden Stiftungen und im Bereich der öffentlichen Ruhe mit den Unterpolizeibeamten. Unterstützung in seiner Tätigkeit erfuhr der erste Bürgermeister durch den für die Exekutive zuständigen fürstlichen Generalkommissar sowie das bürgerliche und sonstige Militär[982]. Der zweite Bürgermeister wiederum hatte allgemein über die Einhaltung der öffentlichen Ordnung und damit die „Befolgung und Verbesserung der Polizeigesetze“ zu wachen[983].

---

976 Ratswahlen im Sinne des alten Systems erfolgten nicht mehr; Roth, S. 194.

977 Roth, S. 195.

978 Vgl. Organisationspatent 1806, Abschnitt 4, §§ 4 und 5, S. 358; Roth, S. 194/195 mit weiteren Quellen.

979 Vgl. hierzu, auch zu den Quellenangaben, ausführlich unter V.6.c.ee.(1).

980 Organisationspatent 1806, Abschnitt 5, §§ 1 und 2, S. 359; Hein, S. 96/97; Beaulieu-Marconnay, Bd. 2, S. 117.

981 Hein, S. 97.

982 Organisationspatent 1806, Abschnitt 5, § 1, S. 359 / Abschnitt 8, § 2, S. 364; Hein, S. 96; siehe auch Ausführungen zur Generalkommission unter aa.

983 Organisationspatent 1806, Abschnitt 5, § 2, S. 359; Hein, S. 96/97. Beaulieu-Marconnay geht wohl davon aus, dass der Oberpolizeidirektor und der zweite Bürgermeister identisch sind, vgl. ders., Bd. 2, S. 117. Mit Blick auf § 3 des 5. Abschnitts, S. 360, ist dies jedoch – zumindest grundsätzlich – zu verneinen, da diese Vorschrift von einer gesonderten Ernennung des Oberpolizeidirektors im Sinne des Art. 26 der Rheinbundakte spricht. Ob im Einzelfall Personenidentität bestand, bedarf vorliegend keiner näheren Klärung.

Gerade in diesem Zusammenhang kam ihm zur Verbesserung bestehender polizeilicher Verordnungen ein Initiativrecht gegenüber dem Stadtschultheiß zu, während er Gesetzesverstöße dem Generalkommissar anzuzeigen hatte[984].

Im Gegensatz zu den übrigen Teilen des Primatialstaates war lediglich in Frankfurt zu beobachten, dass die Generalkommission und der Polizeidirektor als die neuen fürstprimatischen Organe die nominell weiterhin zuständigen städtischen Instanzen an den Rand drängen konnten[985]. Die durch eine eher schwerfällige Arbeitsweise gekennzeichneten Stadtämter wurden stetig durch die fürstlichen Verwaltungsbehörden, die ihr Kontrollrecht immer ausgiebiger ausübten und Missbräuche abstellten, aus ihren eigentlichen Aufgabenbereichen verdrängt und Verfassung und Verwaltung selbst allmählich einer umfassenderen Reform zugeführt[986]. Diese endliche Reform aber sollte sich nicht mehr im Primatialstaat, sondern beginnend mit und im Großherzogtum Frankfurt vollziehen[987].

(2) Die öffentliche Sicherheit

Dem Bereich der Sicherheit selbst wurde in der Stadt Frankfurt ein hoher Rang beigemessen. Eine argwöhnische Beobachtung galt daher Fremden, zu denen interessanterweise nicht nur ortsfremde Personen, sondern auch die unter Aufsicht ihres jeweiligen Dienstherren stehenden Handwerksgesellen und das Dienstgesinde gezählt wurden[988]. Nach wie vor erfolgte eine Bewachung der Stadttore, um nicht nur das Einschmuggeln unverzollter Waren, sondern auch „das Einschleichen fremden liederlichen Gesindels und verdächtiger Personen [zu] verhüte[n]“[989]. Bei Rückkehr in die Stadt nach der Sperrstunde musste auch weiterhin ein Sperrgeld entrichtet werden. Einen Auslassschein, erhältlich beim Büro des Stadt-Kommandos nach Vorlage der Reisepässe, benötigten hingegen alle Fremden, fortreisende Bürger und Einwohner[990].

Unter konsequentem Eingriff in das Dienstrecht als Domäne der hausväterlichen Gewalt erfuhr dieses selbst erstmals unter Dalberg in Gestalt der am 26.

---

984 Organisationspatent 1806, Abschnitt 5, § 2, S. 359.

985 Hierzu Darmstädter, S. 27-30; Christ, Säkularisation, S. 137-151 (147).

986 Vgl. Darmstädter, S. 27/28; Freyh, S. 406.

987 Vgl. Darmstädter, S. 29; Freyh, S. 406.

988 Erlaß der beiden Frankfurter Bürgermeister-Ämter vom 18. März 1807 in den „Frankfurter Ratsverordnungen von 1807“ im SA Frankfurt; Hein, S. 101/103.

989 Bekanntmachung des Ersten Bürgermeisters von Humbracht vom 8. April 1809 in den „Frankfurter Ratsverordnungen von 1809“ im SA Frankfurt; Hein, S. 101.

990 Erlaß des Oberstkommandanten General von Zweyer vom 7. Juni im FIB, erste Beilage zur Nr. 48 vom 9. Juni 1809; Hein, S. 101.

Juli 1810 erlassenen „*Gesindeordnung für die Großherzoglich Frankfurtische Residenz- und Handelsstadt Frankfurt am Main und deren Umkreis innerhalb der Stadtgemarkung*“ eine umfassende Kodifikation, was insofern zugleich zu einer umfassenden Strafgewalt des Staates führte. Nur bei geringfügigen Verstößen verblieb die Bestrafung der Zurechtweisung in der Hand des Hausherrn[991]. Da diese Regelung der Beziehung zwischen Dienstherrschaft und Dienstgesinde allerdings erst für das Großherzogtum nach Ende des Primatialstaates Geltung beanspruchte[992], verblieb es zur Zeit des Primatialstaats im Wesentlichen bei der „Strafgewalt“ des Hausherrn.

(3) Armenwesen

Wie schon in den übrigen Landesteilen legte Dalberg auch in Frankfurt sein besonderes Augenmerk auf das Armenwesen. Bereits mit Verordnung vom 11. April 1807 wurde der zehnte Teil der Einnahmen des Fürstprimas zugunsten der unbemittelten Einwohner bestimmt, die durch die militärischen Einquartierungen zu leiden hatten. Dem gleichen Zweck wurde eine Abgabe von 5 Proc., die im Jahre 1807 statt der Vermögenssteuer auf alle Besoldungen angeordnet war, zugeführt[993].

Als Aufsicht über das gesamte Frankfurter Armenwesen und für die Verteilung von Almosen und Unterstützungen an die heimischen Armen installierte Dalberg nach Regensburger Vorbild am 15. Juli 1809 eine allgemeine Armen-Kommission und Direktion[994]. Diese verteilte nicht nur Almosen und Unterstützungen aus dem Vermögen der öffentlichen, konfessionell nicht gebundenen milden Stiftungen an diejenigen einheimischen Armen, die über keinen Verdienst verfügten[995], sondern sollte auch „Arbeitsscheue, Gewohnheits-Bettler,

991 Vgl. ausführlich Koch, S. 110-113; Hein, S. 103; Hömig, S. 459. Ein Abdruck der Gesindeordnung findet sich unter den „Frankfurter Ratsverordnungen“ des Jahres 1810 im SA Frankfurt, außerdem im FIB, jeweils in der ersten Beilage der Nr. 83-88 vom 2. [§§ 1-19], 5. [§§ 20-40], 9. [§§ 41-60], 12. [§§ 61-76], 16. [§§ 77-97] und 19. Oktober 1810 [§§ 98-115]; Hein, S. 104. Zur Strafgewalt des Dienstherrn vgl. insb. § 56 der Gesindeordnung, S. 18.

992 Wirkung ab dem 01.01.1811, Vorwort der Gesindeordnung, „Frankfurter Ratsverordnungen von 1810“.

993 Beaulieu-Marconnay, Bd. 2, S. 120.

994 Hein, S. 101; Beaulieu-Marconnay, Bd. 2, S. 145; Hömig, S. 456; vgl. Bekanntmachung der Allgemeinen Armen-Kommission vom 29. Mai 1809 in den „Frankfurter Ratsverordnungen von 1809“ im SA Frankfurt.

995 Bekanntmachung der Allgemeinen Armen-Kommission vom 29. Mai 1809 in den „Frankfurter Ratsverordnungen von 1809“ im SA Frankfurt; Hein, S. 101; Beaulieu-Marconnay, Bd. 2, S. 145.

(…), von der Straße (…) entfernen, und dieselbe, den Umständen nach, entweder in dem errichtet werdenden Arbeitshaus (…) beschäftigen oder sie, besonders die Fremde, der ersten Warnung ungeachtet, sich wieder betreten lassende Bettler auf sonstige Weise (…) bestrafen". Gaben an Straßenbettler waren künftig verboten; die Straßenbettler selbst sollten nach Aufgriff durch die Polizei oder Patrouillen im Arbeitshaus in Arrest verbracht werden[996]. Während die Armen-Kommission und Direktion also die Arbeitslosen mit Arbeit bzw. im Falle der Arbeitsunfähigkeit mit Almosen zu versorgen hatte, hatte sie alle Müssiggänger und Bettler in das neue Arbeitshaus zu verbringen, wo diese zur Arbeit gezwungen wurden[997]. Alle fremden, also nicht-ortsansässigen, Bettler wiederum wurden zur Verminderung des Straßenbettels wieder aus der Stadt entfernt[998].

Das soeben erwähnte Arbeitshaus wurde am 1. November 1809 eröffnet. Um die beschriebenen Ziele, insbesondere aber die Versorgung mit Arbeit, zu erreichen, sollten die Insassen preiswert nützliche Arbeiten, zum Beispiel Stricken, Spinnen oder das Nähen von Säcken, für die Frankfurter Bevölkerung erledigen[999]. Doch auch Kindern drohte die Züchtigung im Arbeitshaus, wenn sie aufgrund eines Verstoßes gegen das Verbot auf dem Schulweg zu lärmen oder Steine zu werfen durch die Polizei behördlich angezeigt wurden[1000].

Am 28. Juni 1808 regten die Repräsentanten der vierzehn Stadtquartiere die Gründung einer Hilfskasse an, die sich aus Spenden finanzieren und unverschuldet in Not geratenen Frankfurtern zinslose Darlehen gewähren sollte. Bereits ab dem 1. Februar des Jahres 1809 stand die Hilfskasse, unterstützt durch Spenden von Dalberg persönlich, in voller Arbeit[1001].

Im Sozial- und Fürsorgebereich war für Frankfurt die Gründung einer „Witwen-, Waisen- und Sterbe-Kasse für sämtliche bei hiesiger Stadt angestellten Zivil-Bediensteten" vorgesehen. Die Unterstützung der Hinterbliebenen selbst sollte sich aus den Mitgliedsbeiträgen finanzieren[1002].

---

996 Erlaß der Frankfurter Polizeidirektion vom 12. Juli im FIB, erste Beilage zur Nr. 58 vom 14. Juli 1809; Hein, S. 101; Beaulieu-Marconnay, Bd. 2, S. 145; siehe auch Hömig, S. 456.

997 Beaulieu-Marconnay, Bd. 2, S. 145.

998 Hein, S. 101.

999 Vgl. Bekanntmachung der Verwaltung des Frankfurter Arbeitshauses im FIB, zweite Beilage zur Nr. 60 vom 20. Juli 1810; Hein, S. 101; Hömig, S. 456.

1000 Erlaß der Frankfurter Polizeidirektion vom 1. Dezember im FIB, Beilage zur Nr. 101 vom 4. Dezember 1807; Hein, S. 102.

1001 Hein, S. 155/156; Darmstädter, S. 27.

1002 „Bekanntmachung. Die Witwen-Waisen- und Sterb-Cassa derer dahießigen Civil-Bediensteten betreffend" vom 08.12.1809 im FIB vom 12.12.1809; Hein, S. 164.

(4) Jüdische Gemeinde

Die Situation der jüdischen Gemeinde in Frankfurt, die, als eine der größten in einer deutschen Stadt überhaupt, nach wie vor als Fremdkörper galt, sollte sich – insgesamt gesehen – nur marginal verbessern.

Die auf den Primas gesetzten Hoffnungen zerschlugen sich mit dem bereits oben erwähnten Erlass der neuen *„Stättigkeits- und Schutzordnung für die Judenschaft Frankfurts“* vom 30. November 1807[1003]. Diese auf einem Kompromiss zwischen Bürgerschaft und Regierung beruhende[1004] Verordnung hob zunächst die alte Stätteordnung aus dem Jahre 1616 auf und regelte anschließend in fünf Abschnitten und 151 Paragraphen sehr ausführlich sämtliche Lebens- und Gesellschaftsbereiche der jüdischen Gemeinde[1005]. Einen Hauptzweck dieser Regelungen, deren Änderung bzw. Ergänzung sich der neue Souverän den jeweiligen Umständen und dem Erfolg der Verordnung entsprechend ausdrücklich vorbehielt[1006], sollte die Lösung der jüdischen Bevölkerung von manchen halsstarrig beibehaltenen eigentümlichen Institutionen und die Heranziehung an die Regeln und Gewohnheiten des Staates, unter dessen Schutz sie lebten, darstellen[1007]. Gleichwohl bestanden die wesentlichen Diskriminierungen fort[1008].

So behandelte der erste Abschnitt die Religion und den kirchlichen Zustand[1009] und sprach unter anderem die Gerichtsbarkeit in allen Ehesachen ausschließlich dem nach mosaischem Gesetz entscheidenden *Consistorium augustanae confessionis* zu[1010], während der zweite Abschnitt das Unterrichts- und Schulwesen unter die Oberaufsicht der allgemeinen Schulkuratel stellte[1011]. Der dritte Abschnitt hingegen traf ausführliche Regelungen zu den Gemeindeverhältnissen[1012]. Zur künftigen Wahrnehmung aller Angelegenheiten der jüdischen Gemeinde setzte die Verordnung einen fürstlichen Kommissar christlicher Religion, in diesem Fall den Oberpolizeidirektor, und zwölf speziell ernannte

---

1003 Siehe bereits Fn. 920; Hein, S. 104; Freyh, S. 402/403; Beaulieu-Marconnay, Bd. 2, S. 128; vgl. auch Roth, S. 197/198.

1004 Freyh, S. 403; ähnlich Roth, S. 199.

1005 Beaulieu-Marconnay, Bd. 2, S. 128-130; Stättigkeitsordnung (siehe bereits Fn. 920), S. 303-321 (304); Hein, S. 104.

1006 § 151 der Stättigkeitsordnung, S. 321.

1007 Beaulieu-Marconnay, Bd. 2, S. 130; vgl. auch Stättigkeitsordnung, S. 304.

1008 Vgl. Roth, S. 198.

1009 §§ 1-18 der Stättigkeitsordnung, S. 305-308.

1010 Stättigkeitsordnung, S. 305/307; Beaulieu-Marconnay, Bd. 2, S. 128. Zum Konsistorium Augsburger Konfession siehe bereits unter V.6.b.

1011 §§ 19-31 der Stättigkeitsordnung, S. 308/309; Beaulieu-Marconnay, Bd. 2, S. 128.

1012 §§ 32-100 der Stättigkeitsordnung, S. 309-315; Beaulieu-Marconnay, Bd. 2, S. 129.

Gemeindemitglieder[1013] ein, die fortan als Vorstand die Angelegenheiten der jüdischen Gemeinde leiten und dabei die Handhabung der Polizei im Judenquartier, die Führung etwa von Geburtslisten, die Schlichtung kleiner Händel, Erhebung und Beitreibung der Abgaben und Schutzgelder, die Verwaltung der milden Stiftungen sowie das jüdische Vormundschafts- und Kuratelwesen übernehmen sollten[1014].

In Form der Stättigkeits- und Schutzjuden wurde die jüdische Bevölkerung auch weiterhin in zwei Klassen aufgeteilt. Während in den „privilegierten" Status der Stättigkeit unter der Voraussetzung eines Vermögens von 6.000 fl. insgesamt nur 500 Familien aufgenommen werden durften und neue Eheschließungen untersagt waren, so lange diese Zahl erreicht war[1015], wurden die Übrigen als Schutzjuden geduldet. Der Status als Schutzjude verbot eine Heirat und die Wahrnehmung eines Sitzes im Gemeindevorstand, verpflichtete aber zugleich zur Zahlung eines Schutzgeldes an diesen. Weibliche Stättigkeitsjuden verloren ihren Status mit dem Tod des Ehemanns und wurden in den Schutzstand zurückgesetzt. Fremde Juden hingegen wurden weder geduldet noch wurde ihnen der Betrieb eines Gewerbes gestattet; länger als eine Nacht durften sie nicht aufgenommen werden. Betteljuden wiederum verwies die Polizei der Stadt[1016].

Des Weiteren sah die Stättigkeitsordnung vor, dass jeder Familienvater für sich und seine Nachkommen für allezeit einen bestimmten deutschen Familiennamen zu wählen hatte[1017]. Unter Hinweis darauf erging seitens des Oberpolizeidirektors am 30. September 1809 die Anordnung, dass jedes Gemeindemitglied unter Androhung einer Strafzahlung bis zum 15. Dezember desselben Jahres einen deutschen, auf die Nachkommen übergehenden Familiennamen annehmen musste. Zwar konnte dieser Name beliebig, beispielsweise nach einer Stadt oder einem Ort, gewählt werden; die bisher gebräuchlichen Namen, wie etwa Abraham, durften aber nurmehr als Vornamen dienen[1018]. Auch Verträge, Handelsbücher und dergleichen waren fortan ausschließlich auf Deutsch zu schreiben[1019].

Eine Heirat, die – wie ausgeführt – nur Stättigkeitsjuden zugebilligt wurde, setzte den durch Zeugnis der Schuldirektion erbrachten Nachweis eines ord-

---

1013 Zwölf der angesehensten Familienväter der Stadt, Stättigkeitsordnung, S. 313; Beaulieu-Marconnay, Bd. 2, S. 129; Hein, S. 104.

1014 Stättigkeitsordnung, S. 313-315; Beaulieu-Marconnay, Bd. 2, S. 129; Hein, S. 104.

1015 Stättigkeitsordnung, S. 310/311; Beaulieu-Marconnay, Bd. 2, S. 129; Hein, S. 105; Roth, S. 198.

1016 Stättigkeitsordnung, S. 309-311; Hein, S. 105.

1017 Stättigkeitsordnung, S. 310; Hein, S. 105/106.

1018 Hein, S. 106.

1019 Stättigkeitsordnung, S. 315; Hein, S. 105.

nungsgemäßen Schulbesuches und guter Fortschritte in Deutsch Lesen und Schreiben sowie im Rechnen voraus[1020].

Beide Klassen mussten wie die Christen die Schatzung bezahlen; doch zusätzlich hatte die gesamte jüdische Gemeinde an Stelle aller übrigen, von den Christen nicht oder nur in geringerer Höhe gezahlten Abgaben, eine als „Judenschafts-Confessionsgeld" jährlich zu entrichtende Abgabe von 22.000 fl. zu leisten, die repartiert wurde und die bisherigen Abgaben der jüdischen Gemeinden zusammenfasste[1021].

Im Vierten Abschnitt fanden sich Regelungen zu Gewerbe- und Wohnwesen sowie Handlung der jüdischen Gemeinde[1022]. Außerhalb des bisherigen, künftig vergrößerten, Ghettos durften Juden, so wie alle Einwohner ohne Bürgerrecht, keine Grundstücke besitzen; erst im Jahre 1810 sollten der Kauf oder die Neuerrichtung von Häusern auch außerhalb des eigentlichen Quartiers erlaubt sein. Auch Läden und Warenlager durften nur an bestimmten Stellen unterhalten werden. Um andere Händler vor Schaden zu schützen und um Privilegien des bürgerlichen Handelsstandes zu wahren, wurden die Handelsmöglichkeiten für die jüdische Bevölkerung durch den vierten Abschnitt der Verordnung auch wieterhin beschränkt. Dieser sprach zwar jedem Juden das Recht zu, innerhalb des jüdischen Quartiers Manufakturen und Fabriken anzulegen. Verboten wurden jedoch der Münz- und Waffenhandel, der Handel mit Wein, Frucht, Brennholz und Fourage sowie der Speditions- und Kommissionshandel[1023]. Die Gültigkeit von Geldleihen an geringe Leute wurde von einer Zahlung und Protokollierung vor Gericht abhängig gemacht[1024]. Wie diese Regelungen belegen, standen einer vollen Einbürgerung der Juden also insbesondere noch die Furcht der Frankfurter Bürgerschaft vor einer verschärften Konkurrenz in bestimmten Handelszweigen sowie fiskalische Interessen des Staates entgegen[1025]. Gerade daran zeigt sich der oben angesprochene Kompromisscharakter der Verordnung, die sich im Spannungsfeld zwischen neuer Toleranz einerseits und alten Rechten andererseits bewegte.

Der fünfte Abschnitt mutet mit seinem Thema „*Betragen der Juden in Hinsicht der christlichen Einwohner und dieser gegen jene*"[1026] zweifelhaft an, bedeutet für die damalige Zeit jedoch insgesamt – mit Blick auf die Gegenseitig-

---

1020 Hein, S. 105.

1021 Koch, S. 53/53, Anm. 61; Hein, S. 105; Beaulieu-Marconnay, Bd. 2, S. 129; Freyh, S. 403; Stättigkeitsordnung, S. 312/313; Roth, S. 198.

1022 §§ 101-139 der Stättigkeitsordnung, S. 315-320.

1023 Stättigkeitsordnung, S. 316-320; Beaulieu-Marconnay, Bd. 2, S. 129; Roth, S. 198.

1024 Beaulieu-Marconnay, Bd. 2, S. 129; Stättigkeitsordnung, S. 320; Roth, S. 198.

1025 Freyh, S. 403.

1026 §§ 140-150 der Stättigkeitsordnung, S. 320-321.

keit der Regelungsobjekte – eine Verbesserung[1027]. Um dem Verbot der gegenseitigen Störung von Christen und Juden an Festtagen und Andachten zu genügen, waren den Juden an Sonn- und Festtagen der Christen selbst in ihrem Viertel der öffentliche Handel sowie geräuschvolle Arbeiten untersagt[1028].

ee. Das Finanz- und Steuerwesen im Primatialstaat

Auch die Finanzverwaltung im Allgemeinen sowie das Steuerwesen im Besonderen wurden Neuerungen unterworfen.

(1) Organisation

Vornehmlich im Bereich der Finanzverwaltung war in Frankfurt seit dem 14. März 1732 ein dem Senat zur Seite gestelltes bürgerliches Kollegium von 51 „Bürgeroffizieren" tätig, dessen Aufgabe darin bestand, die Finanzverwaltung zu kontrollieren[1029]. Die Mitglieder dieses Bürgerausschusses wurden jedoch nicht unmittelbar von der Bürgerschaft gewählt, sondern vielmehr – auch im Fall ihres Ausscheidens – vom Kollegio selbst auf Lebenszeit ernannt[1030]. Dieses Gremium behielt Dalberg nicht nur bei, sondern er konnte es, nach seiner ausdrücklichen Festlegung im Organisationspatent, sogar bei der Beschlussfassung wichtiger Gesetze zur Erstellung eines Gutachtens anhalten[1031].

Aufgrund von Querelen mit dem die Wohlfahrtspläne nicht unterstützenden Frankfurter Großbürgertum und dem dieses repräsentierenden Ausschuss der 51, setzte Dalberg mit der Vereidigung am 26. Mai 1807 jedoch eine neue Bürgerrepräsentation ein. Dessen 28 Deputierte waren zuvor in geheimer und direkter Wahl in den vierzehn Frankfurter Stadtquartieren gewählt worden[1032] und der Ausschuss damit zu einer völlig anderen Zusammensetzung als die „Einund-

1027 Beaulieu-Marconnay, Bd. 2, S. 129/130.

1028 Stättigkeitsordnung, S. 320/321; Reskript der Frankfurter Generalkommission an den Rat vom 8. Dezember 1808, verzeichnet in „Edikte. Band 27: Fürstlich Primatische Reskripte 1806-1808" im SA Frankfurt; Hein, S. 105.

1029 Freyh, S. 404; vgl. auch Organisationspatent 1806, Abschnitt 6, § 4, S. 361; vgl. auch Roth, S. 105/106/115; siehe bereits unter b.

1030 Freyh, S. 404; vgl. Beaulieu-Marconnay, Bd. 2, S. 121; Roth, S. 120; Darmstädter, S. 16.

1031 Organisationspatent 1806, Abschnitt 4, § 5, S. 358; Freyh, S. 404.

1032 „Fürstlich Primatisches Reskript, die Wahl wirklicher Repräsentanten der Bürgerschaft zu Frankfurt betreffend", abgedruckt in: Der Rheinische Bund, Bd. 2, S. 463-465; Darmstädter, S. 25/26; Freyh, S. 405; vgl. Hein, S. 129; vgl. Beaulieu-Marconnay, Bd. 2, S. 120/121.

fünfziger" gelangt. Wenngleich das neue Gremium, dem die Vorschläge des Bürgerausschusses der 51 mitgeteilt werden sollten, bis zur Begründung des Großherzogtums Frankfurt im Jahre 1810 im Amt verblieb und unter dem Vorsitz der fürstlichen Kommission und des Stadtschultheißen tagte, wurde dessen Tätigkeit im Übrigen auf die Verwaltung der oben erwähnten, von ihm initiierten Hilfskasse für bedürftige Bürger, die Schlichtung von Bürgerstreitigkeiten sowie die Regelung von Einquartierungsproblemen begrenzt[1033].

Gerade in diesem Beispiel manifestiert sich Dalbergs bereits oben geschilderte Ansicht, wonach eine vorhandene Verfassung dann, wenn sie dem Glück aller Mitglieder des Staates als dem Endzweck der Gesetze nicht gerecht werde, eine entsprechende Änderung erfahren müsse – dies auch gegen alles Herkommen. Vorliegend behielt Dalberg also zwar formal die eingeführte Verfahrensweise bei, indem er dem bestehenden, aber den Bedürfnissen der Zeit nicht entsprechenden, Bürgergremium ein zweites beigesellte, welchem nunmehr das Zustimmungs- und Bewilligungsrecht zustand. Die damit gleichzeitig verbundene Verfassungsänderung war für ihn aber nur von nachrangiger Bedeutung[1034].

(2) Die allgemeine Vermögenssteuer als „Kriegslast"[1035]

Um dagegen die durch die Rheinbundakte vorgeschriebenen Kriegskonkurrenzen (Kriegskosten) zu finanzieren, wurde am 29. Dezember 1806 im gesamten Primatialstaat eine allgemeine Vermögenssteuer in Höhe von ¼ % eingeführt und ohne Rücksicht auf die vorhandenen Standesunterschiede von allen Einwohnern des Primatialstaates erhoben[1036], wobei weder Dienstgehälter noch der Souverän selbst ausgenommen blieben[1037]. Während Aschaffenburg, Regensburg und Wetzlar erst bis Ende April 1807 nachzufolgen hatten, hatte Frankfurt bereits im Oktober des Jahres 1806 den Befehl zur Erhebung erhalten.

Die Steuer umfasste neben dem gesamten unbeweglichen Eigentum, wie Häusern, Gärten und landesherrlichen Domänen, auch nützliche Rechte („Gilt", Erbpacht, Zins, Zehnter), verzinsliche Kapitalien und Schuldforderungen, Pen-

1033 Darmstädter, S. 25-27; Freyh, S. 405; Hein, S. 129; Beaulieu-Marconnay, Bd. 2, S. 121.

1034 Freyh, S. 405.

1035 Vgl. dazu bereits die Ausführungen im Rahmen des Fürstentums Regensburg, V.3.b.cc.(5)(b).

1036 „*Verordnung, die ausserordentliche Vermögenssteuer betreffend.*" v. 29.12.1806, in: RIB, 2. Stück v. 14.01.1807, S. 11-19, dann Nachtrag zum 2. Stück „Nachträglich höchste Verordnung zum Patent vom 29. Dec. a. pr. Die Vermögensteuer betreffend." v. 09.03.1807, S. 121-123, siehe bereits S. 92; Hausenstein, S. 110; ¼ % entspricht 15 Kreuzern von 100 Gulden, RIB, 2. Stück v. 14.01.1807, S. 11-19 (Vorwort, S. 11).

1037 Hausenstein, S. 110.

sionen und Besoldungen weltlicher wie geistlicher Personen, Gold-, Wein- und Fruchtvorräte, die Warenlager der Kaufleute, Apotheken, Vieh, Ackergerätschaften, Kleidungsstücke, Handwerkszeug, Hausrat, Möbel, Gemälde, Kupferstiche, Bibliotheken, Münz- und Naturaliensammlungen, Bargeld und Pretiosen. Der Wert derartigen Eigentums war von allen Besitzern bei den Behörden anzugeben und von diesen in entsprechenden Verzeichnissen zu erfassen. Entsprachen die Angaben nicht der Wahrheit, wurden die betreffenden Vermögensteile je nach Maß der Abweichung um ein Drittel, um die Hälfte etc. über dem wahren Wert angesetzt. Doch nicht nur die Einwohner, sondern beispielsweise auch die Vermögen der Gemeinden unterfielen der allgemeinen Vermögenssteuer. Ausgenommen blieben lediglich die Hospitäler, Armenhäuser, Witwen- und Waisen-Institute, die „Stipendia studiorum", Schul-, Pfarrer- und Kirchenfonds, öffentliche Polizei-Institute, Dienstboten ohne Vermögen und diejenigen, die sich nur zeitweise im Land aufhielten[1038].

Am 5. Mai des Jahres 1807 erging eine Verordnung, die gewisse Staatseinnahmen, darunter ein halbes Simplum der Vermögenssteuer, zur Verzinsung und Tilgung der Kriegsschulden bestimmte. In diesem Zusammenhang wurde mit der oben angeführten Gründung der neuen Bürgerrepräsentation auch der Versuch unternommen, Repräsentanten der gesamten Bürgerschaft zu gewinnen[1039], um damit wohl zugleich mehr Transparenz im Bereich des Finanzwesens zu erreichen.

Ebenfalls aufgrund der Kriegsgeschehnisse und der damit notwendig gewordenen Aufnahme neuer Staatsschulden, erließ Dalberg am 26. Mai 1807 seinen Schuldentilgungsplan für Frankfurt und bestätigte damit die Vermögenssteuer. Statt einer Akzise, d.h. einer Verbrauchssteuer auf den primären Lebensbedürfnissen dienende Artikel, wurden eher mäßige indirekte Auflagen auf Luxusgüter eingeführt. Die Staatskanzlei erhielt die Befugnis, alle Kontributionspflichtigen ab dem 6. Juni eines Jahres aufzufordern, das halbe Simplum jeweils ab dem 15. Juni binnen 14 Tagen zu bezahlen[1040].

Wie bereits angesprochen, wurden Zahlungen aus den Einnahmen auch an den Schuldentilgungsfonds geleistet. Zur Tilgung der Staatsschulden samt ihrer Zinsen errichtet, speiste sich dieser neben dem Viertel der Einnahmen auch aus dem Ertrag der Lotterie sowie einem jährlichen halben Simplum[1041].

Gleichfalls ließ Dalberg zu Beginn des Jahres 1809 von allen Besitzungen, Renten und Gefällen des Deutschen Ordens im Frankfurter Gebiet provisorisch

1038 Hein, S. 127.

1039 Beaulieu-Marconnay, Bd. 2, S. 120/121.

1040 Hein, S. 130.

1041 Organisationspatent 1806, Abschnitt 6, § 3, S. 361 / Abschnitt 7, §§ 1 und 2, S. 361/362; Hein, S. 96.

Besitz ergreifen und übertrug deren Verwaltung auf seine Generalkommission. Nachdem er bereits nach der Gründung des Rheinbundes 1806 auf die Souveränität über die Ordensgüter in seinen Staaten Anspruch erhoben hatte, ging es nunmehr lediglich um dic Einkünfte und den Grundbesitz. Per Verfügung Napoleons vom 24. April 1809 wurde der Ordensbesitz endgültig auf die Domänen der Fürsten, in deren Gebiet sie jeweils lagen, übertragen, weshalb Dalberg definitiv zum Eigentümer aller Güter und Gefälle der Ordens-Kommenden Frankfurt, Aschaffenburg, Regensburg und Wetzlar wurde[1042]. Jedoch verzichtete Dalberg mit Ausnahme von Wetzlar auf eine Einverleibung der neuerworbenen Deutschordensgüter, bildete daraus stattdessen einen Pfarrfonds und unterstellte diesen der Spezialadministration des Kultusministers und Weihbischofs Kolborn. Die Erträge der Wetzlarer Kommende hingegen ließ Dalberg deren Kommandeur Baumbach auf Lebenszeit zukommen. Wieder Anderes wurde in Bezug auf die gesamten Maltesergüter geregelt: Diese wurden weder den Domänen des Primas noch dem Pfarrfonds eingegliedert; vielmehr überließ Dalberg die Einnahmen den einzelnen Komturen auf Lebenszeit als Pension[1043].

(3) Schuldentilgung als prägendes Ziel

Im Übrigen war das Finanzwesen, hier gerade das Steuerwesen im eigentlichen Sinn, wesentlich vom Ziel der Tilgung der auf Frankfurt lastenden Staatsschulden geprägt.

So mussten bis zur vollständigen Tilgung alle Einnahmen der Rechnei zufließen, welche davon dem Schuldentilgungsfonds, dem Magistrat zu Zwecken der Besoldung, der Polizei und des Stadtbauwesens, dem fürstlichen Rentamt für die Besoldung unter anderem des Militärs, der Gesandten und oberen Beamten und zur fürstlichen Repräsentation, und einer Reservekasse für die Deckung unvorhergesehener Ausgaben der anderen Kassen je ein Viertel zukommen ließ[1044]. Während die Bestimmung hinsichtlich des Reservefonds sofort in Kraft trat, war dies bei den anderen Regelungen erst für den Beginn des Jahres 1807 vorgesehen[1045].

1042 Anonymes Gutachten über Deutschordens- und Maltesergüter im Großherzogtum Frankfurt vom 19.10.1813 im: HHStA Wiesbaden, Abt. 371, Nr. 957; Hein, S. 160.

1043 Hein, S. 160.

1044 Organisationspatent 1806, Abschnitt 6, §§ 2 und 3, S. 361; Hein, S. 96; Beaulieu-Marconnay, Bd. 2, S. 117.

1045 Organisationspatent 1806, Abschnitt 9, § 1, S. 364; Beaulieu-Marconnay, Bd. 2, S. 117.

7. Streitpunkt: Einführung des Code Napoléon

Eines der bestimmenden Themen des Primatialstaates ab dem Sommer des Jahres 1808 stellte Dalbergs Bemühen um eine Einführung des Code Napoléon, des französischen Zivilgesetzbuches, in seinen Ländern dar[1046].

Nach der von Napoleon selbst initiierten Anregung einer Einführung des Code in Frankfurt, Bayern, Baden und Hessen-Darmstadt, gelangte eine diesbezüglich 1809 in Gießen einberufene Konferenz, an der sich auch der Primatialstaat beteiligte, angesichts zahlreicher Kontroversen zu keinem Ergebnis. Denn wenngleich die Einführung des Gesetzbuches zunächst primär der Vereinheitlichung der bürgerlichen Gesetzgebung und deren Angleichung an die Umstände der Zeit dienen sollte, stellte sich doch bald auch die Frage nach einer Wechselwirkung von Zivilrechtsreform und jeweils betroffener Staatsverfassung und damit nach einer vollständigen oder nur teilweisen Rezeption des Code. Schließlich standen die standesherrlichen Privilegien, wie etwa die Patrimonialgerichtsbarkeit, Steuerprivilegien und die gutsherrlichen Rechte der Standesherren, die in Artikel 27 der Rheinbundakte nicht nur erneut ausdrücklich festgelegt, sondern sogar garantiert worden waren, im absoluten Kontrast zu einer auf der Freiheit der Person und des Eigentums, der Gleichheit vor dem Gesetz und dem freien Güterverkehr beruhenden Verfassung nach französischem Vorbild[1047]. Dies umso mehr, als der Code die Abschaffung des Feudalismus und die Einführung des Repräsentativsystems erstrebte[1048].

Dalberg, der trotz seines Grundsatzes einer schrittweisen, das Herkommen schonenden Veränderung der Verhältnisse, für eine möglichst uneingeschränkte Übernahme des Code Napoléon eingetreten war und bereits am 7. Juli 1808 ein Dekret über dessen baldige Einführung erlassen hatte, wählte schließlich – wie auch die übrigen Staaten – einen eigenen Weg[1049]. So sollte der Code Napoléon, soweit er tatsächlich Regelungen traf, vollumfänglich als allgemeines bürgerliches Gesetzbuch beachtet werden; „in Ansehung aller übrigen, in Unsern Landen üblichen, in dem Pariser Bundesakte zum Theil anerkannten Rechtsinstitutionen aber, worüber dieses Gesetzbuch nicht disponirt, z.B. Lehen, Fideikommisse, Retrakte, Patrimonial- und Patronatsbefugnisse u.s.w.“, sollten dagegen bis zum Erlass weiterer gesetzlicher Verordnungen die bislang geltenden Geset-

---

1046 Hausenstein, S. 120/120, Fn. 1/121; Hömig, S. 454/455.

1047 Ausführlich Freyh, S. 406-409. Zu Artikel 27 der Rheinbundakte vgl. bereits Fn. 724; siehe auch Hömig, S. 494.

1048 Hömig, S. 494.

1049 OPAZ Nr. 111 v. 11.07.1808; Ristretto Nr. 112 v. 12.07.1808; Beaulieu-Marconnay, Bd. 2, S. 141/142; Freyh, S. 407/408; Hein, S. 151; Färber, Kaiser und Erzkanzler, S. 120; siehe auch Hömig, S. 454/455.

ze und Regelungen ihre Gültigkeit behalten[1050]. Damit und mit Hilfe zahlreicher Übergangsbestimmungen war eine Verbindung der beiden Rechtssphären geschaffen, die eine gleichzeitige Aufhebung des geltenden Rechts nicht erforderte[1051]. Gleichwohl bestand Dalberg auf einige Modifikationen, die wohl nicht zuletzt seiner Eigenschaft als geistlichem Würdenträger geschuldet waren. So sollte im Bereich des Eherechts die Zivilehe zwar eingeführt, jedoch nur in Abhängigkeit von einer kirchlichen Trauung anerkannt werden. Auch die Ehescheidung sollte weiterhin der geistlichen Rechtsprechung unterfallen[1052], wobei allerdings das „Divortii matrimonii ad alias nuptas", also das Recht zur Eingehung einer neuen Ehe trotz vorangegangener Scheidung, als neues Rechtsinstitut strikt abgelehnt wurde[1053]. Zunächst durch Patent vom 15. September 1809[1054] für den 1. Mai des Folgejahres angedacht, wurde das Inkrafttreten des Code Napoléon in den primatischen Staaten angesichts der Gründung des Großherzogtums Frankfurt auf den 1. Januar 1811 verschoben[1055]. Doch die rege verfolgten Reformpläne[1056] sollten letztlich an den Kriegswirren und dem Untergang Napoleons scheitern[1057].

Das Fürstentum Regensburg wurde von diesen Entwicklungen – jedenfalls als Teil des Primatialstaats – nicht mehr tangiert, war es doch bereits in der ers-

---

1050 *„Zweites Patent in Betreff der Einführung des Code Napoleon"* vom 25.07.1810, abgedruckt in: Beaulieu-Marconnay, Bd. 2, Beilage XII, S. 366-369 (367); Freyh, S. 408; vgl. auch Färber, Kaiser und Erzkanzler, S. 121; Hömig, S. 494.

1051 Vgl. Färber, Kaiser und Erzkanzler, S. 121; Roth, S. 202; Eine Ausnahme hiervon bildete die Ersetzung der offiziell noch immer gültigen Peinlichen Halsgerichtsordnung Kaiser Karls V., der Carolina, durch den Code pénale, das französische Strafgesetzbuch, am 19. Februar des Jahres 1812; Färber, Kaiser und Erzkanzler, S. 121; vgl. Beaulieu-Marconnay, Bd. 2, S. 210-212.

1052 *„Zweites Patent in Betreff der Einführung des Code Napoleon"* vom 25.07.1810, in: Beaulieu-Marconnay, Bd. 2, Beilage XII, S. 366-369 (367/368); Freyh, S. 408; ähnlich Hömig, S. 496.

1053 Kraus, Zirngibl, 104 (1964), Nr. 97 v. 28.12.1809, S. 31.

1054 Beaulieu-Marconnay, Bd. 2, S. 142; Hausenstein, S. 120; Hömig, S. 455/496. *„Patent über Einführung des Code Napoleon"* vom 15.09.1809, abgedruckt in: Beaulieu-Marconnay, Bd. 2, Beilage XI, S. 363-365.

1055 *„Zweites Patent in Betreff der Einführung des Code Napoleon"* v. 25.07.1810, in: Beaulieu-Marconnay, Bd. 2, Beilage XII, S. 366-369 (366); ders., S. 142; Hausenstein, S. 121; Hömig, S. 455/494/496.

1056 In § 37 der Verfassung des Großherzogtums Frankfurt wird die Einführung des Code Napoléon bestätigt, Verfassung 1810, § 37, abgedruckt bei Pölitz, S. 45-49 (48); vgl. Freyh, S. 413/414.

1057 Vgl. Roth, S. 202.

ten Hälfte des Jahres 1810 zunächst an Frankreich und anschließend an Bayern gefallen, welches wiederum eigene Wege ging[1058].

8. *„Erfolgsbilanz" und der Übergang Regensburgs an Bayern*

Dass Regensburg im Jahre 1802 an Dalberg gefallen war, hatte jeglichem bayerischen Interesse widersprochen. Bayern, welches seit Jahrhunderten an Regensburg interessiert war und dessen Selbständigkeit als „ein Stachel im bayerischen Fleisch" galt, stand nun am Ziel seines Begehrens und erhielt Regensburg zu Eigen[1059].

Der Übergang des Fürstentums Regensburg an das Königreich Bayern selbst vollzog sich in der Folge relativ unproblematisch, was nicht zuletzt den sozialen Reformen und organisatorischen Verbesserungen der Dalbergregierung geschuldet war[1060]. Auf Grundlage des französisch-bayerischen Vertrages vom 28. Februar 1810[1061] ging das Fürstentum Regensburg, welches Dalberg bereits mit Vertrag vom 16. Februar desselben Jahres an Frankreich abgetreten hatte[1062], am 22. Mai 1810 schließlich vermittels einer Übertragung sämtlicher Hoheitsrechte („tous les droits de propriété et de souveraineté (...) sur la principauté de Ratisbonne"[1063]) Frankreichs an Bayern über[1064]. Am nächsten Tag folgte mit der Proklamation des Besitznahmepatents und der feierlichen Verpflichtung des Regensburger Landesdirektoriums, des Oberlandesgerichts, des Domkapitels und des Konsistoriums, sprich der dalbergischen Beamten, die offizielle Besitz-

---

1058 Vgl. Hausenstein, S. 121; vgl. auch Freyh, S. 408.

1059 Hein, S. 176; vgl. auch Schmid, Reichsstadt, S. 320-326 (326); ausführlicher zum Beispiel Huber, Übergang, S. 95-106; Färber, Übergang, S. 429-452; ders., Neue Quellen, S. 695-718; ders., Regensburgs langer Weg, S. 11-22.

1060 Vgl. Färber, Übergang, S. 429-452 (450).

1061 *„Traité relatif à des échanges de territoires et au règlement du contributions de guerre"* vom 28.02.1810 und Geheimartikel vom 07.03.1810, bei: Hausenstein, S. 158-162 mit Quellenangabe; siehe auch Becker, Übergabe Regensburgs, S. 23-32 (27); Färber, Neue Quellen, S. 695-718 (695); Hömig, S. 476.

1062 *„Staatsvertrag, die Errichtung und den Bestand des Großherzogtums Frankfurt betreffend"*, abgedruckt bei Beaulieu-Marconnay, Bd. 2, Anhang XIII, S. 369-371; Färber, Neue Quellen, S. 695-718 (695); ders., Übergang, S. 429-452 (446); Chrobak, Königreich Bayern, S. 299-347 (299); Becker, Übergabe Regensburgs, S. 23-32 (26); Hausenstein, S. 151.

1063 *„Traité relatif"*, Artikel II, abgedruckt bei Hausenstein, S. 158-162 (159); Färber, Übergang, S. 429-452 (446); ders., Neue Quellen, S. 695-718 (695/712-716).

1064 Chrobak, Königreich Bayern, S. 299-347 (299); Färber, Neue Quellen, S. 695-718 (695/712-716); vgl. auch Becker, Übergabe Regensburgs, S. 23-32 (27/28).

ergreifung Regensburgs durch Bayern[1065]. Damit trat auch im ehemaligen Fürstentum Regensburg, welches ohne jegliche Privilegien in den bayerischen Staat integriert wurde, die bayerische Gemeindegesetzgebung in Form des Bayerischen Gemeindeedikts vom 24. September 1808 uneingeschränkt in Kraft[1066]. Die darin dominierende zentralistische Staatsauffassung Montgelas beschränkte die autonomen Selbstverwaltungsbefugnisse der Gemeinden und übertrug die Verwaltung der Städte staatlichen Polizeidirektionen[1067]. So erhielt auch die Stadt Regensburg, deren Magistrat unter Dalbergs Regentschaft immerhin noch Teile seines Selbstverwaltungsrechts belassen worden waren[1068], per Reskript vom 22. Dezember 1810 eine eigene königliche Polizeidirektion, wodurch das abrupte Ende der selbständigen Verfassungs- und Rechtsgeschichte der Stadt vollendet wurde[1069]. Während die Verwaltung des ehemaligen Fürstentums zunächst provisorisch bestehen blieb, trat an die Stelle des bisherigen Gouvernements die bayerische Hofkommission[1070]. Deren Hauptaufgabe bestand darin, die dalbergischen Behörden in die bayerischen Verwaltungseinrichtungen überzuleiten und die in bayerischen Besitz übergegangenen Wertgegenstände zu inventarisieren[1071]. Führende Beamtenstellen wurden entsprechend der bayerischen Gepflogenheiten bevorzugt mit ortsfremden Personen besetzt[1072], so dass die Stadt bis 1818 durch bayerische Beamte verwaltet wurde[1073].

Ungeachtet der historisch bedeutsamen Entwicklung und Stellung der ehemaligen Reichsstadt und angesichts der Durchsetzung Münchens als Residenzhauptstadt blieb Regensburg nunmehr eine vergleichbare Funktion versagt[1074]. Als Provinzstadt in den Territorialstaat Bayern eingebunden, wurden der Stadt

1065 Chrobak, Königreich Bayern, S. 299-347 (299); vgl. Hausenstein, S. 153/154; Färber, Übergang, S. 429-452 (448); Huber, Übergang, S. 103.

1066 Vgl. Gumpelzhaimer, Bd. 4, S. 1901; Kick, Armenpflege, S. 130-134; Schmid, Regensburg im Umbruch, S. 81-101 (100); Huber, Polizeidirektion, S. 186-189 (187).

1067 Schmid, Regensburg im Umbruch, S. 81-101 (100); Huber, Polizeidirektion, S. 186-189 (187); Albrecht, Regensburg im Wandel, S. 76; Becker, Übergabe Regensburgs, S. 23-32 (29).

1068 Becker, Übergabe Regensburgs, S. 23-32 (29); Schmid, Regensburg im Umbruch, S. 81-101 (100); siehe hierzu V.3.a.dd.

1069 Huber, Polizeidirektion, S. 186-189 (188); Chrobak, Königreich Bayern, S. 299-347 (301).

1070 Hausenstein, S. 153; Färber, Übergang, S. 429-452 (449).

1071 Färber, Übergang, S. 429-452 (449).

1072 Vgl. Kick, Armenpflege, S. 131; Schmid, Regensburg im Umbruch, S. 81-101 (100/101).

1073 Schmid, Regensburg im Umbruch, S. 81-101 (101).

1074 Vgl. Chrobak, Königreich Bayern, S. 299-347 (300); vgl. Hausenstein, S. 154; siehe auch Wanderwitz/Burgdorf, S. 551-557 (552).

keine zentralen Funktionen für Bayern zugewiesen; wenigstens wurde sie mit Rücksicht auf ihre Größe im Jahre 1810 zum Sitz des Generalkreiskommissariats des Regenkreises und damit zum Sitz einer Behörde der mittleren Verwaltungsebene bestimmt und mit Verordnung vom 23. September des gleichen Jahres – zum Nachteil Ambergs – zur Hauptstadt des Regenkreises erklärt[1075].

Wenngleich der Übergang Regensburgs an Bayern und damit die Rückkehr in das bayerische „Stammland“, im Rahmen dessen allgemeiner Entwicklung sich fortan auch die Entwicklung Regensburgs vollziehen sollte[1076], als radikaler Schnitt bewertet werden kann, meint Färber, dass Regensburg damit letztlich „nicht schlecht gefahren“ sei[1077].

Mit Blick darauf, dass der Dalbergstaat Zeit seines Bestehens die Rückkehr Regensburgs zu dem insofern äußerst bestrebten[1078] Bayern im Grunde nur verzögert hatte, ist dieser Ansicht – jedenfalls grundsätzlich – zu folgen. Denn angesichts dieser Zeitspanne mit ihren eigenen Entwicklungen und der daran anschließenden Entwicklungsverzögerung Regensburgs im Vergleich zu bayerischen Industriestädten wie insbesondere München und Nürnberg, entwickelte Regensburg ein Potential, das sich gerade in der allgemeinen Wirtschaftskrise der letzten Zeit entfalten konnte: Während insbesondere im Nürnberger Raum Wirtschaftszweige, die sich über das 19. und 20. Jahrhundert hinweg traditionell gebildet und verfestigt hatten, stark unter den weltweiten finanzwirtschaftlichen Turbulenzen zu leiden hatten[1079], blieb Regensburg, das ab Beginn des Lehrbetriebs der Universität im Jahre 1967 erst im Laufe der letzten Jahrzehnte durch einen breit gefächerten Branchenmix, vornehmlich aber auf dem Sektor neuer Technologien und darauf basierender Wirtschaftszweige, seine Blütezeit erreicht hat, weitestgehend verschont und verzeichnet im Gegensatz zu zahlreichen „Traditionsstädten“ Aufschwung und Zuwachs – wirtschaftlich-finanziell wie bevölkerungstechnisch[1080].

1075 Chrobak, Königreich Bayern, S. 299-347 (300/301); ders., Politik und Gesellschaft, S. 57-82 (57); Färber, Übergang, S. 429-452 (449); Hausenstein, S. 154; Gumpelzhaimer, Bd. 4, S. 1902/1915/1916; Schmid, Regensburg im Umbruch, S. 81-101 (100); vgl. hierzu ausführlich Emmerig, S. 77-103.

1076 Chrobak, Politik und Gesellschaft, S. 57-82 (57); ders., Königreich Bayern, S. 299-347 (300; vgl. auch 301/302/339).

1077 Färber, Eine Bilanz, S. 185-191 (185/186).

1078 Statt Aller vgl. Färber, Regensburgs langer Weg, S. 11-22.

1079 Z.B. Metall- und Elektroindustrie im Allgemeinen, Grundig und AEG im Besonderen; vgl. Szymanski, Mike, „Eine Stadt unter Strom“, Süddeutsche Zeitung vom 06.04.2010, S. 46.

1080 Vgl. Szymanski, Mike, „Eine Stadt unter Strom“, Süddeutsche Zeitung vom 06.04.2010, S. 46.

In diesem Sinne ist der Dalbergstaat 1802 bis 1810 somit nicht nur als „Intermezzo“[1081] oder Kuriosum der Epochenwende[1082] zu werten, sondern vielmehr als eine Art (Verzögerungs-) Motor, der wesentlich dazu beigetragen hat, die Stadt an der Donau zu dem zu machen, was sie heute ist.

1081 Vgl. Färber, Fürstentum, S. 33-56 (33 Überschrift).

1082 Vgl. Färber, Fürstentum, S. 33-56 (55).

VI. Der Anfang vom Ende – Das Großherzogtum Frankfurt (Ausblick)

1. Das Großherzogtum Frankfurt

Mit dem am 19. Februar 1810 ratifizierten Staatsvertrag vollzog sich die Gründung des Großherzogtums Frankfurt, das sich mit dem Fürstentum Aschaffenburg, den Städten Frankfurt und Wetzlar sowie den größeren Teilen der Fürstentümer Hanau und Fulda aus verschiedensten Bestandteilen zusammensetzte[1083]. In den Jahren zuvor hatten Fulda, Hanau, Erfurt, Bayreuth und die Niedergrafschaft Katzeneinbogen zu den einer Generaldirektion in Erfurt unterstellten „pays reservés", der „reservierten Provinz", also einem Besatzungsgebiet Frankreichs, welches Frankreich aber nicht definitiv einverleibt war und auch nicht den französischen Gesetzen unterstand[1084], gehört.

Zwar war Dalbergs nunmehriges Herrschaftsgebiet an Größe gewachsen, doch wurde diese Tatsache zum einen durch die hohen Belastungen der neuen Gebiete, zum anderen durch deren aufgrund der unterschiedlichen wirtschaftlichen und konfessionellen Gegebenheiten fehlende Einheit relativiert[1085]. Gleiches galt für die Tatsache, dass dem neuen Landesherrn zwar der Titel eines Großherzogs und damit einer königlichen Hoheit verliehen, die damit verbundenen Territorien allerdings absichtlich in keinerlei Beziehung zu dessen geistlicher Würde als Erzbischof von Regensburg und Primas von Deutschland gesetzt wurden[1086].

Gemäß Artikel 2 des Vertrages gebührte das Großherzogtum Dalberg auf Lebenszeit in voller Souveränität. Doch sollte es nach seinem Ableben ebenfalls in voller Souveränität als „Geschenk" Napoleons an dessen Stiefsohn Eugène Beauharnais und – gemäß den Regeln der Primogenitur – dessen legitime männliche Nachkommen, also an die französische Krone fallen[1087].

1083 „*Staatsvertrag, die Errichtung und den Bestand des Großherzogtums Frankfurt betreffend*", abgedruckt bei Beaulieu-Marconnay, Bd. 2, Anhang XIII, S. 369-371; Hein, S. 175; Freyh, S. 408; Färber, Übergang, S. 429-452 (446); Becker, Übergabe Regensburgs, S. 23-32 (26); Beaulieu-Marconnay, Bd. 2, S. 180; Hömig, S. 471/472.

1084 Hein, S. 182; ähnlich Hömig, S. 476.

1085 Christ, Aschaffenburg, S. 172; Beaulieu-Marconnay, Bd. 2, S. 176; Hömig, S. 484.

1086 Schwaiger, Fürstentum, S. 42-65 (63); Färber, Kaiser und Erzkanzler, S. 116; ders., Reichsverräter, S. 153-175 (174); Hömig, S. 473.

1087 Vgl. Art. 3 und 4 des Staatsvertrags; vgl. Becker, Übergabe Regensburgs, S. 23-32 (26); siehe auch Hömig, S. 484.

2. Besonderheiten

Die Errichtung des Großherzogtums Frankfurt führte zu einer grundlegenden Umgestaltung des gesamten Staatsaufbaus. Hatten die Fürstentümer Regensburg und Aschaffenburg zusammen mit den vormaligen Reichsstädten Frankfurt und Wetzlar bis dato weitgehend selbständig nebeneinander existiert und nur durch den Fürstprimas selbst sowie das in Aschaffenburg ansässige Oberappellationsgericht ein gemeinsames Band erhalten, bedingte der Gewinn der neuen Territorien mit ihren unterschiedlichen Maximen wirtschaftlicher, konfessioneller und geschichtlicher Art die dringende Notwendigkeit einer Vereinheitlichung des Staatsapparats[1088]. Eine besondere Rolle – nicht nur für die Verfassung selbst, sondern auch für die Verwaltungsorganisation – spielte in diesem Zusammenhang die bereits angesprochene Nachfolgeregelung für den Großherzog, welche eine Anwartschaft von Napoleons Stief- und Adoptivsohn, Eugène Beauharnais, auf die Regentschaft in Frankfurt vorsah. Ziel musste es also sein, dem französischen Nachfolger entgegenzukommen und einen möglichst schonenden Übergang auf diesen vorzubereiten[1089]. Primäre Werkzeuge hierfür sollten neben der Einführung des Code Napoléon mit Wirkung vom 1. Januar 1811[1090] vor allem auch die Installation einer neuen, dem französischen Vorbild angepassten Verwaltungsordnung[1091], einer geänderten Justizverfassung[1092], der Einregistrierung[1093] und der französischen Zivil- und Kriminalprozessordnung[1094] in den Jahren 1810 bis 1813 darstellen[1095]. Als weitere Elemente

1088 Darmstädter, S. 77-79; Christ, Aschaffenburg, S. 177; vgl. auch Beaulieu-Marconnay, Bd. 2, S. 181.

1089 Freyh, S. 410/411; vgl. auch Hausenstein, S. 86; Roth, S. 201; siehe auch Hömig, S. 473/476.

1090 GFRB, Bd. 1 (1810), S. 6; Christ, Aschaffenburg, S. 172; Hömig, S. 494/496; vgl. Bestätigung in Verfassung des Großherzogtums Frankfurt 1810, § 37, S. 48; vgl. auch „*Zweites Patent in Betreff der Einführung des Code Napoleon*“, in Beaulieu-Marconnay, Bd. 2, Beilage XII, S. 366-369 (366).

1091 „*Verwaltungsordnung für das Großherzogtum Frankfurt, enthält die Auseinandersetzung der Attribute und Funktionen*“, in: GFRB, Bd. 1 (1810), S. 113-149; vgl. hierzu ausführlicher Roth, S. 201-208; Christ, Aschaffenburg, S. 172; siehe auch Hömig, S. 481/482.

1092 „*Höchste Verordnung, die künftige Gerichtsverfassung des Großherzogtums Frankfurt betreffend*“ v. 05.12.1812, in: GFRB, Bd. 2 (1812), S. 121-168; Christ, Aschaffenburg, S. 172.

1093 GFRB, Bd. 1 (1810), S. 365-368; Christ, Aschaffenburg, S. 172; vgl. Verfassung 1810 (siehe Fn. 1083), § 15, S. 46.

1094 „*Höchstes Decret, die Einführung einer neuen Proceßordnung betreffend*“ v. 07.10.1812, in: GFRB, Bd. 2 (1812), S. 169-171; Christ, Aschaffenburg, S. 172; vgl. Beaulieu-Marconnay, Bd. 2, S. 188/219.

dienten insofern die Grundsätze der Trennung von Verwaltung und Rechtsprechung[1096], der in der Abschaffung von Privilegien des Adels zum Ausdruck kommenden Gleichheit aller vor dem Gesetz[1097] sowie die Einführung des Prinzips der Einzelverantwortung in der Exekutive[1098]. Dazu nun im Einzelnen mehr.

Als Besonderheit im Rahmen des Großherzogtums Frankfurt ist zunächst der Versuch Dalbergs hervorzuheben, dieses neue Staatsgebilde auf Grundlage theoretischer Maximen und nicht, wie beispielsweise im Primatialstaat, auf dem Prinzip der Erfahrung aufzubauen[1099]. Infolgedessen enthält auch die Verfassung für das Großherzogtum Frankfurt vom 16. August 1810[1100] nicht nur eindrucksvolle Neuerungen, sondern war sie an sich, wie bereits ihr § 46 zum Ausdruck bringt, auf die Zukunft ausgerichtet und ausdrücklich der Weiterentwicklung unterstellt[1101]. Ihrerseits nach westfälisch-französischem Vorbild errichtet, sollte sie primär die Einheit des neu zusammengesetzten Staates und seine sozialen und wirtschaftlichen Kräfte befördern[1102]. Aufgrund des bereits oben geschilderten Kontrastes zwischen standesherrlichen Privilegien einerseits und den Prinzipien einer Verfassung nach französischem Vorbild andererseits[1103] berücksichtigte diese Verfassung die bestehenden sozialen Verhältnisse und übernahm lediglich die grundlegenden theoretischen Folgerungen aus der Einführung des zivilrechtlichen Code Napoléon sowie des französischen Strafrechts (Code pénale)[1104]. Folglich wurden die bestehenden besonderen Verfassungen und die Privilegien einzelner Familien und Personen zwar für aufgehoben erklärt, hiervon aber zunächst die Befugnisse der „mediatisirten Fürsten und Herren“ ausge-

1095 Christ, Aschaffenburg, S. 172.

1096 „*Höchstes Organisations-Patent der Verfassung des Großherzogtums Frankfurt*“ vom 16.10.1810, abgedruckt in: GFRB, Bd. 1 (1810), S. 10-24 (§ 46, S. 23); abgedruckt auch bei Pölitz, S. 45-49 mit einer Beilage zur Verfassung vom 10. Sept. 1810, S. 49-51 (§ 46, S. 49) [künftig: Verfassung 1810, zitiert nach Pölitz]; Christ, Aschaffenburg, S. 172; Hömig, S. 482.

1097 Verfassung 1810, § 14, S. 46; GFRB, Bd. 1 (1810), § 14, S. 14; Christ, Aschaffenburg, S. 172; Hömig, S. 482/483/495.

1098 Vgl. Darmstädter, S. 91; Christ, Aschaffenburg, S. 172; vgl. Verfassung 1810, § 46, S. 49.

1099 Freyh, S. 420.

1100 Verfassung 1810, S. 45-49; Freyh, S. 409; Beaulieu-Marconnay, Bd. 2, S. 184.

1101 Vgl. Verfassung 1810, § 46, S. 49; Freyh, S. 413; vgl. auch Hein, S. 198.

1102 Vgl. Freyh, S. 408; vgl. auch Färber, Kaiser und Erzkanzler, S. 114/115; vgl. auch Pölitz, S. 43-45 (44); vgl. Beaulieu-Marconnay, Bd. 2, S. 184; Roth, S. 201.

1103 Siehe V.7.

1104 Freyh, S. 409/410; vgl. auch Verfassung 1810, Präambel, S. 45/§ 46, S. 49; vgl. auch Färber, Reichsverräter, S. 153-175 (174); vgl. auch Roth, S. 202; Hömig, S. 494.

nommen[1105]. Gleichfalls ergingen zugunsten bestimmter Gruppen, wie beispielsweise Dorfbewohnern und dem Zunfthandwerk, vielfach Übergangsregelungen[1106]. Bei einer grundsätzlichen Garantie der Freiheit der Person, hing die Ablösung der Leibeigenschaft gleichwohl von der Vereinbarung „billiger" Entschädigungen ab[1107]. Im Bereich der Steuern wiederum sollte ein einheitliches System für das gesamte Großherzogtum gelten, „bis zur Gleichstellung" aller Teile des Großherzogtums jedoch die bislang geltende Grundsteuer provisorisch fortbestehen[1108].

Von Anfang an uneingeschränkte Gültigkeit besaß nur § 14, wonach der Fortbestand des Adels mit all seinen Benennungen und der ihm gebührenden Achtung zwar festgesetzt wurde, dieser hieraus aber weder in Bezug auf Ämter, Würden oder Dienste noch hinsichtlich einer Befreiung von öffentlichen Lasten ein ausschließliches Recht ableiten konnte[1109].

Zum Zwecke einer formellen Einführung der französischen Verwaltungsformen wurde das Großherzogtum in die vier – mit den ehemaligen Fürstentümern identischen – Departements Frankfurt, Aschaffenburg, Hanau und Fulda[1110] eingeteilt, die ihrerseits wiederum in Distrikte und Munizipalitäten unterteilt wurden[1111]. Die Leitung dieser Einheiten übernahmen weisungsabhängige[1112] Präfekten, Distriktmaires und Maires, die auf Ebene der Departements von Präfekturräten (§§ 30, 31) und Departementskollegien (§ 32) und auf Ebene der Gemeinden von Munizipalräten (vgl. § 36) als Selbstverwaltungsgremien unterstützt wurden[1113]. Einzig die Stadt Wetzlar erhielt einen eigenen Unterpräfekten zugeteilt[1114].

Gleichwohl folgte Dalberg weiterhin seinem Prinzip, den Bedürfnissen des Staates und insbesondere denen der Bevölkerung gerecht zu werden. Somit stand im Großherzogtum - im Gegensatz zum französischem Vorbild, das eine Einteilung des Staatsgebietes in möglichst gleich große Bezirke favorisierte - der soeben erwähnte Erhalt des historischen Staatsgefüges auf Basis der traditionel-

1105 Verfassung 1810, § 12, S. 46; Freyh, S. 410.

1106 Roth, S. 202.

1107 Verfassung 1810, § 13, S. 46; Freyh, S. 410.

1108 Verfassung 1810, § 15, S. 46; Freyh, S. 410; Hein, S. 196.

1109 Verfassung 1810, § 14, S. 46; Freyh, S. 410.

1110 Verfassung 1810, §§ 29-36, S. 47/48; Hein, S. 197; Beaulieu-Marconnay, Bd. 2, S. 190; Darmstädter, S. 106; vgl. auch Ketterer, S. 185; Hömig, S. 475/476.

1111 Verfassung 1810, § 29, S. 47; ausführlich Darmstädter, S. 105-129; Freyh, S. 410; vgl. auch Ketterer, S. 185; Hein, S. 197; Hömig, S. 476.

1112 Verfassung 1810, § 42, S. 48; Hömig, S. 494.

1113 Verfassung 1810, §§ 29-36, S. 47/48; ausführlich Darmstädter, S. 105-129; Freyh, S. 410; vgl. dazu auch Roth, S. 203-208; Hömig, S. 476.

1114 Verfassung 1810, § 29, S. 48; Hein, S. 197; Hömig, S. 475.

len Zentren Aschaffenburg, Frankfurt, Hanau und Fulda im Vordergrund, weshalb lediglich Wetzlar dem Departement Frankfurt zugeordnet wurde[1115]. Auf der Ebene der Distrikte der früheren Ämter wurden als einzige Neuerung sogar nur die Bezeichnungen ausgetauscht[1116]. Dennoch war für die Stadt Frankfurt mit ihrer konsequenten Einbeziehung in den neuen Verwaltungsaufbau des Großherzogtums[1117] das Ende der Einrichtungen der Reichsstadt, der Abschluss der städtischen Selbstverwaltung sowie die Einordnung der Stadtgemeinde in einen staatlichen Verwaltungsbezirk verbunden. Gleiches galt für die ehemalige Reichsstadt Wetzlar[1118].

In der Verfassung selbst wurde auch das Prinzip der Gewaltenteilung verankert. Anders als noch im Organisationspatent der primatialen Stadt Frankfurt von 1806 war daher in der Präambel Folgendes festgeschrieben: „Die bestdenkbare Staatsverfassung ist diejenige, in welcher der allgemeine Wille der Mitglieder durch vernünftige Gesetze ausgedrückt wird, in welcher die Verwaltung der Gerechtigkeit durch unabhängige wohlbesetzte Gerichtsstellen besorgt wird, in welcher die vollstreckende Gewalt der Hand des Fürsten ganz anvertraut ist“[1119]. Darin, d.h. in der Trennung von Verwaltung und Rechtsprechung sowie der Ablösung des Prinzips der Kollegialität in der Exekutive durch das der Einzelverantwortung[1120], lag zugleich das künftig geltende Repräsentativsystem als jene politische Ordnung, welche Dalberg bereits in seiner Schrift „*Erhaltung der Staatsverfassungen*“ als grundsätzlich möglich erachtet hatte[1121].

Eng mit dem Aufbau dieses Repräsentativsystems hing die Verwaltungsneuordnung zusammen, auf welche sich das Augenmerk der notwendigen Reformen primär richtete[1122]. Im Zuge dessen und gemäß der Ankündigung in § 46 der Verfassung[1123] wurde bereits per Verordnung vom 27. Oktober 1810 nicht nur das kollegiale Verwaltungsprinzip mit seinem System der kollegialen Amtsführung aus Effektivitätsgründen zur Ein-Mann-Exekutive umstrukturiert[1124], sondern wurden auch insgesamt drei für den Gesamtstaat zuständige Minister

1115 Freyh, S. 410/411; Freyh, S. 476.
1116 Darmstädter, S. 117; Freyh, S. 411.
1117 Roth, S. 203.
1118 Darmstädter, S. 125/126; Freyh, S. 411; Hein, S. 200; vgl. auch Roth, S. 203.
1119 Verfassung 1810, Präambel, S. 45; Freyh, S. 412; Hömig, S. 483.
1120 Verfassung 1810, § 46, S. 49; GFRB, Bd. 1 (1810), § 46, S. 23; Christ, Aschaffenburg, S. 172; Darmstädter, S. 91/92.
1121 Vgl. bereits unter V.2.a.; vgl. Staatsverfassungen, S. 19; Freyh, S. 223/224/412.
1122 Freyh, S. 414.
1123 Verfassung 1810, § 46, S. 49.
1124 Vgl. Artikel 3 und 4 der Verwaltungsordnung, GFRB, Bd. 1 (1810), S. 113/114; Darmstädter, S. 90-92; Freyh, S. 414.

installiert: ein Minister für das Innere, die Justiz und die Polizei, einer für die Finanzen, die Domänen und den Handel, und ein Minister-Staatssekretär für die auswärtigen Angelegenheiten, den Schutz des Kultus und die Aufsicht über die Administration der Kriegskasse[1125]. Basierend auf dem nunmehr geltenden Prinzip der Alleinverantwortlichkeit, unterstand diesen drei Personen künftig die Verwaltung des Großherzogtums[1126]. In seinem jeweiligen Ressort unterstanden jedem Minister die für den Gesetzesvollzug zuständigen Präfekten der Departements. Diese führten nicht nur die Aufsicht u.a. über das Erziehungswesen und das Gewerbe, sondern wachten auch über die „Sicherheit der Steuerregister" und berichteten dem General-Departementsrat alljährlich über die Geschehnisse in ihrem jeweiligen Departement[1127]. Gegenüber dem Großherzog hingegen hatte jeder Minister über sein Ressort zu referieren und ihm bei grundlegenden Änderungen oder Neuerungen einen Vorschlag zu unterbreiten, der – vor einer Entscheidung durch den Großherzog selbst – vom Staatsrat beraten wurde[1128].

In Gestalt der Vertretungsorgane führte die Verwaltungsneuordnung zugleich pseudodemokratische Elemente in den Verwaltungsapparat ein[1129]. Demgemäß wurden die Wahl- und Ernennungsmodalitäten für die verfassungsrechtlich vorgesehenen Selbstverwaltungskörperschaften, die Stände, Departementskollegien und Munizipalräte, und Vorschriften über deren Zusammensetzung und Aufgaben per Erlass vom 10. September 1810 geregelt[1130]. So setzte sich beispielsweise das Frankfurter Departementskollegium, das – wie alle Departementskollegien – eine Zusammensetzung von vom Großherzog im Verhältnis 1:1.000 Einwohner auf Lebenszeit ernannten Wahlmännern[1131] bildete, zu zwei Dritteln aus dem Stand der Meistbegüterten, zu einem Sechstel aus dem Stand der reichsten Kaufleute und Fabrikanten und zu einem weiteren Sechstel aus dem der Künstler und Gelehrten zusammen[1132]. Die Aufgabe der Departementskollegien bestand zum einen in der Wahl der Stände[1133], zum anderen

---

1125 Verfassung 1810, § 17, S. 47; GFRB, Bd. 1 (1810), S. 30-33; Hein, S. 196; Christ, Aschaffenburg, S. 177; Beaulieu-Marconnay, Bd. 2, S. 189; Ketterer, S. 184.

1126 Darmstädter, S. 91/92; Christ, Aschaffenburg, S. 178; Hein, S. 199; Verfassung 1810, § 42, S. 48.

1127 Verfassung 1810, § 42, S. 48; Hein, S. 197.

1128 Verfassung 1810, § 45, S. 49; Hein, S. 197.

1129 GFRB, Bd. 1 (1810), S. 25/26/145; siehe auch Verfassung 1810, §§ 32/35/36, S. 48; Christ, Aschaffenburg, S. 172; ähnlich Hömig, S. 489.

1130 Beilage zur Verfassung vom 10. Sept. 1810, in: Pölitz, S. 49-51; Freyh, S. 414.

1131 Vgl. Verfassung 1810, § 32, S. 48; GFRB, Bd. 1 (1810), S. 25/39-41; Christ, Aschaffenburg, S. 178; Hömig, S. 489.

1132 Verfassung 1810, § 33, S. 48; Freyh, S. 414.

1133 Verfassung 1810, § 35, S. 48; Hein, S. 197; Hömig, S. 489. Gemäß § 26 der Verfassung bestanden die Stände des Großherzogtums mit zwölf reichen Grundbesitzern, vier reidarin, dem Großherzog je zwei Kandidaten für die Mitgliedschaft im General-Departementsrat, einer Einrichtung in jedem Departement, sowie für den Munizipalrat vorzuschlagen[1134]. Der Aufgabenbereich der Munizipalräte wiederum umfasste neben der Aufstellung von Gemeindebudgets die Kontrolle des Rechnungswesens[1135].

Dem in Frankfurt ansässigen[1136] Staatsrat als staatlichem Organ dagegen fielen vielfältigere Aufgaben zu. Bestehend aus dem Großherzog als Vorsitzendem, sechs Staatsräten und den drei Ministern[1137], unterlagen ihm nicht nur Vorbereitung, Diskussion und Entwurf der vom Souverän initiierten und einzuführenden Gesetze[1138], die Erstellung von Gutachten in verschiedenen Bereichen und der Entwurf von Verwaltungsverordnungen[1139], sondern auch die Entscheidung von Streitigkeiten zwischen Gerichts- und Verwaltungsstellen und darüber, ob ein angeklagter Verwaltungsbeamter tatsächlich vor Gericht gestellt werden sollte[1140]. Obgleich im Übrigen und insbesondere im Bereich der Verwaltung primär auf eine beratende Tätigkeit ohne Weisungs- oder Verfügungsbefugnis angelegt, fungierte er bei geeigneten Streitfällen auch als Kassationsgericht[1141]. Die Gesetzesentwürfe des Staatsrates wurden ihrerseits an eine der drei von den Ständen des Großherzogtums ernannten Kommissionen weitergeleitet, wo sie von deren Mitgliedern zusammen mit den damit beauftragten Mitgliedern des Staatsrates beraten und anschließend vom Staatsrat modifiziert wurden[1142]. Abschließend erfolgte eine erneute Beratschlagung durch die Stände[1143], bevor diese mit Stimmenmehrheit in geheimer Wahl über die Entwürfe zu entscheiden

chen Kaufleuten oder Fabrikanten und vier vorzüglichen Gelehrten aus insgesamt zwanzig Personen; Verfassung 1810, § 26, S. 47; siehe Hein, S. 196.

1134 Verfassung 1810, § 36, S. 48; Hein, S. 197; vgl. auch Roth, S. 203.

1135 Darmstädter, S. 122/123; Freyh, S. 417; vgl. Roth, S. 203.

1136 Christ, Aschaffenburg, S. 178; Hein, S. 199.

1137 Verfassung 1810, § 18, S. 47; Ketterer, S. 184; Hein, S. 196.

1138 Verfassung 1810, § 19, S. 47; GFRB, Bd. 1 (1810), S. 76-79; Hein, S. 196; vgl. Christ, Aschaffenburg, S. 178; Beaulieu-Marconnay, Bd. 2, S. 185/186 (bloß konsultative, nicht administrative Stelle); Ketterer, S. 184.

1139 Verfassung 1810, § 23, S. 47; Hein, S. 196.

1140 Verfassung 1810, § 24, S. 47; Hein, S. 196.

1141 Verfassung 1810, § 25, S. 47; GFRB, Bd. 1 (1810), S. 76/77/84-92; Bd. 2, S. 121-168 (125); Hein, S. 196/199; Christ, Aschaffenburg, S. 178; Darmstädter, S. 152; vgl. auch Ketterer, S. 184.

1142 Verfassung 1810, § 21, S. 47; Hein, S. 196; Christ, S. 178. Bei den drei Kommissionen handelte es sich um die Finanz-, die Zivil-Justiz- und die peinliche Justiz-Kommission, Verfassung 1810, § 20, S. 47.

1143 Verfassung 1810, § 22, S. 47; Hein, S. 196.

hatten[1144]. Darüber hinaus waren den Ständen, die vom Großherzog einberufen werden mussten[1145], jährlich die Staatsausgaben vorzulegen[1146].

Während in Fällen von Kollisionen oder Berührungen zwischen den Ministern oder anderen Stellen Dalberg als Souverän die Entscheidung selbst traf[1147], unterfielen strittige Verwaltungsangelegenheiten wiederum der Entscheidungskompetenz des in jedem Departement eingerichteten Präfekturrates[1148].

Auch im Justizwesen ergaben sich durch die Verfassung, umgesetzt durch entsprechende Verordnungen, einige Neuerungen[1149]. So wurde nicht nur die richterliche Unabhängigkeit verfassungsrechtlich garantiert[1150], sondern verzichtete Dalberg – unter Vorbehalt lediglich des Strafmilderungs- und Begnadigungsrechts – erstmals auf sein noch im Organisationspatent von 1806 festgesetztes Urteilsbestätigungsrecht[1151]. Eine Trennung zwischen Justiz und Verwaltung erfolgte in erster Instanz allerdings noch nicht[1152]. Als zweite und letzte Instanz wurden zwei Appellationshöfe eingesetzt, wovon der in Frankfurt ansässige für die Departements Frankfurt und Hanau und der in Aschaffenburg eingerichtete für die Departements Aschaffenburg und Fulda zuständig zeichnete[1153]. Eine Einschränkung erfuhr die Patrimonialgerichtsbarkeit. Zwar blieb diese den Standesherren in erster und zweiter Instanz erhalten, doch wurde sie dem Instanzenzug eingegliedert[1154].

Im Zuge der Einführung des Code Napoléon erging am 24. November 1810 seitens des Ministeriums der Justiz, des Inneren und der Polizei eine Instruktion für die Beamten des Zivilstandes auf Basis des französischen Zivilgesetzbuches. Von den Kirchenbüchern abgesondert sollten eigene Beamte künftig vollständige Register über Geburt, Tod und Heirat der Einwohner des Großherzogtums führen. Die Eheschließung selbst wurde bis ins Detail geregelt. So musste vor der kirchlichen Trauung, die ihrerseits – in bewusster Abweichung vom Code Napoléon[1155] – absolute Bedingung für die Gültigkeit der Ehe war, zwingend

1144 Verfassung 1810, § 28, S. 47; Hein, S. 196.

1145 Verfassung 1810, § 27, S. 47.

1146 Verfassung 1810, § 28, S. 47; Hein, S. 196; Hömig, S. 493.

1147 Beaulieu-Marconnay, Bd. 2, S. 186; Hömig, S. 482.

1148 Verfassung 1810, § 30, S. 48; Hein, S. 197.

1149 Vgl. zum Gerichtswesen ausführlich Darmstädter, S. 138-159.

1150 Verfassung 1810, § 39, S. 48; Freyh, S. 417.

1151 Verfassung 1810, § 40, S. 48; Freyh, S. 417. Zum Urteilsbestätigungsrecht vgl. unter V.6.c.bb.

1152 Freyh, S. 417.

1153 „*Höchste Verordnung, die künftige Gerichtsverfassung des Großherzogtums Frankfurt betreffend*“, GFRB, Bd. 2 (1812), S. 121-168 (125); Ketterer, S. 184.

1154 Freyh, S. 417.

1155 Vgl. bereits V.7.

eine Eheschließung vor dem Beamten des Zivilstandes erfolgen, was erst nach Beibringung einer Bescheinigung der jeweiligen Seelsorger über die Unbedenklichkeit der kirchlichen Trauung möglich war. Das Mindestalter der künftigen Eheleute, das bei Männern 18 und bei Frauen 15 Jahre betrug, musste per Geburtsschein nachgewiesen werden; im Falle der Minderjährigkeit – bis 25 bzw. bis 21 Jahre – war zudem die Erlaubnis der Eltern bzw. Großeltern erforderlich. Doch auch die Volljährigkeit änderte nichts an der (förmlichen) Erfragung dieser Erlaubnis als Zeichen der schuldigen Ehrfurcht. Um dem Verbot der Verehelichung eines Ehebrechers mit dem „Mitverbrecher" zu genügen, hatte der Pfarrer ein dem Beamten des Zivilstandes vorzulegendes Attest zu erstellen. Da der Ehe allgemein weder ein naher Verwandtschaftsgrad noch sogenannte Staatshindernisse, wie zum Beispiel Fehlen des erforderlichen Vermögens, Mangel an ausreichender Ernährungsfähigkeit oder noch bestehende Konskriptionspflicht, entgegenstehen durften, musste sich der Beamte auch hiervon überzeugen. Der Scheidungsausspruch dagegen erforderte das Vorliegen eines gültigen Gerichtsurteils[1156].

Erstmals verfassungsrechtlich garantiert wurden die freie Religionsausübung und die Gleichheit der Person vor dem Gesetz[1157], wenngleich die katholische Geistlichkeit auf persönliches Einschreiten Dalbergs als letztem geistlichem Fürst nur zwei Jahre später diesbezüglich wiederum eine Sonderstellung einnehmen und das „forum privilegiatum", also die geistliche Gerichtsbarkeit über geistliche Personen in bürgerlichen Streitsachen, zu Lebzeiten Dalbergs fortgelten sollte[1158]. Während der Genuss gleicher Rechte für alle Einwohner des Großherzogtums festgeschrieben wurde[1159], wurden sämtliche bisherigen Privilegien einzelner Personen und Familien aufgehoben[1160]. Grund hierfür war – wie bereits angesprochen – die Geltung dieser Prinzipien in den von Dalberg favorisierten und als Vorbild deklarierten französischen und westphälischen Staatsver-

1156 „*Instruction des Ministers der Justiz, des Innern und der Polizei für die Beamten des Civilstandes*" vom 24. November, GFRB, Bd. 1 (1810), S. 170-184 und 185-216 (insb. 191-216); Hein, S. 201; vgl. auch „*Zweites Patent in Betreff der Einführung des Code Napoleon*", in: Beaulieu-Marconnay, Bd. 2, S. 366-369 (367/368); siehe auch Hömig, S. 496.

1157 Verfassung 1810, § 11, S. 46; Freyh, S. 412; vgl. Hein, S. 196; Hömig, S. 506.

1158 „*Höchste Verordnung, die künftige Gerichtsverfassung des Großherzogtums Frankfurt betreffend*", GFRB, Bd. 2 (1812), S. 121-168 (insb. 164, Artikel 117); Freyh, S. 413; Hein, S. 203/204; zum Justizwesen im Großherzogtum vgl. ausführlicher Darmstädter, S. 138-159, und zur Gerichtsordnung/-verfassung insb. S. 153-159. Vgl. Protokoll der 49. Sitzung des Staatsrats vom 4. Dezember 1811 mit einem Reskript Dalbergs vom 11. Dezember, im: HHStA Wiesbaden, Abt. 371, Nr. 34, fol. 275 bzw. 271.

1159 Verfassung 1810, § 13, S. 46.

1160 Verfassung 1810, § 12, S. 46; vgl. bereits oben zu den „mediatisirten Fürsten..." S. 156.

fassungen[1161]. Eine Einschränkung erfuhr dieser Grundsatz jedoch unter anderem im Hinblick auf die jüdischen Gemeinden im Großherzogtum. Zwar ging man auch in dieser Hinsicht davon aus, dass „der Staat nur eine Klasse von Unterthanen, jene der Staatsbürger, welche alle Unterthanen ohne Ausnahme in sich begreife" kenne; gleichwohl war man sich der immensen finanziellen Auswirkungen auf den Staat bewusst, die mit dem Entfallen der bisher jährlich als Ablösung für frühere Abgaben gezahlten Aversionalsummen verbunden gewesen wären. Folglich wurde auf entsprechende Empfehlung des Staatsrates am 7. Februar 1811 per Verfügung Dalbergs der Verbleib der Juden aber auch der Schutzverwandten und Leibeigenen in ihrem bisherigen Stand angeordnet, bis sie alle herkömmlichen Lasten mit dem vierzigfachen Betrag abgelöst hatten. Zuständig hierfür war eine für jedes Departement eigens zu ernennende Kommission, jeweils bestehend aus dem Polizeidirektor, dem Präfekten und dem Maire des Hauptortes[1162]. Da die hohen Ablösesummen für die meisten Betroffenen jedoch nicht zu bewältigen waren, blieb faktisch alles, wie es vorher war[1163].

Soziale Aspekte waren eher gering ausgeprägt – sowohl in der Verfassung als auch in dem einbezogenen Code Napoléon. Vornehmlich zeigten sie sich nur in der bereits dargelegten Beseitigung der Steuerfreiheit und des ausschließlichen Rechts auf Ämter und Würden für den Adel und die Standesherren[1164] sowie in der Ablösung des Schutzgeldes der Frankfurter Juden, wodurch diesen der Kauf der vollen bürgerlichen Gleichberechtigung – jedenfalls grundsätzlich – ermöglicht wurde[1165]. Der Landbevölkerung und den Beisassen in den Städten hingegen war die Erfüllung der finanziellen Anforderungen zur Ablösung ihrer Belastungen nur in äußerst geringem Umfang möglich[1166].

1161 Verfassung 1810, Präambel, S. 45; vgl. auch Protokoll und Gutachten der dritten Sitzung des Staatsrats vom 19. Januar 1811 mit einem Reskript Dalbergs vom 8. Februar, im HHStA Wiesbaden, Abt. 371, Nr. 34, fol. 15-30; Hein, S. 201.

1162 Protokoll und Gutachten der dritten Sitzung des Staatsrats vom 19. Januar 1811 mit einem Reskript Dalbergs vom 8. Februar, im HHStA Wiesbaden, Abt. 371, Nr. 34, fol. 15-30 (Zitat fol. 17); Hein, S. 201-203.

1163 Hein, S. 203.

1164 Verfassung 1810, § 14, S. 46; vgl. Hein, S. 196; Darmstädter, S. 239; Freyh, S. 413; vgl. Christ, Aschaffenburg, S. 172.

1165 „*Höchste Verordnung, die bürgerliche Rechtsgleichheit der Judengemeinde zu Frankfurt betreffend*", v. 28.12.1811, GFRB, Bd. 1 (1810), S. 609-611; Darmstädter, S. 258-263; Freyh, S. 413; siehe auch Hömig, S. 505/506; zur jüdischen Bevölkerung ausführlicher ders., S. 506/507.

1166 Ausführlich Darmstädter, S. 242-248; Freyh, S. 413.

Auch in wirtschaftspolitischer Hinsicht ergaben sich kaum Neuerungen. Lediglich die Leibeigenschaft im Agrarbereich wurde gegen einen Entschädigungsanspruch geschädigter Privatpersonen aufgehoben[1167].

War für den Gewerbebereich die Aufhebung der besonderen Verfassungen und Korporationen, demnach auch der Zünfte, angekündigt und damit Gewerbefreiheit versprochen wurden, erfuhr diese Problematik angesichts unterschiedlicher Ansichten im Staatsrat einen Aufschub[1168]. Die übrigen Wirtschaftszweige, wie Industrie und Handel, wiederum wurden in der Verfassung nur angesprochen[1169], aber keinem Programm unterworfen[1170].

Zur wirtschaftlichen Situation des Großherzogtums allgemein lässt sich festhalten, dass diese – angesichts der andauernden Störungen des Handels, der immer neuen französischen Auflagen sowie der Kriegsbelastungen – äußerst angespannt war und folglich steuerliche Notbehelfe herangezogen werden mussten. So wurde beispielsweise die Frankfurter allgemeine Vermögenssteuer auch in den übrigen Departements erhoben und wurden neben einer Gewerbesteuer auch indirekte Steuern eingeführt und Zwangsanleihen angeordnet[1171].

Insgesamt lässt sich feststellen, dass die Wandlung des Primatialstaates in das Großherzogtum Frankfurt eine extreme Zäsur in der Entwicklung des Dalbergstaates darstellte und als das eigentliche Ende des geistlichen Staates alten Typs zu werten ist[1172].

3. Das Ende

So innovativ und zukunftsweisend die neue Verfassung mit ihren Prinzipien Gleichheit vor dem Gesetz, Unabhängigkeit der Justiz, Glaubensfreiheit und angestrebter Aufhebung personaler Freiheitsbeschränkungen auch gewesen sein mag; letztlich erwies sich insbesondere auch das Fehlen einer breiten, die Regierungsarbeit ideell wie finanziell unterstützenden, Bevölkerungsschicht als prob-

---

1167 Verfassung 1810, § 13, S. 46; Freyh, S. 417; Hein, S. 196; siehe bereits oben S. 190.

1168 Darmstädter, S. 287-290; Freyh, S. 418; vgl. auch Protokoll und Gutachten der dritten Sitzung des Staatsrats vom 19. Januar 1811 mit einem Reskript Dalbergs vom 8. Februar, im HHStA Wiesbaden, Abt. 371, Nr. 34, fol. 15-30; Hein, S. 203.

1169 Vgl. Verfassung 1810, § 43, S. 48; Freyh, S. 418.

1170 Freyh, S. 418.

1171 Vgl. Verfassung 1810, § 15, S. 46/47; Darmstädter, S. 188; Freyh, S. 419. Zur allgemeinen Vermögenssteuer siehe unter V.6.c.ee.(2).

1172 Christ, Aschaffenburg, S. 172; Schwaiger, Fürstentum, S. 42-65 (63); vgl. auch Pölitz, S. 43-45 (44).

lematisch[1173] und trug seinen Teil dazu bei, dass einige Reformvorhaben im Planungsstadium verblieben[1174]. Auch vom Frankfurter Departementsrat oder den Munizipalräten erfuhr der Großherzog keine wirkliche Unterstützung. So musste Dalberg zunächst gegen die bestehende Gesellschaftsordnung regieren[1175]. Die für die Entwicklung – auch in den Köpfen der Menschen erforderliche Zeit – war Dalberg, ebenso wie den anderen kurzlebigen Staatsgebilden unter Napoleon, mit dem Niedergang des französischen Kaisers nicht vergönnt. So endete auch das Großherzogtum Frankfurt nach nur kurzem Bestehen mit Gründung des Deutschen Bundes im Juni 1815, der dem Wiener Kongress und dessen Abschluss durch die Unterzeichnung der Wiener Kongressakte am 9. Juni 1815 nachfolgte und den Beginn einer neuen Zeitrechnung mit starken deutschen Mittelstaaten einläutete. Gemäß Artikel 42 der Wiener Kongressakte fielen in der Folge die Stadt Wetzlar und ihr Gebiet zu vollem Eigentum und voller Souveränität an Preußen, während das Fürstentum Aschaffenburg in seiner Form als Aschaffenburger Departement auf Bayern übertragen wurde (Artikel 44). Die Stadt Frankfurt hingegen wurde „mit ihrem Gebiete, wie es 1803 bestanden [hatte], für frei erklärt" und sollte Bestandteil des Deutschen Bundes werden (Artikel 46). Basierend auf dem Grundsatz der vollkommenen Rechtsgleichheit zwischen den verschiedenen christlichen Religionsparteien sollte sich der Aufbau der Institutionen vollziehen[1176].

Dalberg selbst, dessen Ansprüche in seiner Eigenschaft als Großherzog von Frankfurt gemäß Artikel 45 allesamt als erloschen galten, wurde durch den nämlichen Artikel der Akte mit Rechten, Vorzügen und Unterhalt bedacht[1177]. Seine letzten Lebensjahre verbrachte er zurückgezogen am eigentlichen Ausgangspunkt des Dalbergstaates – in Regensburg. Dort verstarb er nach einem Schlaganfall vom 8. Februar 1817, dem Tag seines 73. Geburtstages, zwei Tage später[1178].

1173 Freyh, S. 419/420; vgl. Beaulieu-Marconnay, Bd. 2, S. 188.

1174 Vgl. Roth, S. 202 mit Beispielen.

1175 Vgl. Freyh, S. 419; vgl. Beaulieu-Marconnay, Bd. 2, S. 185/188.

1176 Wiener Kongressakte; Nach dem Abdruck in der OPAZ, Nr. 242 vom 30. August [Art. 42] und Nr. 272 vom 29. September 1815 [Art. 44-46] unter der Rubrik „Wien"; Hein, S. 313/314.

1177 Nach dem Abdruck in der OPAZ Nr. 272 vom 29. September 1815 [Art. 45]; Hein, S. 313.

1178 Färber, Abdankung und Tod, S. 164-166 (166); Hömig, S. 577.

VII. Schlusswort

> „Pflicht ist (...) der unwandelbare Leitstern, Klugheit das Steuerruder, welches aber immer auf Pflichterfüllung gerichtet sein muß“[1179].

Ausgehend von diesen Worten Dalbergs verbunden mit dem einleitenden Zitat, welches Ideale als eine Art „Navigationshilfe“ erachtet, kann man Karl Theodor von Dalberg abschließend mit einem Steuermann vergleichen, der redlich versuchte, ein dem Untergang geweihtes Schiff sicher durch die stürmische See zu navigieren – eine Metapher, die das Wirken des letzten Reichserzkanzlers vielleicht am eindrucksvollsten zu beschreiben vermag. Als politisch Handelnder verstrickte sich Dalberg zwangsläufig in Verpflichtungen und Konsequenzen, denen er sich nicht entziehen konnte. Doch als Politiker und Patriot, verfangen in einem nahezu unerschütterlichen Glauben an gewachsene Traditionen, musste er an den Gegebenheiten und Umwälzungen der Zeit scheitern[1180].

Ideale sind wie Sterne...

Als Idealist verfolgte Dalberg hehre Ziele und wollte für die Einwohner seines Herrschaftsgebietes nur das Beste. Die Zeitgenossen aber schmähten den letzten Erzkanzler und übertrumpften sich in Diffamierungen und Beleidigungen. Doch eines einte Befürworter wie Kritiker: Dalberg war ein genialer Verwaltungsjurist und Staatsmann, der es verstand, aus der schwierigsten Situation und den unglücklichsten Gegebenheiten nicht nur das Beste zu machen, sondern auch zukunftsträchtige Modelle zu entwickeln[1181]. Dieses Talent bewies er mehr als einmal: Neben Erfurt, dem er als Statthalter gedient hatte, erstrahlte auch das Fürstentum Regensburg – gesellschaftlich wie organisatorisch-finanziell – unter seiner Führung zu neuem Glanz, bevor es nach der Übernahme durch Bayern lange Zeit nahezu in Bedeutungslosigkeit verfiel. Doch auch Bayern kam nicht umhin, Dalbergs Wirken zu würdigen und beispielsweise sein die Staatsschulden deutlich reduzierendes Finanzierungsmodell zu übernehmen; ein Beweis dafür, dass sich auch die schärfsten Kritiker den Tatsachen nicht verwehren können.

So möchte ich mit einem Zitat Dalbergs aus seinem letzten Hirtenbrief schließen, in welchem er der eitlen Welt entsagte:

1179 Niederschrift von Dalbergs „Bemerkungen über die Pflichten und Verhältnisse des Reichserzkanzlers in Deutschland“; unter Verweis auf Wiener Archiv, XXXVI, 3a, abgedruckt bei Beaulieu-Marconnay, Bd. 1, S. 275-278 (276).

1180 Vgl. Freyh, S. 423; Hein, S. 335.

1181 Vgl. zum Beispiel Hein, S. 336; Färber, Reichsverräter, S. 153-175 (170); Hömig, S. 581-585.

„[I]ch blicke zurück und wie ein Augenblick dünkt mir die Zeit meines Lebens, die hinter mir ist, und wenn ich überdenke, was ich gesehen und gehört und was ich mit Mühe und Arbeit angestrebt habe und Andere anstreben sah, so muß ich (...) ausrufen: Eitelkeit über Eitelkeit! Alles ist Eitelkeit“[1182].

1182 Dalbergs letzter Hirtenbrief, abgedruckt in: Beaulieu-Marconnay, Bd. 2, S. 386-389 (386).

Anhang I: Organisationspatent vom 18. Juli 1803 *

Verfassung des neuen Kurstaats des Erzkanzlers des deutschen Reichs.

„Karl, von G. G. Erzbischof, des Heiligen Römischen Reichs Erzkanzler und Kurfürst u.s.w.

Nach einer erschütternden Veränderung, durch welche der Staat den größten Theil seiner Lande verloren und unvollständigen Ersatz erhalten hat, dessen Ertrag erst in der Zukunft ergiebig sein kann, zum Theil auch an sich selbst ungewiß ist, zeigen sich neue Verhältnisse, welche neue Maßregeln erfordern. Schwer und schmerzlich ist es, sich von Einrichtungen zu trennen, welche seit vielen Jahrhunderten bestanden; schwer ist es, sich von vielen Gegenständen treuer Anhänglichkeit zu sondern, und so vielen Gelegenheiten zu entsagen, durch welche der Nutzen und die Zufriedenheit so vieler rechtschaffnen Männer befördert und Wohlthaten verbreitet wurden. Aber Pflicht und Nothwendigkeit gebieten:

1) die Ausgaben des Staats mit dessen Einnahmen auf eine dauerhafte Weise gleichzustellen,
2) die innere Einrichtung und Verwaltung der gegenwärtigen verminderten Größe und Bedürfnissen des Staats anzupassen, und
3) diejenigen Mittel anzuwenden, durch welche das Reichsgesetz den Unterhalt aller treuen Diener in zerstückelten Staaten sicher stellt. Offenbar haben Wir diese Pflichten in Beziehung auf den Uns von Gott anvertrauten Kurstaat zu erfüllen.

I. Abschnitt.

Von der Organisirung des Erzkanzlerischen Kurstaats überhaupt.

§ 1. Die Erzkanzlerische Kurwürde währt fort; allein der ehemalige Mainzer Kurstaat ist nicht mehr; dessen Dikasterien, Hofämter, Leibgarde, Hofkriegsrath, Jagdamt, hören auf, indem sie ihre Beziehung auf das Ganze des alten Kurstaats hatten. Die Mitglieder dieser Stellen, und die Pensionisten des ehemaligen Kurstaats erhalten ihre Sustentation nach den §§ 59, 68, 69 und 73 des Reichsschlusses verhältnismäßig von Uns, und von denjenigen entschädigten Fürsten, die sich mit uns in die Lande des ehemaligen Mainzer Kurstaats getheilt haben.

* Zitiert nach Kurfürstlich Erzkanzlerisches Regierungs- und Intelligenzblatt, 30. Stück vom 27.07.1803, S. 1-8, in: Beaulieu-Marconnay, Bd. 2, Beilage V, S. 351-356.

Die Organisation des neuen Reichs-Erzkanzlerischen Kurstaats ist auf dessen Kosten mit Zurechnung auf den Ertrag des Ganzen folgende.

§ 2. Der Kurstaat im Allgemeinen ist in der Bestimmung der geistlichen Verhältnisse noch nicht vollständig gebildet. In Beziehung auf weltliche Verhältnisse hat derselbe im Allgemeinen 1) ein Ministerium; 2) eine Militärverfassung; 3) ein Ober-Appellations-Gericht; 4) eine Universität; 5) einen Hofstaat. Insbesondere besteht der Kurstaat aus den Fürstenthümern Aschaffenburg und Regensburg und der Grafschaft Wetzlar. Die Verfassung jedes dieser besondern Theile wird der Gegenstand eines besondern Abschnittes sein.

§ 3. Die Ministerial-Stelle bestehet in folgendem: zwei Staatsministern, zwei Staatsräthen, einem Kabinets-Sekretär, vier Kabinets-Registratoren und Kanzelisten, einem Kanzlei-Diener hier und einem zu Aschaffenburg. Nebst dem gehören zu diesem Departement die auswärtigen Gesandten und Agenten.

§ 4. Die Militär-Verfassung wird nach der Reichs-Matrikel, dem Steuerfuß, und den gegenwärtigen Verhältnissen des Kurstaats eingerichtet, welches zum Theil geschehen, und künftig gänzlich berichtigt wird.

§ 5. Das Ober-Appellations-Gericht entscheidet in höchster und letzter Instanz in dem Kurstaate über die dahin gelangenden Rechtsstreitigkeiten. Sein Sitz ist in Aschaffenburg. Es besteht aus einem Präsidenten, einem Direktor, sechs Ober-Appellationsräthen, deren vier zugleich Mitglieder der Juristenfakultät auf dasiger Universität sind, einem Sekretär, einem Kanzellisten und einem Aufwärter. Bei dieser obersten Justizstelle werden zum dritten und letztenmal die Akten verhandelt und entschieden.

§ 6. Die Universität besteht in Aschaffenburg. Zu dem Fundus der ehemaligen Mainzer Universität wird, so bald es thunlich ist, ein neuer Universitäts-Fundus hinzukommen. Dem Kurator der Universität wird zugleich die Aufsicht über Studien- und Schulwesen anvertraut.

§ 7. So lang, bis die Staatsschulden bezahlt sind, und das Land sich von dem Unglück des Krieges erholt hat, muß der Hofstaat aus guten Gründen auf beschränktem Fuße bestehen; nemlich zwei Hofämtern, deren eines das Hofwesen in Regensburg, das andere die Schloßhauptmannstelle in Aschaffenburg besorgt, sechs Kammerherrn, vier Hofcavaliers, ein Hof-Oekonomierath, zwei Kammerdiener, ein Kontroleur, drei Köche, zwölf Livree-Bedienten; der Hofstall wird auf 20 Pferde eingeschränkt.

II. Abschnitt.

Fürstenthum Aschaffenburg insbesondere.

§ 8. Das Fürstenthum Aschaffenburg hat 1) ein Gouvernement; 2) ein Landes-Direktorium; 3) ein Oberlandesgericht; 4) a. erster Instanz für alle Personen und Sachen, die nicht unter die Stadt- und Aemter-Gerichte gehören; b. Vice-Domamt Aschaffenburg, die übrigen zu dem Fürstenthum gehörigen Ober- und Aemter; c. Stadtrath.

§ 9. Der erste Staatsminister wird als Gouverneur des Fürstenthums Aschaffenburg nebst einem Staatsrathe die dasigen Geschäfte in solchen Fällen alsdann leiten, wenn Wir Uns in den Wintermonaten in Regensburg aufhalten.

§ 10. Das Landes-Direktorium besorgt die Regierungs-, Lehns-, Finanz-, Jagd- und Forstgeschäfte. Es besteht aus einem Präsidenten, einem Direktor, sechs Direktorial-Räthen, einem Sekretär, einem Protokollisten, einem Kanzellisten und einem Aufwärter.

§ 11. Das Oberlandesgericht ist 1) Richter ohne Unterschied in allen Appellationssachen von den ersten Instanzen. Es ist 2) Richter in Kriminalsachen und hat 3) die Oberaufsicht über dasiges Pupillar-Wesen. Das Oberlandesgericht besteht aus einem Präsidenten, einem Direktor, sechs Räthen, einem Sekretär, zwei Kanzellisten und einem Aufwärter.

§ 12. Das Vice-Domamt Aschaffenburg, die Oberämter Lohr, Orb u.s.w. sind und bleiben in ihrer Verfassung.

III. Abschnitt.

Fürstenthum Regensburg.

§ 13. Das Fürstenthum Regensburg hat 1) ein Gouvernement, 2) eine Landes-Direktion, 3) ein Oberlandesgericht, 4) Stadt-Magistrat, und Aemter Stauf, Hochenburg, Wörth u.s.w.

§ 14. Da Wir wahrscheinlich den Sommeraufenthalt in Aschaffenburg wählen werden, um dort auch Unsere Regentenpflichten zu erfüllen, so wird in Unserer Abwesenheit ein Staatsminister Gouverneur des Fürstenthums Regensburg sein, dem alsdann ein Staatsrath als Gehülfe in den Geschäften zugegeben wird.

§ 15. Das Landes-Direktorium besteht aus dem Präsidenten, dem Vice-Präsidenten, einem Direktor und sechs Direktorial-Räthen, einem Sekretär, zwei Kanzellisten und einem Aufwärter. – Diese Stelle besorgt die Regierungsgeschäfte, die Cameralia, Jurisdictionalia, Lehenssachen und die Oberaufsicht über Steuerwesen in Betreff sämmtlicher mit dem Fürstenthum Regensburg vereinigter Reichsstifter, und ehemaliger Reichsstadt. Das Forstwesen insbesondere gehört auch unter das Landes-Direktorium und wird von einem Forst-Kommissair besorgt.

§ 16. Das Oberlandesgericht besorgt 1) die Oberappellationssachen in zweiter Instanz, 2) die Kriminal-Gerichtsbarkeit in dem sämmtlichen Fürstenthum Regensburg, sodann 3) die Oberaufsicht über die Vormundschaften. Es besteht aus einem Direktor, sechs Räthen, einem Sekretär, zwei Kanzellisten und einem Aufwärter.

§ 17. Der Stadtrath besteht aus a) dem Hannsgerichte, b) dem Stadtgerichte, c) dem untern Vormundschaftswesen. Der Stadtrath und die Landämter werden in der Folge bestimmte Vorschläge erhalten, sie werden eigentlich dahin sehen, daß jeder in gegenwärtigen Zeitumständen so viel Gutes wirke, als immer möglich ist, welches auch in Betreff der Reichsherrschaften auszuführen ist. In Betreff der Personen und Sachen, welche nicht den städtischen und Aemter-Gerichten untergeben sind, wird eine erste Instanz besonders angeordnet werden.

IV. Abschnitt.

Die Grafschaft Wetzlar.

§ 18. Die Organisation dieser Grafschaft besteht 1) aus dem kurfürstlichen Oberpolizei- und Finanz-Direktor mit einem Aktuar, 2) aus der Appellations-Instanz, 3) dem Stadtrath. Wegen der Appellations-Instanz und wegen bestimmter Beschäftigung wird die Entschließung nachfolgen. Das Forstwesen wird unter Leitung des Ober-Finanz-Direktors von einem Forst-Kommissar besorgt.

Schluß.

Dieses sind die Grundzüge der Organisation für den neuen Kurstaat des Kurfürsten Reichs-Erzkanzlers. Dermalen geht der bisherige Geschäftsgang fort, und die neue Ordnung nimmt ihren Anfang mit dem ersten December dieses Jahrs. Die Instruktionen für jede neu angeordnete, den Verhältnissen angemessene Stelle werden mittlerweile eintreffen. Jedes Mitglied dieser Stellen bezieht vorerst seinen bisherigen Gehalt.

Unser herzlicher Wunsch geht dahin, daß diese höchst nöthig gewordene Organisation zu dem allgemeinen Wohle des deutschen Vaterlandes, zum Trost und zur Zufriedenheit treuer Unterthanen und zur Beruhigung rechtschaffener Staatsdiener beitragen möge. Es ist schwer eine neue Ordnung der Dinge einzuführen; die natürliche an sich so löbliche Anhänglichkeit an bisherige Verfassung, und die nicht sogleich zu berechnenden Besorgnisse für die Zukunft streben ihr entgegen; wenn solche Veränderungen unvermeidlich werden, so gebietet die Pflicht mit Achtung, Schonung und Beruhigung der Gemüther, das Wohl des Staats zu retten. Aus Achtung für die entschädigten Fürsten, aus Schonung für Hof- und Dikasterial-Personen des zertheilten ehemaligen Kurstaats, enthalten Wir Uns, vor Anfang Decembers diejenigen Stellen zu besetzen, die nach Unserer oben erklärten Ueberzeugung, den gegenwärtigen Verhältnissen angemessen sind, die entschädigten Herren Fürsten wollen Wir in vorzüglicher Zuneigung und Auswahl verdienstvoller Männer nicht hindern, so manche Hof- und Dikasterial-Personen wollen Wir nicht zurückhalten, wenn sie in gegenwärtigen veränderten Verhältnissen andern verehrungswürdigen Fürsten ihre Dienste widmen, oder sich auswärts wegen persönlichen oder Familien-Umständen in Ruhe setzen wollen.

Zur allgemeinen Beruhigung versichern Wir, daß Wir, mit möglichster Einschränkung aller Ausgaben, den jährlichen Ertrag des Kurstaats zu der Unterstützung treuer Staatsdiener verwenden werden und daß diese Hülfe allen, vorzüglich aber ihren Wittwen und Waisen und gering besoldeten Dienern zugedacht ist, welche ohnehin so wie jeder Staatsdiener, auf reichsschlußmäßige Sustentation rechnen können.

Wir würden Uns um so viel glücklicher schätzen, wenn es Uns möglich wäre, allen Hof- und Dikasterial-Personen des zertheilten ehemaligen Kurstaats wirkliche Anstellungen bei der oben festgesetzten neuen Organisation zu seiner Zeit anzuweisen, da Wir alle schätzen und herzliche Zuneigung und innige Achtung für so manche vortreffliche Männer empfinden; aber Jeder sieht von selbst ein, daß die gegenwärtigen Verhältnisse dieses nicht gestatten. Bei der so sehr verminderten Größe des Kurstaats, würde die übermäßige Anzahl angestellter Personen, mit ihrem besten Willen und ihren ausgezeichneten Talenten, dennoch den Geschäftsgang erschweren und verzögern; das Gesetz der Einfachheit ist bekanntlich die Richtschnur aller zweckmäßigen Organisation, und es ist erste Regentenpflicht, dasjenige zu beobachten, was dem Wohl des Staats, nach richtigen und bewährten Grundsätzen, beförderlich sein kann.

In Urkund u.s.w. So gegeben Regensburg, den 18. Juli 1803.

Karl, Kurfürst."

Anhang II: Organisationspatent vom 20. November 1803*

„Von Kurfürstlichen Landeskommissariats wegen:

Seine Kurfürstl. Gnaden, unser gnädigster Kurfürst und Herr ! haben unterm 20. d. diejenigen höchsten Verfügungen, durch welche die in dem gnädigsten Edikte vom 18. Jul. d. J. festgesetzte neue Einrichtung der Stellen und des Geschäftsganges herbeygeführet werden soll, gnädigst zu erlassen geruhet.

Indem höchstdieselben den bisherigen Stellen für die binnen Jahresfrist geleisteten, treuen und eifrigen Dienste Ihre höchste Zufriedenheit bezeigen, äussern Höchstsie das gnädigste Vertrauen, daß dieselben Gesinnungen und patriotische Thätigkeit auch in der neuen Ordnung der Dinge rühmlichst wirksam bleiben, und eben so anhaltend und folgsam dazu beytragen werden, den nothwendigen Uebergang von einer Form zur andern möglichst zu erleichtern, die zwekmäßige Entwickelung der neu angeordneten Verhältnisse zu befördern, und nach und nach jene Vervollkommnung herbeyzuführen, welche der wichtigste Gegenstand der landesväterlichen Sorgfalt Sr. Kurfürstl. Gnaden ist.

In Ansehung der Besoldungen behält einstweilen nicht nur jeder Neuangestellte, sondern auch bey seiner bisherigen Thätigkeit Belassene bis zur Festsetzung des Finanz-Etats, so wie ohnehin der in Ruhestand Versetzte für die Zukunft den jetzigen fixen Gehalt.

Se. Kurfürstl. Gnaden hätten gewünscht, von allen verdienten und fähigen Personen, welche sich unter der großen Zahl der hier übernommenen Bediensteten befinden, bey den neuen Anstellungen Gebrauch machen zu können; da jedoch dieses nicht möglich war, so finden Höchstdieselben Ihre Beruhigung in der festen Ueberzeugung, nach den Höchstihnen aufliegenden Pflichten gehandelt zu haben, und in dem angenehmen Bewußtseyn, in eintretenden Erledigungsfällen, würdiger Competenten gewiß zu seyn, für welche, auch bey dermalen nicht erfolgter Anstellung, durch Belassung ihrer bisherigen Besoldungen gesorgt ist, und deren hiefür nach Umständen zu machenden Gebrauch, auch als Pensionairs, Sr. Kurfürstl. Gnaden sich gnädigst vorbehalten.

* Zitiert nach Kurfürstlich Erzkanzlerisches Regierungs- und Intelligenzblatt, 48. Stück, Regensburg, Mittwoch den 30. November 1803, S. 1-12.

In Beziehung auf den ganzen Kurstaat sind nun bestimmt und ernannt:

I. Staats – Ministerium.

Die Freyherren v. Erthal und v. Albini, ersterer als Gouverneur des Fürstenthums Aschaffenburg, letzterer in Abwesenheit Sr. Kurfürstl. Gnaden als Gouverneur des Fürstenthums Regensburg; jedem dieser beyden Minister ist ein eigener geh. Staatsrath; ersterem der geh. Rath v. Walmenich, letzterem der geh. Rath, Graf v. Benzel, beigegeben; das Kabinet bleibt bestellt, wie bisher.

II. Hof – Stellen.

Freyherr v. Frankenstein, Hofmarschall und Hofminister zu Regensburg.
Freyherr v. Pfürdt, Schloßhauptmann zu Aschaffenburg.
Graf v. Stollberg*,
Freyherr v. Radenhausen*,
Graf v. Coudenhoven*,
Graf v. Boski*,
Chev. v. Varicourt*,
Graf v. Diesbach*. — * Dienstthuende Kammerherren°.
Freyhr. v. Berg**,
- v. Bodmann**,
- v. Schirpp**,
- v. Leoprechting**, — ** Hofkavaliers°.
Hofkammerrath Guiollet, Hofökonomierath.
Egerer***,
Pauli***, — *** dienstthuende Kammerdiener°.
Eichhof, Controlleur.

III. Ober-Appellationsgericht zu Aschaffenburg.

Domdechant Freyhr. v. Dienheim, Präsident.
Geheime Rath und Lehenprobst Lieb, Direktor.
Hofrath Engelhard, Vicedirektor und Vice-Lehenprobst*,
- Graf v. Fugger*,
- v. Cunibert*,
- v. Roth*,
- Merget*
- Hoff*. — * Ober-Appellations-Räthe°.
Werner, Sekretär.

IV. Universität zu Aschaffenburg.

Hofrath Pauli, Curator.

In Betreff des Fürstenthums Regensburg insbesondere folgen die höchsten Organisations-Edikte hiebey nach ihrem ganzen Inhalte, da es nothwendig ist, daß Jedermann im Staate sich solche so sehr als möglich eigen mache.

Regensburg, den 25. Nov. 1803.

Graf v. Sternberg, Vice-Präsident.

Lic. Steindl, L. E. R. und Sekretarius.

EMINENTISSIMUS ELECTOR.

Seine Kurfürstl. Gnaden ernennen zum Präsidenten Ihres kurfürstl. Landesdirektoriums des Fürstenthums Regensburg Höchstihren wirklichen geheimen Rath und bisherigen Landeskommissariats-Präsidenten, Domprobsten Grafen v. Thurn, zum Vicepräsidenten den Fürstlich Regensburgischen geheimen Rath und Vicepräsidenten des Landeskommissariats, Domkapitularen, Grafen v. Sternberg; zum Direktor den Fürstl. Regensburgischen Kanzler und Kurfürstl. Landeskommissariats-Rath Wagner; zu Direktorialräthen die bisherigen Kurfürstl. Landeskommissariats-Räthe, Dechant von Haas, Müller, bisher Kanzler von Emmeram, Mayr, von Niedermünster, v. Gebrath, von Obermünster, bisherigen Syndikus Bösner, und den bisherigen Syndikus Gemeiner. Nebstdem ernennen Höchstdieselbe noch zu wirklichen, aber nur nach dem Verhältniß ihrer übrigen Geschäften frequentirenden Direktorialräthen den Kurfürstl. Hofkammer- und Hofökonomie-Rath Guiollet, und den bisher Fürstl. Hofrath Korndorfer; sodann zum Sekretär des Kurfürstl. Landesdirektoriums den bisherigen Protokollisten und Stadtgerichts-Assessor Hartlaub. In Ansehung der Kanzellisten und übrigen Kanzleypersonals wird es bey dem bisherigen belassen.

Da das Kurfürstl. Landesdirektorium zu Besorgung der eigentlichen Landesverwaltung in politischer und kammeralischer Hinsicht bestimmt ist, so wird seine künftige Wirksamkeit vorzüglich folgende Hauptgeschäfts-Fächer umfassen:

1) Reichs- und Kreisverhältnisse; wohin besonders Reichs- und Kreisprästanda, die bayerischen Kreisverhältnisse, das Verhältniß zu dem Postwesen lc. gehören.

2) Landeshoheits-Sachen: wohin vorzüglich in- und auswärtige Territorial- und Gränzsachen, Aus- und Einwanderungs- und Abzugsverhältnisse, Regalien in rechtlicher und politischer Hinsicht, das jus circa sacra überhaupt, und das jus

episcopale in evangelischen Kirchensachen insbesondere, und endlich die Besorgung der reichsgerichtlichen Prozeße gehören.

3) Das Lehenwesen, welches sämmtliche Lehen sämmtlicher nunmehr unirten Behörden, und alle Erbleih- Erbzins- und Grundherrschafts-Verhältnisse, soviel die Lehen- und grundherrliche Verbindung betrifft, in sich faßt:

4) Die obere Leitung und Aufsicht auf das Justizwesen, wohin Erledigung der Beschwerden über verweigerte oder verzögerte Justiz-Interpretation bestehender, und Begutachtung neuer Gesetze, und die Untersuchung und Straferkenntniße über Dienstvergehungen gehören.

5) Stadt- und Landespolizey-Wesen, welches Polizey-Gesetzgebung, Oberaufsicht auf Polizey-Vollziehung, Erledigung desfallsiger Beschwerden, Oberaufsicht auf Handlungs und Innungsverfassung, Oberleitung des Gewerb- und Kommerzialwesens, Sanitäts-Polizey, Armen- und Fundationswesen, Judensachen, obere Leitung des Zensurwesens, und obere Aufsicht über öffentliche und Privat-Etablissements, Gesellschaften, Verbindungen lc. umfaßt.

6) Das Steuerwesen, welches die eigentliche direkte Steuern, die indirekte und Konsumtions-Auflagen, das Umgeld und Mauthwesen, die Steuer-Moderation, und die Nachlässe der Rück- und Ausstände, und endlich die diesseitige Passiv-Steuerverhältnisse gegen Baiern in sich begreift.

7) Militär-Wesen, welches, da das eigentliche Militair und innere Verhältniß schon dem K. General-Commando anvertraut ist, hier nur die Konkurrenz zur künftigen Regulirung einer allenfallsigen Landes-Rekrutirung, die Aerarial-Verwendung für das Militair, die Militair-Oekonomie, in so fern solche mit dem Ganzen der Landes-Verwaltung in Verbindung steht, und Marsch- und Einquartirungssachen umfaßt.

8) Domainen-Wesen, wo sich Verwaltung und Verbesserung des Kameral-Eigenthums zu koncentriren hat, und welches daher die Oberaufsicht über Verwaltung sämmtlicher Hochstiftischer, nunmehr damit unirter Reichsstiftischer, und übrigen stiftischer und klösterlicher Departements-Kameral-Gegenstände, Oberaufsicht über den Hauptkasten, Bearbeitung der nöthigen und möglichen Verbesserung des Domainen-Ertrags, und Pacht- und Dienstmoderationen umfaßt.

9) Forst- und Jagdwesen, welches ferner ein eigenes Departements-Referat sowohl in politischer, als Kameral-Rücksicht ausmacht.

10) Das Bräuwesen, welches wegen seiner Wichtigkeit ein eigenes Departement gleichfalls ferner ausmacht.

11) Das Bauwesen, bey welchem Departement sämmtliche dem Aerario künftig zufallende Baugegenstände, folglich auch von der Stadt, in so fern solche nicht die Stadtkämmerey betreffen, besorgt werden.

12) Das Municipalwesen, welches die obere Aufsicht über alle städtische und Magistrats-Geschäfte, in so fern solche die städtische Gemeinde als eine Korporation ihrer Kämmerey, und deren Verwaltung betreffen, in sich faßt.

13) Das Schulwesen, welches Departements-Referat die Communication und nöthige Mitwirkung mit den Schulkommissionen beyder Religionstheile zu besorgen hat.

14) Das Rechnungswesen, welches die Ablage aller Rechnungen bis Ende des Jahres 1803, die künftige Einführung eines einförmigen und zweckmäßigen neuen Rechnungsstieles durch alle Zweige der Verwaltung, die künftige Ablegung, Monirung, Revision und Ajustirung der Rechnungen dergestalt umfaßt, daß zwar die Vertheilung der einzelnen Rechnungsrevisionen an sämmtliche Direktorialräthe statt hat, jedoch die Erhaltung der Ordnung, Beobachtung des Geschäftsganges, und Bearbeitung der Normen im Ganzen des Rechnungswesens, durch ein bleibendes Departements-Referat besorgt wird.

15) Das Archivwesen, welches die Auf- und Uebersicht aller dermalen schon als realiter unirt anzusehenden Archive im Allgemeinen, und die Obsorge über das Hauptarchiv und die Registratur des Landesdirektoriums in sich faßt, und dem Direktorialrath Gemeiner als Departements-Referenten und General-Archivarius übertragen, auch der geistliche Rath P. Roman Zirngibl von St. Emmeram zum Gehülfen zugegeben wird.

16) Das Fiscalat, welches die festgesetzte Aufmerksamkeit auf die Befolgung der erlassenen Verordnungen und auf das Bedürfniß ihrer näheren Bestimmung und Entwickelung zu seinem Gegenstande hat.

Indem Seine Kurfürstl. Gnaden bey dem Anfange der Wirksamkeit Ihres Landesdirektoriums diese Grundbestimmung der Hauptdepartements-Referate nach den Hauptgegenständen für den zweckmäßigen Gang der Geschäfte als nothwendig festsetzen, tragen Höchstdieselbe dieser kurfürstl. Stelle die Entwerfung einer ausführlichen Instruktion dergestalt auf, daß nach den wesentlichen Gesichtspunkten wahrer Einheit in der Verwaltung des zu bezweckenden allgemeinen Wohls, der Klarheit, Gerechtigkeit und Bestimmtheit in den anzunehmenden Grundsätzen, rühmlicher kollegialischer Eintracht in der Geschäftsbehandlung, und redlicher Ueberzeugung in Erwägung und Erörterung der Sachen, endlich zweckmäßiger Responsabilität durch alle Verhältnisse bey der Ausarbeitung dieser Instruktion zu Werke gegangen, vom Praesidio und Directorio das Allgemeine für die ganze Stelle, von den Departements Re- und Coreferenten das Einzelne der Fächer erörtert, und nach dieser vollendeten Vorarbeit die Redaktion des Instruktions-Entwurfs von dem vereinigten Collegium in extra Conferenzen vollbracht, demnächst dieser Entwurf binnen 4 Monaten Seiner Kurfürstl. Gnaden zur definitiven Entschließung vorgelegt werde. Mittlerweile, und bis zur Genehmigung einer solchen endlichen Instruktion, wird das kurfürstl. Landesdirektorium auf diese allgemeine Grundsätze, auf die den 1. Dezember v. J. für das Landes-Commissariat erlassene Instruktion, die im gegenwärtigen Rescript weiter enthaltene Modalitäten, und besonders dahin angewiesen, daß die sämmtichen Mitglieder des Collegii sich wechselseitig mit den bisher erworbenen Sachkenntnissen unterstützen, und jeder einzelne Direktorialrath den gnädigst angeordneten Departements-Referenten mit allem an Handen gehe, was er in seinem vorigen einzelnen Geschäftskreise über die Departements-Gegenstände gesammelt, und erfahren hat; übrigens wird es bey den bisherigen Sessionstagen belassen.

Seine Kurfürstliche Gnaden ordnen ferner Höchstihrem Landes-Direktorio, als der oberpolitisch- und Kameral-Verwaltungsstelle noch folgende zur Ausführung gehörende Stellen unmittelbar unter:

1) Das kurfürstliche Hauptrentamt, woselbst Sie den bisherigen Aktuar Koch zum Zahlmeister, und den bisherigen Steueramts-Assessor Bösner zum Rentmeister, welcher die Controlle zu besorgen hat, gnädigst ernennen: beyde haben ihr Aktuariat in Vorschlag zu bringen. Das Hauptrentamt hat wie bisher alle Aerarial-Einnahmen und Ausgaben zu besorgen, und sowohl die Landämter, als alle übrige stiftische und klösterliche Departements bleiben unmittelbar dahin angewiesen.

2) Die kurfürstliche Stadtobereinnahme, unter welchem Namen das bisherige städtische Steueramt von der Stadt-Administration getrennt, und dem Landes-Direktorio unmittelbar unterworfen wird.

Bey demselben verbleibt der bisherige Direktor Keyser, die Assessoren Bösner und Albrecht; der Erste als Zahlmeister, der Andere als Rentmeister, welcher die Controlle besorgt, und welchem zu Herstellung der nothwendigen Verbindung mit dem Hauptrentamte, zur Mitbesorgung der Controlle der Hauptrentamts-Zahlmeister Koch beygegeben wird. Als Sekretär verbleibt bey der Stadtobereinnahme der bisherige Steuersekretär Reitmayr, und Gegenschreiber Ludwig, nebst übrigem bisherigen Personal. An die Stadtobereinnahme werden das Umgeldamt, Mautamt, Salzamt, und alle übrige bisher städtische, mit landesherrlichen Einnahmen beschäftigt gewesenen Stellen zur fernern Direktion und Ablieferung angewiesen. Die Kurfürstl. Obereinnahme führt hierüber Kassa und Rechnung, und liefert an jedem Monatsschlusse die Hälfte ihres Kassenvorraths an das Kurfürstl. Hauptrentamt, und die andere Hälfte an die zur Schuldentilgung gnädigst niedergesetzte Kommission.

3) Das Kurfürstliche Forstamt, worin der Direktor Wagner das Direktorium führt, und wozu der bisherige Kurfürstl. Hofjäger Oehlschläger als Forstmeister ernennt wird. Das Aktuariat ist in Vorschlag zu bringen.

4) Das Kurfürstliche Bauamt, worin der Direktorialrath, Dechant v. Haas, das Direktorium führt, und wozu nebst dem Direktorialrath Guiollet auch der

bisherige städtische Bauamtsdirektor Keyser deputirt wird; so wie Seine Kurfürstliche Gnaden Sich übrigens die Anstellung eines Baumeisters bey diesem Amte vorbehalten. Das Aktuariat ist vorzuschlagen.

5) Das Kurfürstliche Hauptkastenamt, wozu als Hauptkastner der bisherige Kastner zu St. Johann, Rosenmayr, und als Controlleur der vorhin erwähnte Stadtobereinnahms-Gegenschreiber Ludwig ernannt werden, welchen beyden der Vorschlag ihres subalternen Personals überlassen wird. Regensburg, den 20. November 1803.

Carl.

Kurfürstl. Organisations-Rescript, das K. Landesdirektorium für das Fürstenthum Regensburg betreffend.°

EMINENTISSIMUS ELECTOR.

Seine Kurfürstl. Gnaden ernennen zum Präsidenten des kurfürstlichen Oberlands-Gerichts für das Fürstenthum Regensburg den Domkapitularn Freyherrn von Lanzl, zum Direktor mit dem Titel als kurfürstl. wirklicher Landes-Direktorial-Rath, den bisherigen Senator und amtirenden Kämmerer Habrecht; zu Oberlandesgerichts-Räthen: die bisherigen fürstlichen Hofräthe Steindl, Lacense und Maurer; den bisherigen Senator Grimm, den bisherigen Almosen-Amts-Assessor Keyser, und den bisherigen provisorischen Landrichteramts-Verweser zu Donaustauff, Lizenziat Müller; zum Sekretär den bisherigen Reichs-Direktorial-Gesandschafts-Kanzlisten Franz Herlein. Das kurfürstliche Ober-Landes-Gericht hat die fernern Vorschläge über die Anstellung des Kriminal-Aktuars und der Kanzlisten und Pedellen in kürzester Zeitfrist Seiner Kurfürstl. Gnaden vorzulegen.

Sämmtliche Oberlandes-Gerichts-Räthe werden nach der Zeitfolge ihrer Anstellung mit den Landes-Direktorial-Räthen im Range gleichgesetzt. Dem kurfürstlichen Oberlandes-Gericht wird als Wirkungskreis zugetheilt:

1) Die zweyte Instanz für die Appellation von allen Gerichten erster Instanz in der Stadt, und in den Reichsherrschaften.

2) Die Besorgung der Justizsachen privilegirter und schriftsässiger Personen in erster Instanz, zu welchem andurch ein eigener Justizsenat in den Oberlandes-Räthen Steindl, Maurer, und Keyser ernannt wird, worinn Oberlandesgerichtsrath Steindl das Direktorium, und ein aus den Kanzellisten des Oberlandesgerichts eigens zu bestimmendes Individuum das Aktuariat führt. Die Appellation von diesem Justizsenate geht in zweyter Instanz an das Oberlandesge-

richt, woselbst alsdann die Mitglieder dieses Justizsenats nicht zur ferneren Verhandlung der Sache mitwirken.

3) Die Besorgung aller Kriminal-Sachen, in der Art, daß

a) Die erste Untersuchung bey den Landgerichten, und in der Stadt bey dem Stadtgerichte verbleibt, welche jedoch über die Lage der Sache an das Oberlandes-Gericht berichten, und ihre Direktion, vorkommenden Umständen nach, von daher erhalten, so wie

b) das Oberlandes-Gericht nach pflichtgemäßem Ermessen bey weiterem Fortgange der Sachen einen Kommißarium zur Untersuchung anordnen kann.

c) nach geschlossener Untersuchung wird die Sache jeden Falls zur Abfassung des Erkenntnisses von dem Oberlandesgerichte übernommen; jedoch

d) hiezu in Fällen, wo ein Mitlied des Oberlandesgerichts Untersuchungs-Kommissair war, ein anderer Referent bestellt, wo sodann

e) der Untersuchung-Kommissarius in dieser Sache keine Stimme abgiebt.

f) in allen Kriminal-Fällen hat das volle Plenum bey Abfassung des Erkenntnisses sich zu versammeln.

4) Die Oberaufsicht auf das Vormundschafts- Depositen- und Hypotheken-Wesen überhaupt, wobey jedoch die unmittelbare Besorgung der Vormundschafts- und Depositen-Sachen für Privilegirte und Schriftsässige dem vorhin erwähnten Justiz-Senat unter dieser Oberaufsicht angehört.

5) Die Prüfung aller zu Justizstellen sich künftig meldenden, so wie auch der künftig aufzunehmenden Advokaten.

Als Instruktion wird dem kurfürstlichen Oberlandesgerichte einstweilen die bisherige Gerichtsordnung, so wie solche die Fürstliche Regierung als Justizstelle beobachtete, mit Berücksichtigung der städtischen Verhältniße, insofern solche nun zu dieser zweyten Instanz gehören, und die Befolgung der bisher üblich gewesenen Rechte angewiesen. Dagegen hat diese Stelle baldigst, und wo möglich binnen 6 Monaten, eine den jetzigen Verhältnissen anpassende Gerichts-Ordnung, die gründliche Bestimmung der künftig definitiv anzunehmenden gesetzlichen Normen und eine anpassende Sportel-Tax gutachtlich zu bearbeiten, und Seiner Kurfürstlichen Gnaden vorzulegen.

Mittlerweile werden 2 Sessionstage auf Dienstag und Sonnabend bestimmt, und die übrigen Tage auf Untersuchungen, Kommissionen, Audienzen, und Publikationen schicklich einzutheilen seyn; So wie das kurfürstliche Oberlandesgericht gleich nach seiner Konstituirung die, in zweyter Instanz hier anhängigen, Prozesse zu übernehmen hat.

Ein schickliches Lokal ist dem Oberlandsgerichte in dem alten Bischofshofe anzuweisen, und dieser Gegenstand ungesäumt durch gemeinschaftliche Benehmung der Präsidien und Direktorien des kurfürstlichen Landes-Direktoriums, und kurfürstlichen Oberlandesgerichts zu besorgen.

Regensburg, den 20. November 1803.

Carl.

K. Organisations-Rescript, das kurfürstliche Oberlandesgericht für das Fürstenthum Regensburg betreffend.°

EMINENTISSIMUS ELECTOR.

Seine Kurfürstl. Gnaden, Höchstwelchen das wahre Wohl Ihrer guten Stadt Regensburg aufrichtig und lebhaft am Herzen liegt, haben in dieser Hinsicht den künftigen Magistrat derselben folgender Gestalt einzurichten gnädigst beschlossen, daß vordersamst ein eigener Kurfürstl. Kommissarius, welcher zugleich Mitglied des Kurfürstl. Landes-Direktoriums ist, in Höchstihrem Namen daselbst den Vorsitz führen wird, wozu Höchstdieselbe den Landesdirektorialrath Bösner gnädigst ernennen.

Das Direktorium in dem Kurfürstl. Magistrate wird der Kämmerer besorgen, wozu Höchstdieselben den bisherigen Senator Keyser mit dem Titel eines Direktorial-Rathes andurch ernennen. Der Kammerer dirigirt die Plenar-Versammlungen des Magistrats, und hat im Allgemeinen alle Obliegenheiten, die jedem Directorio zukommen, zu erfüllen; so wie der Kurfürstl. Kommissar alle jene, welche dem Praesidio zukommen; außer diesem allgemeinen Geschäftskreise hat der Kammerer insbesondere die Direktion der Stadtkämmerey, d. i. die Munizipaleinnahmen und Ausgaben, nach der hierüber zu treffenden Abtheilung, und respective Anweisung, welche nach dem Grundsatze geschieht, daß alle eigentliche landesherrliche Einnahmen sammt Ausgaben künftig bey der Stadtobereinnahme, und in weiterer Instanz bey dem Kurfürstl. Hauptrentamte, hingegen die eigentlichen Municipal-Einnahmen und Ausgaben bey der Kämmerey verbleiben, so wie solches alles in dem ersten § der Kurfürstl. Verordnung vom 1. Sept. l. J. bestimmt ist. Dem Kammerer wird zu dem Geschäft der Stadtkämmerey-Verwaltung ein Senator, unter der Benennung Kämmerey-Beordneter, beygegeben, welcher die Controlle besorgt, und wozu der Senator Diebold ernannt wird.

Nach Voraussetzung dieser allgemeinen Bestimmung werden die übrigen Geschäfte des Magistrats nach ihren Hauptzweigen in drey Departements, den

Justizsenat, Pupillarsenat und Polizeysenat, und die Senatoren in die einzelne Departements eingetheilt.

Der Justizsenat heißt das Stadtgericht, und besteht aus einem Direktor, der Stadtschultheiß heißt, und 8 Stadtgerichts-Verordneten, welche zugleich die Wachtverordneten, und nebst dem Stadtschultheiß Senatoren sind, auch zur Hälfte aus Litteratis bestehen müssen, so wie der Stadtschultheiß jedesmal gleichfalls Litteratus seyn muß. Seine Kurfürstl. Gnaden ernennen zum Stadtschultheiß mit dem Titel als Direktorialrath den bisherigen städtischen Syndikus Gumpelsheimer; zu Stadtgerichts- zugleich Wachtverordneten und Senatoren aber: den bisherigen Umgeldamtsassessor Haas für die Westnerwache; den bisherigen Almosenamtsassessor Wieder für die Schererwache, den bisherigen Stadtgerichtsassessor Dimpfel für die Wildwercherwache, den bisherigen Stadtgerichtsassessor Memminger für die Donauwache, den bisherigen Senatoren und Wachtverordneten Durst für die Wallerwache, den bisherigen Stadtgerichtsassessor Dobenek für die Wittwangerwache, den Kurfürstl. Hauptkastner Rosenmayer für die Pauluserwache, den bisherigen Senator und Wachtverordneten Drechsel für die Ostenwache; zu Stadtgerichts-Aktuarien den bisherigen Aktuarius Gause, und den bisherigen Umgeldamts-Schreiber Wiesand; über das übrige allenfalls noch nöthige Subalternepersonal ist der Vorschlag von der Stelle zu machen. Das Stadtgericht verfährt einstweilen nach der bisherigen Ordnung; es hat die erste Instanz über alle nicht privilegirte städtische Einwohner, Bürger und Beysassen; und die bisherigen Richterämter zu St. Emmeram, Ober- und Niedermünster werden mit demselben consolidirt; es besorgt die Kriminal-Untersuchungen in der Stadt unter der Direktion des Oberlandesgericht, und ob es gleich einen Theil der Magistratur ausmacht; so ist es doch in rechtlicher Hinsicht nur dem Oberlandesgericht subordinirt, an welches die Berufungen von ihm gehen. Das Stadtgericht hat ferner das städtische Hypotheken- und Depositenwesen, ausschließlich der Pupillar-Depositen, welche bey dem Vormundamt bleiben. Auch werden dem Stadtgerichte andurch alle jene contentiose Gegenstände beygelegt, welche das Hansgericht bisher zu besorgen hatte. In Sachen, welche von den Wachtverordneten an das Stadtgericht kommen, hat derjenige Stadtgerichts-Verordnete, welcher dabey betroffen ist, seinen Antheil zu nehmen. Uebrigens erwarten Se. Kurfürstl. Gnaden binnen 6 Monaten den gutächtlichen Vortrag Ihres Kurfürstl. Stadtgerichts über die, den jetzigen Verhältnissen angemessene Veränderungen und Verbesserungen in seiner Gerichtsordnung und seinem Geschäftsgange.

Der Pupillarsenat heißt das Vormundamt, und besteht aus einem Direktor, wozu Se. Kurfürstl. Gnaden den bisherigen Senator und Umgeldamtsdirektor Gumpelsheimer mit dem Titel eines Direktorialraths ernennen; aus einem Vormundamts-Verordneten, welcher zugleich Senator ist, und das Condirectorium führt, wozu der bisherige Senator Plato gnädigst bestimmt wird; ferners werden solchem auch künftig die Assessoren Bösner, Alkofer und Hohberger als Vormundamts-Assessoren zugegeben, und das Kanzley- und Subalternepersonal bleibt das bisherige. Se. Kurfürstl. Gnaden behalten Sich übrigens die näheren Verfügungen vor, welche darauf abzielen können, alle bey dem Vormundamt allenfalls noch vorkommenden Anstände zu beseitigen.

Der Polizeysenat heißt das Hansgericht, und besteht aus dem Hansgrafen als Direktor, wozu der bisherige Hansgraf und Senator Dietrichs, mit dem Titel als L. Direktorialrath gnädigst ernannt wird; aus dem Hansgerichts-Verordneten, der gleichfalls Senator ist, und das Condirektorium führt, welche Stelle dem bisherigen Senator und Polizeykommissär Mämminger gnädigst übertragen wird, und aus den 8 Senatoren und Wachtverordneten, welche gleichfalls Beisitzer des Hansgerichts sind, und hier in Polizey- so wie bey dem Stadtgericht in rechtlicher Hinsicht wirken; daher mit ihrem vollen Amtsnamen Senatoren und Stadt- und Hansgerichts- auch Wachtverordnete heißen, und sich in die Inspektion sämmtlicher Innungen und Gewerbe verhältnismäßig einzutheilen haben. Das künftige Hansgericht vereinigt die Geschäfte der seit einem Jahre bestandenen Polizeydirektion mit allen nicht kontentiosen Geschäften des bisherigen Hansgerichts; zum Aktuariat des Hansgerichts werden die bisherigen Hansgerichtsschreiber Wiesand jun. und Hartner verordnet.

So wie es der Festsetzung und dem hierauf gegründeten Berichte des Magistrats und seiner 3 Departements unter Mitwirkung mit dem Kurfürstl. Kommissär und Kämmerer überlassen bleibt, die Sitzungstage und Stunden der einzelnen Departements zu bestimmen, wobey besonders darauf Rücksicht zu nehmen ist, daß das Stadtgericht und das Hansgericht sich so miteinander benehmen, daß die Plenar-Sitzungstage für die nämlichen, zu beyden bestimmten Individuen möglich gemacht werden, wird eine Plenarsitzung wöchentlich für das Ganze des Magistrats hierdurch bestimmet, über deren Tag gleichfalls der Magistrat in Verhältniß auf die Sitzungstage der einzelnen Departements unter sich die Abrede zu nehmen, und die Anzeige zu machen hat. In dieser Plenarsitzung erscheinen nebst dem Kurfürstl. Kommissär der Kämmerer als Direktor, alsdann der Stadtschultheiß, der Vormundamtsdirektor, und der Hansgraf, ferner der Kämmereyverordnete, Vormundamtsverordnete und der Hansgerichtsverordnete und endlich die 8 Stadt- und Hansgerichts- und Wachtverordnete, sämmtliche Senatoren, 16 an der Zahl: dem Pleno wohnt ferner Ein Syndikus bey, der auch außer der Senatssitzung die rechtlichen und Syndikatsgeschäfte mit dem Magistratsvorstand besorgt, und wozu der bisherige Stadtschultheiß Dietrichs jun. Ernannt wird. Das Protokoll in Pleno und die übrigen in die Expedition einschlagende Geschäfte besorgt unter der allgemeinen Aufsicht des Kämmerers und der besondern des Stadtsyndikus der Stadtschreiber, welche Stelle dem bisherigen

Polizeyamts-Aktuarius Mannhart übertragen wird. Ihm wird ein Registrator, und als solcher der bisherige Kollaborator Weiß beygeordnet, und bleibt übrigens das Kanzley- und übrige Personal wie bisher. Die Plenarversammlung fängt um 9 Uhr an, und nur legale Entschuldigung kann die Abwesenheit motisiren. Jeder Direktor der 3 Departements, oder in dessen Verhinderung der Senior oder Kondirektor, ist Proponent für sein Fach; alle Senatoren sind Votanten, in sofern kein rechtlicher Abhandlungsgrund eintritt. In der Plenarsession werden die vorkommenden Gegenstände zum Bericht, oder zur Besorgung an die einzelnen Departements des Magistrats dirigirt, Berichte, Auskünfte oder Anfragen von daher erstattet, und Entscheidungen an die unteren Stellen, und Erlasse an die obere Landesstelle erörtert und beschlossen. Jeder Votant hat das Recht, sein einzelnes Votum selbst gegen die Majoren ins Protokoll zu legen, und, indem diese concludiren, auf Beylegung eines Protocollar-Extracts an die obere Stelle anzutragen.

Die schon bey der Stadt und eben so bey dem Hansgericht erwähnte, und in jeder Hinsicht höchst nützliche Einrichtung der Wachteintheilung ist übrigens nunmehr, da jede Wache wieder einen eigenen Senator zum Verordneten erhalten hat, der als Judex pedaneus in seiner Wache als Mitglied des Stadtgerichts und als Mitglied des Hansgerichts zur Verwaltung der Justiz und Polizey wesentlich mitwirkt, dergestalten wieder herzustellen, daß sogleich die Einleitung getroffen wird, der alten vorzüglich guten Wachtverordnung ihre Wirksamkeit zurückzugeben; nach solcher wird der Wache-Lieutenant bey Verhinderungs- oder Krankheitsfällen Amtsverweser des Wachtverordneten, nicht im Magistrate, aber in der Wache; unmittelbar unter dem Wachtverordneten oder dessen Vertreter werden die Vierziger, 5 in jeder Wache, dann die 72 Bezirks-Verordnete, endlich unter Aufsicht der Bezirks-Verordneten die bürgerlichen Rottenmeister zu Erhaltung der guten Ordnung, und der Polizey-Aufsicht thätig: die ehrenvolle und redliche Ausfüllung dieser Stufenfolge von öffentlichen Aemtern kann bis zur Senators- und Kämmerers-Stelle führen. Sobald daher der Magistrat konstituirt ist, so hat sich derselbe unter Vorstand des kurfürstl. Kommissarius eine seiner ersten Hauptangelegenheiten daraus zu machen, die Organisation der sämmtlichen Wachen nach obenerwähntem Schema, und mit Anstellung eines eigenen schicklichen Wachtschreibers für jede Wache, binnen längstens 6 Wochen, herzustellen.

Es ist voraus zu sehen, daß bey der nunmehr eintretenden Veränderung des Geschäftsganges in der Folge manche Anstände und Anfragen statt finden werden, wie es bey dem Uebergange von einer Ordnung der Dinge zur andern natürlich ist. Daher wird

a) dem kurfürstl. Kommissarius Direktorialrath Bösner der höchste Auftrag ertheilt, unter Zusammenwirkung mit dem kurfürstl. Magistrate im Ganzen, und in seinen einzelnen Departements die nöthigen Instruktionen auszuarbeiten, und der kurfürstl. höchst landesherrlichen Einsicht und Bestätigung binnen 4 Monaten vorzulegen.

b) Jedes sowohl neu angestellte, als in seiner bisherigen Anstellung verbleibende Mitglied der Magistratur wird bey den mit seiner neuen Anstellung noch möglich zu vereinigenden bisherigen Aemtern, oder bey seiner beybehaltenen bisherigen Anstellung diejenige Hülfe und Berathung leisten, welche zu Erhaltung guter Ordnung und passender Einleitung nothwendig und nützlich sind.

Alle Stellen des kurfürstl. Magistrats werden von nun an auf Lebenszeit ertheilt; Se. Kurfürstl. Gnaden behalten sich die Begebung sämmtlicher Magistratischen Direktorial-Stellen unbedingt bevor. Bey künftigen Erledigungen solcher Magistratsstellen, welche nicht zu den Direktorial-Plätzen gehören, haben das kurfürstl. Landes-Direktorium, der kurfürstl. Magistrat und die Vierziger, jedes Kollegium einen Kandidaten aus den bey Sr. Kurfürstl. Gnaden eingekommenen Supplikanten, welche diesen 3 Kollegien zum Gutachten mitgetheilt werden, besonders in Vorschlag zu bringen; wobey jedoch Se. Kurfürstl. Gnaden nach eigener höchster Ueberzeugung zu entscheiden haben; überhaupt aber alle Erkaufung der Stimmen schärfstens verboten, und die Deliberation über den Sr. Kurfürstl. Gnaden zu machenden Vorschlag sowohl bey dem kurfürstl. Magistrat, als den Vierzigern unter Vorsitz des kurfürstl. gnädigst angeordneten Kommissarius zu geschehen hat.

Schließlich bestätigen Se. Kurfürstl. Gnaden das bisherige evangelische Konsistorium und Schulkollegium, welchem Höchstdieselbe gleichfalls den kurfürstl. Landes-Direktorialrath Bösner als kurfürstl. Kommissarius zuordnen, und somit dasselbe für die Zukunft bey nun veränderten landesherrl. Verhältnißen, mit dem kurfürstl. Landes-Direktorio als oberste Landesstelle in unmittelbare Verbindung bringen. Regensburg, den 20. November 1803.

Carl.

Kurfürstl. Organisations-Rescript, den kurfürstl. Magistrat für die kurfürstl. Residenzstadt Regensburg betreffend."°

° Änderungen, Hervorhebungen und Unterstreichungen durch Verfasserin nachträglich eingefügt.

Anhang III: Paraphrase der 22-Punkte-Instruktion*

Die bei der Zivilbesitznahme in der hochstiftischen Regierung verlesene 22 Punkte enthaltende Instruktion, die als Grundlage zur Errichtung eines provisorischen Landeskommissariats diente (- Auszug -):

1. *Das Landeskommissariat besteht aus der Beamtenschaft des ehemaligen Hochstifts, den Kanzlern der ehemaligen Reichsstifte Müller (St. Emmeram), Mayr (Niedermünster), v. Gebrath (Obermünster) und dem Syndikus der Stadt Regensburg Bösner. Präsident ist der bisherige hochstiftische Statthalter Dompropst Graf von Thurn.*
2. *Die Kanzler Müller, Mayr und v. Gebrath sowie Syndikus Bösner sind die Referenten von den zu Departements gewordenen Reichsstiften und der Reichsstadt. Die hochstiftischen Beamten verbleiben in der Verwaltung der bisher schon bestehenden Departements des ehemaligen Hochstifts; darüber hinaus sollen geeignete Gegenstände zu eigenen Departements gemacht werden.*
3. *Das aus den genannten Personen gebildete provisorische Regierungskollegium übernimmt die Administration aller Verwaltungs- und Kameralgegenstände; nämlich*
   a. *die Landesverwaltung sämtlicher mittelbarer und unmittelbarer Besitzungen;*
   b. *die unmittelbare Verwaltung aller hochstiftischen Einnahmen;*
   c. *die Oberaufsicht über die Kameralverwaltung der übrigen bisher mittelbaren oder unmittelbaren Behörden;*
   d. *die Oberpolizeiaufsicht. – Die Justizverwaltung verbleibt vorerst bei den bisherigen Behörden.*
4. *Die bisherigen stiftischen und städtischen Verwaltungen sollen im Namen des Kurerzkanzlers ihre Administration provisorisch fortführen, doch dürfen ohne Genehmigung in den geistlichen Korporationen keine personellen Veränderungen, bei geistlichen und weltlichen Behörden keine Veränderungen in der Beamten- und Dienerschaft vorgenommen werden; es dürfen keine über das gewöhnliche Maß hinausgehende Ausgaben und Veränderungen, z.B. Veräußerungen, des Eigentums gemacht werden. Das bisher hochstiftische Kammerzahlamt wird zur kurfürstlichen Rentkasse erhoben; ihr obliegt die Verwaltung der bisher hochstiftischen Ein- und Ausgaben; darüber hinaus hat sie von den bisher stiftischen und*

* Quelle: StAA, Ft. Regensburg, Geheime Kanzlei 6 (KdI 6114); Paraphrase zitiert nach Schlaich, Reichsstifte, S. 242/243.

städtischen Behörden am Ende eines jeden Monats eine Abrechnung über deren Ein- und Ausgaben sowie den Kassen- und Naturalienstand anzufordern; aus dem gesammelten Material ist ein „Haupt-Renten-Kammer-Monats-Status" anzufertigen, welcher dem Landes-Kommissariat und von dort dem kurerzkanzlerischen Ministerium vorzulegen ist.

5. *Die bisherigen Steuern, Umgelder und sonstigen Abgaben verbleiben vorerst, doch wird das Landeskommissariat beauftragt, sich unverzüglich mit einer künftigen Steuerrektifikation unter Einschluß der bisher steuerfreien Gründe und Gewerbe zu beschäftigen.*
6. *Die Gehälter des Personals des Landeskommissariats sowie der Beamten und Diener der Unterbehörden bleiben ungeschmälert. Die Gehälter sind von den Stellen zu beziehen, von denen sie auch bisher ausbezahlt wurden."*

RECHTSHISTORISCHE REIHE

Die nachfolgende Liste führt die Titel der "Rechtshistorischen Reihe" ab Band 300 auf.
Eine vollständige Übersicht aller bisher in der Reihe erschienenen Bücher
finden Sie auf www.peterlang.de.

Band 300 Jan Kohlmann: Der Marsch zu den Gräbern von Karl und Rosa. Geschichte eines Gedenktages. 2004.

Band 301 Christian Rainer Schlicht: Die kumulative Schuldübernahme in der Rechtsprechung des Reichsgerichts und in der zeitgenössischen Literatur. 2004.

Band 302 Hans Peter Glöckner: Positive Vertragsverletzung. Die Geburt eines Rechtsinstituts. 2006.

Band 303 João Manuel Azevedo Alexandrino Fernandes: Die Theorie der Interpretation des Gesetzes bei Francisco Suárez. 2005.

Band 304 René Funk: Die Wahlprüfung der volksgewählten Abgeordneten der Volksvertretungen im Frühkonstitutionalismus. Eine Untersuchung der Wahlprüfung in den Kammern der Abgeordneten des Großherzogtums Baden, des Königreichs Württemberg und des Großherzogtums Hessen. 2005.

Band 305 Carolin O'Sullivan. Die Ahndung von Rechtsbrüchen der Seeleute im mittelalterlichen hamburgischen und hansischen Seerecht (1301-1482). 2005.

Band 306 Martin Jürgens: Staat und Reich bei Ernst Rudolf Huber. Sein Leben und Werk bis 1945 aus rechtsgeschichtlicher Sicht. 2005.

Band 307 Florian G. Dürselen: Franz Beyerle (1885-1977). Leben, Ära und Werk eines Rechtshistorikers. 2005.

Band 308 Kai Bandilla: Urheberrecht im Kaiserreich. Der Weg zum Gesetz betreffend das Urheberrecht an Werken der Literatur und Tonkunst vom 19. Juni 1901. 2005.

Band 309 Stefan Mieth: Die Entwicklung des Denkmalrechts in Preußen 1701-1947. 2005.

Band 310 Catharina Lodemann: Die Geschichte des französischen *acte de gouvernement*. 2005.

Band 311 Christina Wicke: Kodifikationsbestrebungen und Wissenschaft in Hessen-Darmstadt im vorkonstitutionellen Zeitalter. Zu der Beteiligung der Gießener Rechtsprofessoren an den Gesetzgebungsarbeiten in Hessen-Darmstadt in der Zeit zwischen 1769 und 1820. 2005.

Band 312 Christiane Chlosta: Nur dem Gesetz unterworfen? Eine rechtsgeschichtliche Untersuchung zu Idee und Wirklichkeit richterlicher Gesetzestreue unter besonderer Berücksichtigung der Aufwertungsrechtsprechung und des richterlichen Prüfungsrechts. 2005.

Band 313 Kathrin Dirr: Hoheitsrechtliche Streitigkeiten zwischen den Kölner Erzbischöfen und der Stadt Köln auf Grundlage reichskammergerichtlicher Verfahren des 16. und 17. Jahrhunderts. 2005.

Band 314 Michael Racky: Die Diskussion über Gewaltenteilung und Gewaltentrennung im Vormärz. 2005.

Band 315 Petra Thiemrodt: Die Entstehung des Staatshaftungsgesetzes der DDR. Eine Untersuchung auf der Grundlage von Materialien der DDR-Gesetzgebungsorgane mit zeitgeschichtlichen Bezügen. 2005.

Band 316 Julius F. Reiter: Entstehung und staatsrechtliche Theorie der italienischen *Carta del Lavoro*. 2005.

Band 317 André Book: Die Justizreform in der Frühzeit der Bundesrepublik. Die Beratungen der Kommission zur Vorbereitung einer Reform der Zivilgerichtsbarkeit in den Jahren 1955 bis 1961. 2005.

Band 318 Frank Zentz: Das amerikanische Strafverfahren als Element der Besatzungspolitik in Deutschland. Erziehung zur Demokratie durch den *Court of Appeals* 1948-1955. 2005.

Band 319 Friederike Quaisser: Mietrecht im 19. Jahrhundert. Ein Vergleich der mietrechtlichen Konzeptionen im Allgemeinen Landrecht für die Preußischen Staaten von 1794 und dem gemeinen Recht. 2005.

Band 320 Stefan Burghard: Professor Dr. Wilhelm Kahl – Leben zwischen Wissenschaft und Politik. 2005.

Band 321 Günter Baranowski: Die *Russkaja Pravda* – ein mittelalterliches Rechtsdenkmal. 2005.

Band 322 Christina Schneider: Die SS und das „Recht". Eine Untersuchung anhand ausgewählter Beispiele. 2005.

Band 323 Werner Schubert (Hrsg.): Zivilprozessreform in der Weimarer Zeit. Quellen zur Emminger-Zivilprozessverordnung vom 13.2.1924 und zu den Arbeiten der Zivilprozesskommission des Reichsjustizministeriums (1922-1930). Eingeleitet und herausgegeben von Werner Schubert. 2005.

Band 324 Felix Gaul: Der Jurist Rudolf Isay (1886-1956). Ein verantwortungsbewusster Vermittler im Spannungsfeld zwischen dynamischer Rechtsschöpfung, ökonomischem Wandel und technischem Fortschritt. 2005.

Band 325 Konstanze Braun: Dr. Otto Georg Thierack (1889-1946). 2005.

Band 326 Eckart Klein / Stefan Chr. Saar / Carola Schulze (Hrsg.): Zwischen Rechtsstaat und Diktatur. Deutsche Juristen im 20. Jahrhundert. 2006.

Band 327 Stefan Botor: Das *Berliner Sühneverfahren* – Die letzte Phase der Entnazifizierung. 2006.

Band 328 Andreas Köhler: Die Sorgerechtsregelungen bei Ehescheidung seit 1945. Scheidungsstrafe und verordnete Gemeinsamkeit. 2006

Band 329 Lars Düwel: Die Nichtigkeit und Anfechtbarkeit der Ehe in der Rechtsprechung des Reichsgerichts zwischen 1900 und 1945. 2006.

Band 330 Katalin Polgar: Das Oberappellationsgericht der vier freien Städte Deutschlands (1820-1879) und seine Richterpersönlichkeiten. 2007.

Band 331 Julia Schweitzer: Schiffer und Schiffsmann in den Rôles d'Oléron und im Llibre del Consolat de Mar. Ein Vergleich zweier mittelalterlicher Seerechtsquellen. 2007.

Band 332 Diana-Catharina Kurtz: Das Institut der Adoption im preußischen Allgemeinen Landrecht und im französischen Code civil zwischen Rezeption römisch-rechtlicher Prinzipien und verändertem Familienverständnis. 2006.

Band 333 Dino Joakim Duderstadt: Spiel, Wette und Differenzgeschäft (§§ 762-764 BGB) in der Rechtsprechung des Reichsgerichts und in der zeitgenössischen Literatur. 2007.

Band 334 Ronald Hoffmann: Die Domänenfrage in Thüringen. Über die vermögensrechtlichen Auseinandersetzungen mit den ehemaligen Landesherren in Thüringen nach dem Ersten Weltkrieg. 2006.

Band 335 Joachim Windmüller: *Ohne Zwang kann der Humanismus nicht existieren...* – „Asoziale" in der DDR. 2006.

Band 336 Sven Christian Gläser: Die Mediatisierung der Grafschaft Wertheim. Der juristische Kampf eines kleinen Reichsstandes gegen den Verlust der Landesherrschaft und seine Folgen. 2006.

Band 337 Benjamin Schleyer: Friedrich Wilhelm Bornemann (1798-1864). Eine Juristenkarriere im Preußen des 19. Jahrhunderts. 2006.

Band 338 Die Reform des Ehescheidungsrechts von 1976. Quellen zum Ersten Gesetz vom 14.6.1976 zur Reform des Ehe- und Familienrechts (Parlamentarische Ausschussprotokolle – Anglikanische Denkschrift von 1966 zur Scheidungsrechtsreform – Schlussabstimmung 1969 in der Eherechtskommission des Bundesministeriums der Justiz). Eingeleitet und herausgegeben von Werner Schubert. 2006.

Band 339 Andreas Feld: Das Bayerische Gesetz zum Schutz des Eigentums an Erzeugnissen der Literatur und Kunst gegen Nachdruck vom 15.04.1840. Vorgeschichte und Zustandekommen. 2007.

Band 340 Bernd Wörner: Adelbert Düringers Einfluß als Richter am Reichsgericht in Leipzig auf dem Gebiet des Personengesellschaftsrechts. 2007.

Band 341 Jan Jelle Kähler: Französisches Zivilrecht und französische Justizverfassung in den Hansestädten Hamburg, Lübeck und Bremen (1806-1815). 2007.

Band 342 Jörn Eckert / Pia Letto-Vanamo / Kjell Modéer (Hrsg.): Juristen im Ostseeraum. Dritter Rechtshistorikertag im Ostseeraum 20.-22. Mai 2004. 2007.

Band 343 Ferdinand von Weyhe: A.E. Wassermann. Eine rechtshistorische Fallstudie zur „Arisierung" zweier Privatbanken. 2007.

Band 344 Martin Klaus Römermann: Kündigungen und Kündigungsschutz im Franquismus. 2007.

Band 345 Thomas Hoffmann: Der Landrechtsentwurf David Hilchens von 1599. Ein livländisches Rechtszeugnis polnischer Herrschaft. 2007.

Band 346 Ingo Ullmann: Die rechtliche Behandlung holsteinischer Leibeigener um die Mitte des 18. Jahrhunderts. Dargestellt unter besonderer Berücksichtigung der Schmoeler Leibeigenschaftsprozesse von 1738 bis 1743 sowie von 1767 bis 1777. 2007.

Band 347 Petra Fischer-Langosch: Die Entstehungsgeschichte des Familiengesetzbuches der DDR von 1965. 2007.

Band 348 Lasse O. Johannsen: Die rechtliche Behandlung ausreisewilliger Staatsbürger in der DDR. 2007.

Band 349 Ralf Schlottau: Deutsche Kolonialrechtspflege. Strafrecht und Strafmacht in den deutschen Schutzgebieten 1884 bis 1914. 2007.

Band 350 Hartwig Brandt / Ewald Grothe (Hrsg.): Rheinbündischer Konstitutionalismus. 2007.

Band 351 Nora Lutze: Der Verwandtenunterhalt nach den §§ 1601 bis 1603 und §§ 1610 bis 1612 BGB in der Rechtsprechung des Reichsgerichts. Unter Berücksichtigung der Entstehung des BGB. 2007.

Band 352 Frank Thiäner: Das Verhältnis von Aufsichtsrat und Abschlussprüfern in der rechtshistorischen Entwicklung bis 1937. 2007.

Band 353 Britta Heymann: Ernst Melsheimer (1897-1960). Eine juristische Karriere in verschiedenen staatlichen Systemen. Mitarbeiter im Preußischen Justizministerium in der Weimarer Republik, im Justizministerium Preußens und des Reiches sowie Richter am Kammergericht in der NS-Zeit und Erster Generalstaatsanwalt der Deutschen Demokratischen Republik. 2007.

Band 354 Susanne Adlberger: Wilhelm Kisch – Leben und Wirken (1874-1952). Von der Kaiser-Wilhelms-Universität Straßburg bis zur nationalsozialistischen Akademie für Deutsches Recht. 2007.

Band 355 Moritz Waibel: Josef Berchtold (1833-1894). Ein Leben gegen den Ultramontanismus. 2007.

Band 356 Aline Levin: Erinnerung? Verantwortung? Zukunft? Die Beweggründe für die gemeinsame Entschädigung durch den deutschen Staat und die deutsche Industrie für historisches Unrecht. 2007.

Band 357 Ferdinand Krause: Die hergebrachten Grundsätze des Berufsbeamtentums. Eine rechtshistorische Analyse. 2008.

Band 358 André Tiebel: Die Entstehung der Schutztruppengesetze für die deutschen Schutzgebiete Deutsch-Ostafrika, Deutsch-Südwestafrika und Kamerun (1884-1898). 2008.

Band 359 Holger Ruff: Sittenwidrige Rechtsgeschäfte in der späten Kaiserzeit. Die Entwicklung der reichsgerichtlichen Rechtsprechung zu § 138 BGB von 1900 bis 1914. 2007.

Band 360 Frank Rohrer: Strafjustiz im Dritten Reich und in der SBZ/DDR. Die personelle und organisatorische Neuordnung des Justizapparates in den totalitären Diktaturen (1933-1955) mit ihren Auswirkungen auf die Rechtsprechung zum politischen Strafrecht. 2007.

Band 361 Hans-Georg Knothe / Marc Liebmann (Hrsg.): Gerichtskultur im Ostseeraum. Vierter Rechtshistorikertag im Ostseeraum. 18.-20. Mai 2006 in Greifswald. 2007.

Band 362 Christina Meß: Das Vertragsrecht bei Adam Smith. 2008.

Band 363 Quellen zur dänischen Rechts- und Verfassungsgeschichte (12.-20. Jahrhundert). Herausgegeben von Ditlev Tamm, Werner Schubert und Jens Ulf Jørgensen. 2008.

Band 364 Günter Baranowski: Die Gerichtsurkunde von Pskov. 2008.

Band 365 Mark Spengler: Die Entstehung des Scheckgesetzes vom 11. März 1908. 2008.

Band 366 Ivan Biliarsky / Radu G. Păun (eds./éds.): The Biblical Models of Power and Law. Les modèles bibliques du pouvoir et du droit. Papers of the International Conference, Bucharest, New Europe College 2005. Actes du colloque international, Bucarest, New Europe College 2005. 2008.

Band 367 Thomas A. Roth: Ausgestaltungen der Rechtsfähigkeit im 19. und 20. Jahrhundert. Zur Rechtspersönlichkeit natürlicher Personen in den bedeutenden deutschen Zivilrechtsordnungen. 2008.

Band 368 Björn Alexander Rautenberg: Der Fiskal am Reichskammergericht. Überblick und exemplarische Untersuchungen vorwiegend zum 16. Jahrhundert. 2008.

Band 369 Thorsten Miederhoff: *Man erspare es mir, mein Juristenherz auszuschütten.* Dr. iur. Kurt Tucholsky (1890-1935). Sein juristischer Werdegang und seine Auseinandersetzung mit der Weimarer Strafrechtsreformdebatte am Beispiel der Rechtsprechung durch Laienrichter. 2008.

Band 370 Philipp Nordloh: Kölner Zunftprozesse vor dem Reichskammergericht. 2008.

Band 371 Judith Freund: Die Wechselverpflichtung im 19. Jahrhundert. 2008.

Band 372 Hans-Michael Empell: Gutenberg vor Gericht. Der Mainzer Prozess um die erste gedruckte Bibel. 2008.

Band 373 Rainer Schröder: Die DDR-Ziviljustiz im Gespräch – 26 Zeitzeugeninterviews. 2008.

Band 374 Christian Neschwara: Ein österreichischer Jurist im Vormärz. „Selbstbiographische Skizzen" des Freiherrn Karl Josef Pratobevera (1769-1853). 2009.

Band 375 Stefan Ullrich: Untersuchungen zum Einfluss des lübischen Rechts auf die Rechte von Bergen, Stockholm und Visby. 2008.

Band 376 Johanna Gertrude Schmitzberger: Das nationalsozialistische Nebenstrafrecht 1933 bis 1945. 2008.

Band 377 Christian Brom: Urteilsbegründungen im „Hoge Raad van Holland, Zeeland en West-Friesland" am Beispiel des Kaufrechts im Zeitraum 1704-1787. 2008.

Band 378 Christian Böse: Die Entstehung und Fortbildung des Reichserbhofgesetzes. 2008.

Band 379 Tobias Röhnelt: Timm Kröger. Leben und Werk. 2009.

Band 380 Andrea Elisabeth Sebald: Der Kriminalbiologe Franz Exner (1881-1947). Gratwanderung eines Wissenschaftlers durch die Zeit des Nationalsozialismus. 2008.

Band 381 Angela Kriebisch: Die Spruchkörper Juristenfakultät und Schöppenstuhl zu Jena. Strukturen, Tätigkeit, Bedeutung und eine Analyse ausgewählter Spruchakten. 2008.

Band 382 Nana Ozawa: Louis Adolphe Bridel – Ein Schweizer Professor an der juristischen Fakultät der Tokyo Imperial University. Die geschichtliche Bedeutung der Yatoi zur späten Meijizeit. 2010.

Band 383 Christian Weißhuhn: Alfred Hueck 1889-1975. Sein Leben, sein Wirken, seine Zeit. 2009.

Band 384 Andreas Hunkel: Eduard Dietz (1866-1940) – Richter, Rechtsanwalt und Verfassungsschöpfer. 2009.

Band 385 Meike Guskow: Entstehung und Geschichte der Europäischen Charta der Regional- oder Minderheitensprachen. 2009.

Band 386 Markus J. Jahnel: Das Bodenrecht in „Neudeutschland über See". Erwerb, Vergabe und Nutzung von Land in der Kolonie Deutsch-Südwestafrika 1884-1915. 2009.

Band 387 Matthias Günter Steiner: Die Klöster und ihr Wirken – eine der Wurzeln des Stiftungswesens? 2009.

Band 388 Cornelia Staats: Die Entstehung des Bundes-Immissionsschutzgesetzes vom 15. März 1974. 2009.

Band 389 Cai Niklaas E. Harders: Das Bundesjagdgesetz von 1952 sowie die Novellen von 1961 und 1976. Vorgeschichte, Entstehung des Gesetzes sowie Problemfelder. 2009.

Band 390 Matthias Pohlkamp: Die Entstehung des modernen Wucherrechts und die Wucherrechtsprechung des Reichsgerichts zwischen 1880 und 1933. 2009.

Band 391 Sebastian Baur: *Vor vier Höllenrichtern...* Die Lizentiats- und Doktorpromotionen an der Juristischen Fakultät der Universität Heidelberg. 2009.

Band 392 Christoph Salmen-Everinghoff: Zur *cautio damni infecti*: Die Rückkehr eines römischrechtlichen Rechtsinstituts in das moderne Zivilrecht. 2009.

Band 393 Till Meno Sellschopp: Der Weg zum Revokationsrecht der Ehegatten nach § 1368 BGB. Zugleich ein Beitrag zur Geschichte des ehelichen Güterrechts. 2009.

Band 394 Marc Biermann: Das Staatseigentum an öffentlichen Sachen im Gemeingebrauch in der ersten Hälfte des 19. Jahrhunderts. Die Theorie des reinen Hoheitsrechts an den öffentlichen Sachen von Rudolph von Jhering und Friedrich Ludwig Keller im Zusammenhang mit dem Baseler Schanzenstreit von 1859/62. 2009.

Band 395 Markus Tüxen: Kollegialprinzip oder Einzelrichter. Die Entwicklung des zivilrechtlichen Spruchkörpers bei den Landgerichten sowie den Oberlandesgerichten seit 1879 unter besonderer Berücksichtigung der Reformen von 1974 und 1976. 2009.

Band 396 Adam Polkowski: Die polnische Zivilprozessordnung von 1930/33. Unter Berücksichtigung des deutschen, österreichischen, russischen und französischen Rechts. 2009.

Band 397 Barbara Riedi: Die Porten der Unteren Strasse, ihr Ladungsrecht und der Strassenunterhalt. Rechtshistorische Betrachtungen zur Verkehrs- und Wirtschaftsgeschichte Graubündens. 2009.

Band 398 Stefanie Jessica Loroch: Zeitungsrubrik: Gerichtssaal. Strafprozessberichterstattung in Münster im 19. Jahrhundert (1848-1890). 2009.

Band 399 Dirk Henning Hofer: Karl Konrad Werner Wedemeyer (1870-1934). Ein Juristen- und Gelehrtenleben in drei Reichen. Eine Biographie. 2010.

Band 400 Thomas Simon (Hrsg.): Hundert Jahre allgemeines und gleiches Wahlrecht in Österreich. Modernes Wahlrecht unter den Bedingungen eines Vielvölkerstaates. 2010.

Band 401 Dörte Mentz: Die Beweislastumkehr in der Rechtsprechung des Reichsgerichts. 2010.

Band 402 Werner Schubert (Hrsg.): Oberster Gerichtshof für die Britische Zone (1948-1950). Nachschlagewerk Strafsachen – Nachschlagewerk Zivilsachen. Präjudizienbuch der Zivilsenate. Eingeleitet und herausgegeben von Werner Schubert. 2010.

Band 403 Yong Lei: Auf der Suche nach dem modernen Staat. Die Einflüsse der allgemeinen Staatslehre Johann Caspar Bluntschlis auf das Staatsdenken Liang Qichaos. 2010.

Band 404 Andreas Schwenk: Die Formbestimmung des § 313 BGB a. F. (§ 311 b Abs. 1 BGB n. F.) bei Verträgen über Grundstücke in der Rechtsprechung des Reichsgerichts. 2010

Band 405 René Schorsch: Eberhard Georg Otto Freiherr von Künßberg (1881-1941). Vom Wirken eines Rechtshistorikers. 2010.

Band 406 Ulrike Köbler: Werden, Wandel und Wesen des deutschen Privatrechtswortschatzes. 2010.

Band 407 Björn Florian Faulenbach: Rolle und Bedeutung der Lehre in der Rechtsprechung der Internationalen Gerichtshöfe im zwanzigsten Jahrhundert. 2010.

Band 408 Guangyu Fu: Das Causaproblem im deutschen Bereicherungsrecht. Eine rechtshistorische Untersuchung. 2010.

Band 409 Andreas Kimmelmann: Die Folter im Beweisverfahren der Leges Visigothorum. Chindasvinths Gesetzgebung im Spiegel der westgotischen Rechtsentwicklung. 2010.

Band 410 Jacqueline Schmaltz: Die Entwicklung der Industrie- und Handelskammern. Zwischen Pflicht und Kür. 2010.

Band 411 Hermann Nehlsen: Bayerische Rechtsgeschichte vom frühen Mittelalter bis zum 20. Jahrhundert. 2011.

Band 412 Kathrin Spoerr: Recht und Revolution. Deutsche Ökonomen und ihr Einfluss auf das Recht der Weimarer Republik – eine Zeitschriftenschau 1917-1920. 2011.

Band 413 Moritz von Köckritz: Die deutschen Oberlandesgerichtspräsidenten im Nationalsozialismus (1933-1945). 2011.

Band 414 Annika Lillemor Lara Rabaa: Die Ehe als Rechtsinstitut im Badischen Landrecht von 1810. Unter besonderer Berücksichtigung der gesellschaftlichen Entwicklungen im 19. Jahrhundert. 2011.

Band 415 Christian Hattenhauer / Klaus-Peter Schroeder (Hrsg.): 200 Jahre Badisches Landrecht von 1809/1810. Jubiläumssymposium des Instituts für geschichtliche Rechtswissenschaft der Ruprechts-Karls-Universität Heidelberg und der Heidelberger Rechtshistorischen Gesellschaft vom 23. bis 26. September 2009. 2011.

Band 416 Tobias Alexander Krammerbauer: Die Ministerverantwortlichkeit und die Vorformen sonstiger Verfassungsgerichtsbarkeit in Württemberg zwischen 1815 und 1918. 2011.

Band 417 Werner Schubert (Hrsg.): Quellen zur GmbH-Reform von 1958 bis zum GmbH-Änderungsgesetz von 1980. Eingeleitet und herausgegeben von Werner Schubert. 2011.

Band 418 Gisela Emling: Johannes Heckel. Leben und Wirken (1889-1963). 2011.

Band 419 Jochen Kirschbaum: Die Etablierung der Historischen Rechtsschule an der Ludoviciana (1814-1824). 2011.

Band 420 Sören Koch: Unaufgeforderte Hilfeleistung in Notsituationen. Eine rechtshistorische und rechtsvergleichende Studie zu den zivilrechtlichen Aspekten der Nothilfe mit besonderer Berücksichtigung des Rechts der Geschäftsführung ohne Auftrag. 2011.

Band 421 Friedrich Carl von Savigny: Die Prinzipienfragen in Beziehung auf eine neue Strafprozeß-Ordnung. Ausgearbeitet im Justizministerium für die Gesetzrevision. Eingeleitet und herausgeben von Werner Schubert. 2011.

Band 422 Stephan Faulwetter: Von der Zunft zur Handelskammer. Zur Entwicklung des Gewerberechts in thüringischen Staaten. 2011.

Band 423 Moritz Eisenhardt: Sanierung statt Liquidation. Die Geschichte des Vergleichs zur Abwendung des Konkurses unter besonderer Berücksichtigung der Vergleichsordnung von 1927 und 1935. 2011.

Band 424 Gerd Kleinheyer: Beiträge zur Strafrechtsgeschichte. Herausgeben von Franz Dorn, Mathias Schmoeckel und Jan Schröder. 2011.

Band 425 Ralf Maertens: Das Landgericht Altona (1879-1937) und die Anfänge des Landgerichts Itzehoe (1937-1945). Unter besonderer Berücksichtigung ihrer Tätigkeitsberichte und rechtspolitischen Stellungnahmen. 2011.

Band 426 Mark Friedrich: Ferdinand von Martitz (1839-1921). Rechtshistoriker, Staatsrechtler und Völkerrechtler zwischen dem Ende des Deutschen Bundes und dem Beginn der Weimarer Republik. 2012.

Band 427 Sebastian Krusche: Die Bundesrechtsanwaltsordnung vom 1. August 1959. Vorgeschichte und Entstehung. 2012.

Band 428 Marju Luts-Sootak / Sanita Osipova / Frank L. Schäfer (Hrsg./eds.): Einheit und Vielfalt in der Rechtsgeschichte im Ostseeraum. Unity and Plurality in the Legal History of the Baltic Sea Area. Sechster Rechtshistorikertag im Ostseeraum, 3.-5. Juni 2010 in Tartu (Estland) / Riga (Lettland). 6th Conference in Legal History in the Baltic Sea Area, 3rd-5rd June 2010 Tartu (Estonia) / Riga (Latvia). 2012.

Band 429 Margret R. I. Bootz: Die Hamburger Rechtsprechung zum Arbeitsrecht im Nationalsozialismus bis zum Beginn des 2. Weltkriegs. 2012.

Band 430 Heiko Zech: Die soziale Frage im Konkursrecht 1879-1900. 2012.

Band 431 Jan C. Lorenzen: Das Bundesnaturschutzgesetz vom 20. Dezember 1976. Die Entwicklung des Naturschutzrechtes in Deutschland von den Anfängen bis zur Neukodifikation des Bundesnaturschutzgesetzes von 1976. 2012.

Band 432 Ulrike Ingrid Bernhardt: Geschichte des Weinrechts im Deutschen Kaiserreich (1871-1918). Mit einem Überblick zur Vorgeschichte und Weiterentwicklung bis zur Gegenwart. 2012.

Band 433 Elisabeth Otto: Das Verwaltungsrecht in der SBZ / DDR bis zur Verwaltungsneugliederung im Jahr 1952. 2012.

Band 434 Werner Schubert: Zur Geschichte der Justizverfassung in Schleswig-Holstein im 19. und 20. Jahrhundert. Quellen und Studien. 2012.

Band 435 Stefan Ellenberg: Herrschaft und Reform. Zur Diskussion um die Aktienrechtsreform und den Konzern in der Weimarer Zeit. 2012.

Band 436 Jasmin Sonntag: Gesetzgebung und Verwaltung im Dalbergstaat 1802-1810. 2012.